A Book of Putonghua Training

# 粤语区普通话训练教程

主　编 ◎ 姜晓红　武学军
副主编 ◎ 郑大新

图书在版编目（CIP）数据

粤语区普通话训练教程/姜晓红，武学军主编．—武汉：华中科技大学出版社，2019.9（2022.7重印）
高等院校全校性公共基础课精品规划教材
ISBN 978-7-5680-5684-7

Ⅰ．①粤… Ⅱ．①姜… ②武… Ⅲ．①普通话－高等学校－教材 Ⅳ．①H102

中国版本图书馆 CIP 数据核字（2019）第 212119 号

**粤语区普通话训练教程** 姜晓红 武学军 主编
Yueyuqu Putonghua Xunlian Jiaocheng

| | |
|---|---|
| 策划编辑：周晓方　杨　玲 | |
| 责任编辑：刘　平 | |
| 封面设计：原色设计 | |
| 责任校对：封力煊 | |
| 责任监印：周治超 | |
| 出版发行：华中科技大学出版社（中国•武汉）| 电话：(027)81321913 |
| 　　　　　武汉市东湖新技术开发区华工科技园 | 邮编：430223 |
| 录　　排：华中科技大学惠友文印中心 | |
| 印　　刷：武汉开心印刷有限公司 | |
| 开　　本：787mm×1092mm　1/16 | |
| 印　　张：16.25　插页：2 | |
| 字　　数：413 千字 | |
| 版　　次：2022 年 7 月第 1 版第 2 次印刷 | |
| 定　　价：58.00 元 | |

本书若有印装质量问题，请向出版社营销中心调换
全国免费服务热线：400-6679-118　竭诚为您服务
版权所有　侵权必究

# 前言
## Preface

　　国家推广全国通用的普通话。普通话是汉民族共同语，是规范化的现代汉语，推广普通话是我国的基本国策。第一，推广普通话是树立中国国际形象、扩大国际影响的需要。第二，推广普通话是社会主义现代化建设的需要，是改革开放、搞活经济的需要。新时期，文化教育的普及和提高、科学技术的进步和发展、传声技术的现代化、计算机语言输入和语言识别问题的研究，都对推广普通话提出了新的要求。第三，推广普通话有利于人们互相交际，增进团结和提高工作效率，进一步消除方言隔阂，减少不同方言区人们交际时的困难，有利于社会交往，有利于国家的统一和安定团结。第四，普通话是教师的职业语言，是教师传道、授业、解惑的重要工具。

　　我国在20世纪50年代确定了"大力提倡，重点推行，逐步普及"的推广普通话工作方针。从20世纪90年代开始，推广普通话的工作重点放在推行和普及方面。新时期推广普通话的方针是"大力推广，积极普及，逐步提高"。

　　为了更加有效地推动普通话推广工作，加快普及进程，不断提高全社会的普通话水平，国家语委、国家教委、广播电影电视部1994年联合下发了《关于开展普通话水平测试工作的决定》，要求各省（市、区）在一定范围内对某些岗位的人员进行普通话水平测试，并从1995年起，逐步实行持普通话等级证书上岗制度。

　　普通话水平测试是推广普通话工作的重要组成部分，是使推广普通话工作逐步走上科学化、规范化、制度化的重要举措。推广普通话，促进语言规范化，这是汉语发展的总趋势，普通话水平测试工作的健康开展必将对社会的语言生活产生深远的影响。

　　针对这一文件，全国各高校纷纷掀起"推普"热潮，广东省各高校也开始积极推广普通话，建立测试站，开展普通话水平测试工作。广东地区语音系统复杂，方言差异大，与普通话语音系统南辕北辙，学生要学好、说好普通话实在不易。如何帮助学生克服方言因素？如何帮助学生顺利通过普通话水平测试？如何提高学生的言语素质？如何帮助学生协调普通话和方言？身为一名国家级普通话测试员，笔者在多年的普通话语音教学中，对普通话课程的教学内容和教学方式进行了横向探讨和纵向研究。基于多年教学经验的总结，结合南方方言区的特点，笔者编写了这本普通话训练教材。

　　本教材的编写体现了如下特点。

　　1. 知识系统全面。本教材包括普通话语音的基础知识，如普通话常识、字音、字句、作品朗读，说话练习等，以及音节和音素，元音和辅音，声母、韵母和声调，音变等。教材逻辑结构严密，知识覆盖面广。

2. 侧重对比辨析。由于笔者多年来一直在粤语方言区从事普通话水平测试工作，并在南方高校教授普通话语音课程，因此，在编写本教材的过程中，笔者充分考虑了粤方言的特点，教材通过辨析方言与普通话的异同，来帮助粤语区学生掌握普通话的正确发音部位和发音方法，从而使民族共同语和方言能相依相存，共同发展。

3. 注重口语训练。普通话语音课程不同于其他科目，是一门纯语音训练的特殊口语课程，只有不断进行强化练习、反复训练才能纠错正音，所以本教材在内容编排上特别注重字音练习，几乎在每一个音素、音节、字调的讲析中，都安排了一系列的字词练习与辨音练习，并适当辅以绕口令练习，以加强效果。

4. 突出应试流程。开设普通话语音课程的主要目的是帮助学生应对普通话水平测试，为此，本教材在内容编排上力求做到教学内容与普通话测试内容相一致，将字词训练、作品朗读、口头说话等考试环节循序渐进地安排在教学内容中，使每一个学生都能在课堂上开口念、读、说。这种编排旨在使教学流程、教学内容服务于考试流程、考试内容，便于学生学以致用。

本教材内容框架安排如下。

第一章是绪论，主要讲解国家的语言文字政策，论述新时期大力推广普通话的必要性，并介绍普通话水平测试的相关措施。

第二章是普通话概说，着重阐述现代汉民族共同语——普通话的三个标准内涵；分析普通话的语音性质；介绍普通话语音的相关概念。

第三章是普通话声母，先介绍声母的构成和分类，再从发音部位和发音方法上分析每一个声母的发音，并进行大量的字词训练，最后辨析几组容易混淆的声母。

第四章是普通话韵母，先阐述韵母的构成及分类，然后进行39个韵母的正音练习，并针对容易混淆的韵母进行辨正。

第五章是普通话声调，先介绍普通话语音中声调的特点、作用，描绘五度标记法，再阐释调值、调型、调类、调号等相关概念，并进行普通话的四声练习。

第六章是普通话音节，先分析普通话音节的组织结构，然后总结普通话的声韵配合规律，归纳普通话音节的拼读规则和拼写规则。

第七章是普通话音变，主要分析普通话语流中的音变现象，包括变调、轻声、儿化、语气词"啊"的变读等，然后归纳总结它们的音变规律。

第八章是作品朗读，先介绍普通话水平测试中作品朗读测试的基本要求，再分析朗读测试的技巧，最后归纳作品朗读测试的注意事项。

第九章是命题说话，主要介绍普通话水平测试中说话测试的目的和要求，以及说话测试的技巧和注意事项。

第十章是样卷训练。

此外，本书还有四个附录，分别是普通话水平测试必读轻声词语表、普通话水平测试儿化词语表、普通话朗读作品60篇、普通话异读词审音表。

本书既可作为高等院校学生的普通话水平测试应试教材，也可作为普通话爱好者的知识读本。当然，囿于学识所限，本书肯定存在诸多问题，期待广大读者和专家不吝赐教，以便再版时修正。

编　者

二〇一九年七月二十日

# 目录

| 第一章　绪论 | 1 |

## 第二章　普通话概说 ... 6
第一节　现代汉民族共同语——普通话 ... 6
第二节　普通话的语音性质 ... 8
第三节　普通话的相关概念 ... 12

## 第三章　普通话声母 ... 15
第一节　声母概说 ... 15
第二节　声母的分类 ... 16
第三节　声母的发音 ... 18
第四节　声母辨正 ... 25

## 第四章　普通话韵母 ... 31
第一节　韵母概说 ... 31
第二节　韵母的分类 ... 32
第三节　单韵母发音与辨正 ... 34
第四节　复韵母发音与辨正 ... 38
第五节　鼻韵母发音与辨正 ... 44

## 第五章　普通话声调 ... 51
第一节　声调概说 ... 51
第二节　普通话的四声 ... 53
第三节　声调辨正 ... 54

## 第六章　普通话音节 ... 62
第一节　普通话音节的结构 ... 62
第二节　音节拼音 ... 64
第三节　音节拼写 ... 65

## 第七章  普通话音变 .................................................. 68
### 第一节  变调 .................................................. 68
### 第二节  轻声 .................................................. 71
### 第三节  儿化 .................................................. 73
### 第四节  语气词"啊"的变读 .................................... 77

## 第八章  作品朗读 .................................................. 80
### 第一节  朗读的基本要求 ........................................ 80
### 第二节  朗读测试的主要技巧 .................................... 81
### 第三节  作品朗读测试的注意事项 ................................ 83

## 第九章  命题说话 .................................................. 86

## 第十章  样卷训练 .................................................. 89

## 附录 ............................................................. 102
    A  普通话水平测试轻声词语表 .................................. 102
    B  普通话水平测试儿化词语表 .................................. 111
    C  普通话朗读作品 60 篇 ....................................... 116
    D  普通话异读词审音表 ........................................ 236

## 参考文献 ......................................................... 254

# 第一章
# 绪 论

【内容提要】

熟悉国家语言文字政策；了解新时期大力推广普通话的必要性；介绍普通话水平测试的相关措施。

## 一、国家语言文字政策

语言文字政策是国家、政府对社会语言文字问题所持的根本态度，体现了国家的政治理念。语言文字政策对内关系到国家的统一和稳定，对外关系到国家的形象和实力，因而受到世界各国的关注。

新中国成立以来，我国历届领导人都对语言文字工作做过许多重要的指示。

首先，我国于20世纪50年代初期就成立了中国文字改革委员会。

1955年10月，在中国科学院召开了现代汉语规范问题学术会议，第一次明确提出："普通话以北方话为基础方言，以北京语音为标准音，是符合汉语的实际情况和历史发展的。"

1956年2月，国务院发布《关于推广普通话的指示》，全面界定了普通话的定义和标准，即"以北京语音为标准音、以北方话为基础方言、以典范的现代白话文著作为语法规范"。这样，我国语言学界50年代就鉴定了普通话的准确内涵，那就是："普通话是以北京语音为标准音、以北方话为基础方言、以典范的现代白话文著作为语法规范的现代汉民族共同语。"

1985年12月，国务院决定把中国文字改革委员会更名为国家语言文字工作委员会，扩大了它的工作范围和行政职能。

1986年1月，国家教育委员会和国家语言文字工作委员会联合召开了全国语言文字工作会议，规定了新时期语言文字工作的方针和主要任务。

新时期语言文字工作的方针是："贯彻、执行国家关于语言文字工作的政策和法令，促进语言文字规范化、标准化，继续推动文字改革工作，使语言文字在社会主义现代化建设中更好地发挥作用。"

新时期语言文字工作的主要任务是："做好现代汉语规范化工作，大力推广和积极普及普通话；研究和整理现行汉字，制定各项有关标准；进一步推行《汉语拼音方案》，研究并解决它在实际使用中的有关问题；研究汉语汉字信息处理问题，参与鉴定有关成果；加强语言文字的基础研究和应用研究，做好社会调查和社会咨询、服务工作。"其中，促进汉语规范化和推广普通话是最重要的两项工作。

2000年10月31日第九届全国人大常委会第十八次会议审议通过了《中华人民共和国国家通用语言文字法》。这是我国历史上第一部关于语言文字的法律，确立和规范了普通话和规范汉字作为国家通用语言文字的法律地位。

本法的颁行把语言文字的运用纳入法制化轨道，使得国家通用语言文字有了法律上的依据和保障。

本法的颁行有利于促进现代经济、科技的发展；有利于促进地区、民族间的交流；有利于普及文化教育，发展科技；有利于实现语言文字的规范化、标准化，提高工作效率。

本法的颁行将对国家统一、民族团结、经济文化的发展、物质文明和精神文明的建设产生深远影响。

《中华人民共和国国家通用语言文字法》的总则如下。

第一条　为推动国家通用语言文字的规范化、标准化及其健康发展，使国家通用语言文字在社会生活中更好地发挥作用，促进各民族、各地区经济文化交流，根据宪法，制定本法。

第二条　本法所称的国家通用语言文字是普通话和规范汉字。

第三条　国家推广普通话，推行规范汉字。

第四条　公民有学习和使用国家通用语言文字的权利。

国家为公民学习和使用国家通用语言文字提供条件。

地方各级人民政府及其有关部门应当采取措施，推广普通话和推行规范汉字。

第五条　国家通用语言文字的使用应当有利于维护国家主权和民族尊严，有利于国家统一和民族团结，有利于社会主义物质文明建设和精神文明建设。

第六条　国家颁布国家通用语言文字的规范和标准，管理国家通用语言文字的社会应用，支持国家通用语言文字的教学和科学研究，促进国家通用语言文字的规范、丰富和发展。

第七条　国家奖励为国家通用语言文字事业做出突出贡献的组织和个人。

第八条　各民族都有使用和发展自己的语言文字的自由。

少数民族语言文字的使用依据宪法、民族区域自治法及其他法律的有关规定。

## 二、大力推广普通话

普通话是现代汉民族的共同语，了解我国有关推广普通话的法律条文有利于我们更好地理解推广普通话的必要性。

《中华人民共和国宪法》（1982）第19条规定："国家推广全国通用的普通话。"

《中华人民共和国教育法》（2015）第12条规定："国家通用语言文字为学校及其他教育机构的基本教育教学语言文字，学校及其他教育机构应当使用国家通用语言文字进行教育教学。"

《中华人民共和国义务教育法实施细则》（1992）第24条规定："实施义务教育的学校

在教育教学和各种活动中，应当推广使用全国通用的普通话。师范院校的教育教学和各种活动应当使用普通话。"

《幼儿园管理条例》（1989）第15条规定："幼儿园应当使用全国通用的普通话。招收少数民族为主的幼儿园，可以使用本民族通用的语言。"

《扫除文盲工作条例》（1988）第6条规定："扫除文盲教学应当使用全国通用的普通话。"

《中华人民共和国广播电视管理条例》（1997）第36条规定："广播电台、电视台应当使用规范的语言文字。广播电台、电视台应当推广全国通用的普通话。"

《爱国主义教育实施纲要》（1994）列入："正确使用祖国的语言文字，大力推广普通话。"

由此看来，在新时期，推广普通话工作尤为重要，势在必行。

第一，推广普通话有利于人们互相交际，增进团结和提高工作效率，进一步消除方言隔阂，减少不同方言区人们交际时的困难，有利于社会交往，有利于国家的统一和安定团结。

第二，推广普通话是社会主义现代化建设的需要，是改革开放、搞活经济的需要。新时期，文化教育的普及和提高、科学技术的进步和发展、传声技术的现代化、计算机语言输入和语言识别问题的研究，都对推广普通话提出了新的要求。

第三，推广普通话是树立中国国际形象、扩大国际影响的需要。随着对外开放政策的贯彻执行，国际往来和国际交流越来越多，进一步推广普通话，可以减少语言交际的困难，促进国际交往。1973年12月，联合国大会一致通过："把已是联合国大会和安全理事会正式语言的中文列为大会和安理会工作语言。"也就是说，现代汉民族共同语已成为联合国的六种工作语言之一（其他五种是英语、俄语、法语、西班牙语、阿拉伯语）。

第四，普通话是教师的职业语言，是教师传道、授业、解惑的重要工具。

为此，我国在20世纪50年代确定了"大力提倡，重点推行，逐步普及"的推广普通话工作方针。20世纪80年代，推广普通话工作有了新的进展，工作重点和实施步骤也做了调整，即把工作重点放在推行和普及方面，在普及方面应当更加积极一些。所以，新时期推广普通话的方针是"大力推行，积极普及，逐步提高"。（1992年《关于进一步做好中等师范学校普及普通话工作的通知》）

具体工作内容如下。

第一，以汉语授课的各级学校使用普通话进行教学，使普通话成为教学语言。

第二，全国机关团体、企事业单位进行公务活动中必须使用普通话，使普通话成为工作语言。

第三，县以上各级以汉语播放的广播电台、电视台均使用普通话，使普通话成为宣传工作的规范语言。

第四，不同方言区及不同民族的人员交往时使用普通话，使普通话成为全国的通用语言。

普通话的标准只有一个，就是"以北京语音为标准音，以北方话为基础方言，以典范的现代白话文著作为语法规范"。但是考虑到不同地区、不同部门、不同行业、不同学校、不同年龄等情况，从实际出发，具体要求可以不同。我们初步设想，可以分为以下三级：第一级是会说相当标准的普通话，语音、词汇、语法很少差错。第二级是会说比较标准的普通话，方音不太重，词汇、语法较少差错。第三级是会说一般的普通话，不同方言区的人能够听懂。

推广普通话并不是要人为地消灭方言，主要是为了消除方言隔阂，以利于社会交际。

为了推进国家通用语言文字的规范和普及，经国务院批准，从1998年起，每年9月第三周为"全国推广普通话宣传周"。通过开展"推普周"活动，在全国范围内大力宣传国家语言文字方针政策及《中华人民共和国国家通用语言文字法》，大力推广和普及普通话，积极推行规范汉字，在全社会营造"说普通话，写规范字，做文明人"的良好氛围。

# 三、普通话水平测试

普通话水平测试是推广普通话工作的重要组成部分，是使推广普通话工作逐步走向科学化、规范化、制度化的重要举措。

为了更加有效地推动"推普"工作，加快普及进程，不断提高全社会的普通话水平，国家语言文字工作委员会、国家教育委员会、广播电影电视部1994年联合下发了《关于开展普通话水平测试工作的决定》，要求各省（市、区）在一定范围内对某些岗位的人员进行普通话水平测试，并从1995年起，逐步实行持普通话等级证书上岗制度。

普通话水平测试即 Putonghua Shuiping Ceshi，简称PSC。普通话水平测试检测应试者的普通话规范程度、熟练程度，认定其普通话水平等级，属于标准参照性考试。

## （一）关于测试对象

《中华人民共和国国家通用语言文字法》第19条规定：凡以普通话作为工作语言的岗位，其工作人员应当具备说普通话的能力。

以普通话作为工作语言的播音员、节目主持人和影视话剧演员、教师、国家机关工作人员的普通话水平，应当分别达到国家规定的等级标准。

## （二）关于测试机构

各省语言文字工作委员会负责对全省普通话水平测试工作的统一规划、管理、指导和监督，并协调和组织各有关部门和行业开展测试工作。

各地以本地区师范院校为依托，建立测试站，负责该地区的普通话培训及该地区教育系统和社会有关行业的测试工作。

## （三）测试方式、内容和大纲

普通话水平测试以口试方式进行。

普通话水平测试的内容包括普通话的语音、词汇和语法。

普通话水平测试的范围是国家测试机构编制的《普通话水平测试实施纲要》。

## （四）测试题型

读单音节字词（100个音节，限时3.5分钟），共10分。

读多音节词语（100个音节，限时2.5分钟），共20分。

作品朗读（400个音节，限时4分钟），30分。

命题说话（限时3分钟），40分。

## （五）普通话水平测试等级标准

普通话水平测试的等级标准是三级六等。其中，一级为标准的普通话，二级为比较标准的普通话，三级为一般水平的普通话。

测试成绩满分为100分，根据测试成绩的不同划分为一级甲等、一级乙等，二级甲等、二级乙等，三级甲等、三级乙等。测试成绩在97分以上，确定为一级甲等，92—96.99分为一级乙等；87—91.99分为二级甲等，80—86.99分为二级乙等；70—79.99分为三级甲等，60—69.99分为三级乙等。

## （六）普通话水平测试等级标准要求

### 一级

**甲等** 朗读和自由交谈时，语音标准，词语、语法正确无误，语调自然，表达流畅。测试总失分率在3%以内。

**乙等** 朗读和自由交谈时，语音标准，词语、语法正确无误，语调自然，表达流畅。偶有字音、字调失误。测试总失分率在8%以内。

### 二级

**甲等** 朗读和自由交谈时，声、韵、调发音基本标准，语调自然，表达流畅，少数难点音（平舌、翘舌音，前鼻、后鼻韵尾，边音、鼻音等）有时出现失误。词语、语法极少有误。测试总失分率在13%以内。

**乙等** 朗读和自由交谈时，个别调值不准，声母、韵母发音有不到位现象，难点音（平舌、翘舌音，前鼻、后鼻韵尾，边音、鼻音等，fu—hu，z—zh—j，送气不送气不分，i、ü不分，保留浊塞音和浊塞擦音，丢介音，复韵母单音化等）失误较多。方言语调不明显，有使用方言词、方言语法的情况。测试总失分率在20%以内。

### 三级

**甲等** 朗读和自由交谈时，声、韵、调发音失误较多，难点音超出常见范围，声调调值多不准，方言语调较明显，词语、语法有失误。测试总失分率在30%以内。

**乙等** 朗读和自由交谈时，声、韵、调发音失误较多，方言特征突出，方言语调明显，词语、语法失误较多，外地人听其谈话有听不懂的情况。测试总失分率在40%以内。

# 第二章
# 普通话概说

【内容提要】

本章共分三节。阐述现代汉民族共同语——普通话的三个标准内涵；分析普通话的语音性质：物理性、生理性、社会性；介绍普通话的相关概念。

## 第一节　现代汉民族共同语——普通话

### 一、语言　汉语　现代汉语　普通话

语言是人类社会特有的产物，是一种音义结合的符号系统，是人们最重要的交际工具和思维工具。19世纪末20世纪初瑞士语言学家费尔迪南·德·索绪尔在他的《普通语言学教程》中提出"语言是一种符号系统"的主张，即以语音为物质外壳，由词汇和语法两部分组成的符号系统。

语言符号是语音和语义的结合体，语言的音和义的结合是任意的，它们之间没有必然的、本质的联系，也就是说它们之间的结合是不可论证的，完全是使用语言符号的社会自然形成的习惯。因此，语言是社会约定俗成的音义结合的符号系统，人们用语言来传承文明，具有社会性、人文性。语言随着社会的产生而产生，随着社会的发展而发展，是一种社会现象；语言只有民族性，没有阶级性，所以又是一种特殊的社会现象。

语言是人类最重要的交际工具，人们运用它进行思维，交流思想，组织社会生产，开展社会斗争，推动历史前进。

汉语是汉民族的语言，源远流长，历史悠久。汉语作为一种语言，具有一切语言共同的属性。

现代汉语是在近代汉语的基础上形成的，是从20世纪初，特别是"五四"时期一直使用到现在的现代汉民族语言。

现代汉语有广义和狭义两种理解：广义的现代汉语包括现代汉民族共同语和地方方言；狭义的现代汉语指现代汉民族共同语——普通话。

民族共同语是全民族共同使用的语言，方言是共同语的地域分支或地方变体。民族共同语对方言来说是一种高级形式，是各方言所环绕的中心。

民族共同语是在一种方言的基础上形成的，这是与经济、政治、文化等因素分不开的；民族共同语影响和制约着方言的发展。

## 二、汉语七大方言区

汉语方言俗称地方话，只通行于一定的地域，它不是独立于民族语言之外的另一种语言，只是局部地区使用的语言。方言虽然只在一定地域通行，但本身有一套完整的系统，能满足本地区社会交际的需要。

现代汉语各方言大都是经历了漫长的演变过程才逐渐形成的。形成的因素很多，有属于社会、历史、地理方面的因素，如人口迁徙、山川阻隔等；也有语言本身的因素，如语言发展不平衡，不同语言之间相互接触、相互影响等。

我国幅员辽阔，人口众多，方言比较复杂，为了比较研究，便于掌握，语言学家通常把这些地方话分为七大方言区。

① 北方方言。以北京话为代表，内部一致性较强，分布地域最广，包括长江以北汉族居住的地区，长江以南镇江以上、九江以下的沿江地带，湖北（东南一带除外）、四川、云南、贵州四省，湖南省西北一带。使用人口约占汉族总人口的73%。

② 吴方言。历史上以苏州话为代表，现在以上海话为代表，分布地域包括江苏省长江以南、镇江（不包括镇江）以东部分，浙江省大部分。使用人口约占汉族总人口的7.2%。

③ 湘方言。以长沙话为代表，分布在湖南省大部分地区。使用人口约占汉族总人口的3.2%。

④ 赣方言。以南昌话为代表，分布在江西省（东北沿江地带和南部除外）以及湖北省东南一带。使用人口约占汉族总人口的3.3%。

⑤ 客家方言。以广东梅县话为代表，主要分布在广东、广西、福建、江西等省，湖南、四川两省也有少数地区说客家方言。使用人口约占汉族总人口的3.6%。

⑥ 闽方言。分布区域跨越六省（福建、海南、广东、浙江温州部分地区、广西、台湾）。使用人口约占汉族总人口的5.7%。

⑦ 粤方言。以广州话为代表，主要分布在广东、广西两省，使用人口约占汉族总人口的4%。

汉语方言之间的差异主要表现在语音方面，词汇和语法方面的差异较小，因此，学习普通话的重点在于学习普通话语音。

## 三、现代汉民族共同语——普通话

"普通话"中的"普通"是"普遍、共同"的意思，也就是说，普通话是一种普遍通行、为人们共同使用的语言。

1955年10月，中国科学院召开了现代汉语规范问题学术会议，会上确定把汉民族共同语称为普通话,并主张向全国大力推广。

1956年2月6日,国务院发布的《关于推广普通话的指示》文件中,正式确定了普通话的标准,是"以北京语音为标准音,以北方话为基础方言,以典范的现代白话文著作为语法规范的现代汉民族共同语"。于是,"普通话"一词开始以明确的内涵被广泛应用。

1986年,全国语言文字工作会议上仍然重申普通话的标准,所以,普通话就是规范的汉民族共同语,即现代汉语的标准语。

首先,现代汉民族共同语——普通话以北京语音为标准音。

普通话以北京语音为标准音,这是我国历史发展的必然结果。因为辽、金、元、明、清以来的800多年中,大体上都以北京为首都,北京早已是我国政治、经济和文化中心。明清以来的"官话",即以北京语音为标准音的北方话,也随着当时的政治力量传播到了全国各地。五四运动以后的"国语""国音"也都以北京语音为标准音。近百年来我国的话剧、电影、曲艺、广播、电视也都是使用北京语音。所以,以北京语音作为汉民族共同语的标准音,是大势所趋。当然,以北京语音作为标准音,是指以北京音系作为普通话的语音标准,至于北京市某些居民所说的北京土音,是不能成为标准音的,如"鼻音过重,连读时随意增音、减音及儿化音过多"等语音现象。

其次,现代汉民族共同语——普通话以北方话为基础方言。

这里所说的是广义的北方话,包括东北、华北、西北、西南等大部分地区和河南、湖北、湘西、桂北,以及江西、安徽、江苏等濒临长江的地带。从历史上看,宋代话本,元朝的戏曲杂剧,元、明、清各代的优秀小说《水浒传》《西游记》《儒林外史》《红楼梦》等,基本上都使用北方话。这些作品长期以来对人民群众产生了重大的、深刻的影响,北方话也通过这些作品得以广泛传播。五四以后众多的白话作品基本上都是用北方话写的,这些作品的流传更扩大了北方话的影响。所以,北方话作为普通话的基础方言,是名正言顺、理所当然的。但是,北方话中的无用成分不能被吸收到民族共同语中,而非基础方言中的有用成分可以吸收进来以丰富汉民族共同语,如广州话中的"搞定""搞笑""埋单""宵夜""炒鱿鱼"等词语已经在普通话中全面使用。

最后,现代汉民族共同语——普通话以典范的现代白话文著作为语法规范。

由于语法具有抽象性、概括性和稳定性等特点,而经过作者加工的书面语语法比口语语法更具有这些特性,所以要以书面语著作作为语法规则的依据。但不是任何著作都可以成为规范的,只有典范的现代白话文著作,如现代杰出的政治家、文学家、科学家的著作,才有资格成为语法规范。当然,普通话也不是一概采用这些著作中的所有语法模式,而是采用一般的、通行的语法规则。

## 第二节 普通话的语音性质

语音,即语言的声音,是语言的物质形式,或者说物质外壳。人们在交际中主要以口述耳闻的声音传达思想,没有声音这个物质形式,语言的意义也就无从寄托、无从表现了。书面语、体态语都是以有声的口语为基础的。

语音同自然界的其他声音一样,产生于物体的振动,具有物理性;语音是由人的发音器官发出的,具有生理性;更重要的是,什么样的语音形式表达什么样的意义,必须是全体社会成员约定俗成的,所以语音又具有社会性。

## 一、语音的物理性

语音和一切自然界的声音一样,是因发音体颤动而形成的,是一种物理现象。由于发音体及其颤动方式、时间等不同,因而有音色、音强、音高、音长的不同。语音中的许多差异都由于这个原因而形成。

### (一)音色

音色就是声音的个性、特色。区分声音个性的条件有三个:发音体不同,共鸣器不同,发音方式不同。锣声、鼓声不同,吉他声、提琴声不同,京胡声、二胡声不同;人声与器乐声不同;男声与女声不同。我们常常在不见其人只闻其声时就能辨别出是谁的声音,也是根据音色来辨识的。语音上 sh 和 r 不同,是发音体有别,发 sh 时声带不颤动而发 r 时声带要颤动;e 和 o 不同,是共鸣器有别,发 o 时口形是圆的,而发 e 时口形不圆;b 和 p 不同,是发音方法有别,发 b 不送气,而发 p 是送气的。

### (二)音强

音强是就声音的强弱而言的,原因在于发音体振动幅度大小不同。振幅大的音强,振幅小的音弱。语音的强弱与发音时用力的大小也有关系,用力大的音强,形成重音;反之音弱,出现轻声。如"船头"和"前头"两个词中"头"的读音不同,前者强而后者弱,这轻重之别表示了"头"字在两个词中的不同作用:一个有实在的意义;一个只是附缀,并无实在意义。

### (三)音高

音高是就声音的高低而言的,发音体振动频率高(次数多),声音就高,反之声音就低。汉语的声调主要就是借助音高来区别的,如打电话时应答的"啊"音比较低,而惊呼的"啊"音就很高。我们常要求别人"声音大些",主要就是要说话人增强音高。

语音的高低,跟声带的长短、厚薄、松紧有关。人的声带不会完全相同,一般来说,成年男子声带长而厚,所以声音低;成年女子声带短而薄,所以声音高。老年人一般声音低,小孩声音高,道理一样。

### (四)音长

音长是就发音时值的长短而言的。普通话语调中虽也有读长读短的区别,但一般不以音素的长短辨义,可是广州方言中"三"〔sɑ:m〕与"心"〔sɑm〕、"盲"〔mɑ:ŋ〕与"盟"〔mɑŋ〕的区别就取决于其中〔ɑ〕音素发音的长短。

## 二、语音的生理性

语音是人的发音器官发出来的,所以又是一种生理现象。理解这一点有助于把握正确的发音。下图是人体发音器官的纵剖面图,除下面的肺部外,都可以在图上看出。

人的发音器官分三大部分。

### (一)肺和气管(动力区)

肺是呼吸气流的活动风箱,呼吸的气流是语音的原动力。肺部呼出的气流通过支气管、气管到达喉头,作用于声带、咽腔、口腔、鼻腔等发音器官,经过这些发音器官的调节,发出不同的语音。

### (二)喉头和声带(声源区)

喉头位于气管顶端,是由甲状软骨、环状软骨、杓状软骨、会厌软骨组成的室状器官。声带处于喉室的中央,喉室内软骨之间由肌肉前后纵横地联结着。肌肉放松或收缩可以控制声带的松紧,也可以控制声门的开合,如图2-1所示。

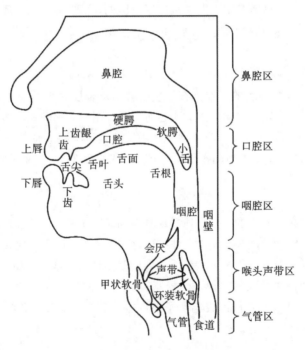

图2-1 人体发音器官纵侧面示意图

声门展开时形成三角形,在发音时声带先闭拢,由肺送来的气流在一定压力下冲开声门,气流冲出后压力减弱,声带又因本身的弹性而重新闭合。这时由肺继续送来的气流又因压力增大而再度冲开声门,如此连续开闭,使声带颤动而成声。声带每开闭一次称为一个周期,每秒钟的周期次数就是这个音的频率数。短而厚的声带频率高,长而薄的声带频率低。同一声带拉紧时频率高,放松时频率低。

## （三）口腔、鼻腔和咽腔（调音区）

口腔和鼻腔都是语音的共鸣器，但口腔可以随需要开、合、圆、展。口腔里的舌头是最灵活的发音器官，舌头可以自由地往前伸，往后缩，平放或者翘起。口腔上盖从前往后依次有上唇、上齿、上齿龈、硬腭、软腭；与上盖相对的有下唇、下齿、舌尖、舌面、舌根。

鼻腔是一个比较固定的空腔。它与口腔好比是楼上与楼下的关系。口腔后面的咽头则是一个"三岔路口"，它上通鼻腔，中通口腔，下通喉头。软腭专管气流的通路，软腭上升时，就堵塞鼻腔通路；软腭下垂时，就关闭口腔通路。这样就分别形成了口音和鼻音。

# 三、语音的社会性

语言是社会交际的主要工具，语音是语言的物质表达形式，所以，语音也是一种社会现象。语音的社会性表现在以下两个方面。

其一，语音是约定俗成的。什么声音表达什么意义不是任何一个人可以任意决定的，只能由社会约定俗成。语音传达意义的功能是社会所赋予的，一种语言或方言里用什么声音表达什么意义是任意的，是由使用某种语言或方言的社会因素决定的。任意是指语言的基本词汇（或叫单纯词）的声音和意义之间没有必然的联系，而是由社会习惯约定的，如hǎo这个声音表达"好"的意义，不是个人的主观安排，而是使用汉语的社会成员在共同的、长期的交际中相约而定、随俗而成的。又比如，同是"一"这个意义，英语说one，汉语普通话说yī，广州话说[iɑt]，印尼语说satu，不同的语言或方言的说法都是那个语言社会约定的结果。这就是语言学上著名的语言符号任意性的原则，语言符号的任意性导致了人类语言的多样性。

语言的音和义在既定既成之后，也不能由个人任意变更。如大家都以"màozi（帽子）"这个声音来表示戴在头上保暖、防雨、遮阳光或做装饰的一种用品，如果有人用它来指穿在脚上的用品，就会显得格格不入，无法达到同他人交际的目的。

其二，语音是成系统的。不同的语言是不同族群社会历史发展的结果，其语音会组成一个系统，如包含哪些语音要素（音素、声调、轻重音等），以及这些语音要素的相互配合和变化等。例如，普通话声母的舌尖音有严格的平舌和翘舌区别，"zī（资）"与"zhī（知）"不同，而成都话、扬州话、武汉话却不分，"资""知"都是z声母。普通话里没有入声调，而广州话的入声调分得特别精细。"多、拖、所、罗、锅、火、昨"在普通话里自成一类，都读uo韵；在长沙话、南昌话、成都话里也自成一类，读成o韵。普通话鼻音、边音分立，"nánzi（男子）"与"lánzi（篮子）"不同，而武汉话全读成"nánzi（男子）"，南京话都读成"lánzi（篮子）"，各成体系。

又如，汉语普通话有ü这个圆唇音，印尼语没有；印尼语有r[r]这个颤音，汉语没有，这是要素有无的问题。汉语普通话里的ü，前面除了可以是零声母外，只能跟n、l、j、q、x五个声母相拼。普通话里"gè（个）"和"yè（夜）"的e，读音相差很远，但是说普通话的人并不需要特别加以区别，在设计拼音字母时，只用e一个字母来代表就可以了，这是要素配合的问题。再如，普通话里两个上声相连时，前一个上声要变读成阳平，这是要素变化的问题。学习和分析一种语言的语音，不仅要注意它的民族特征或地方特征，还要特别注意它的系统性特征。

## 第三节　普通话的相关概念

### 一、普通话的特点

汉语的历史源远流长，发展至今已是世界上最发达、最优美的语言之一。普通话属于汉藏语系，有别于印欧语系，自身具有鲜明的特点。

① 语音方面，音节界限分明，乐音较多，加上声调高低变化和语调抑扬顿挫，因而具有音乐性强的特点。

没有复辅音。在一个音节内，无论开头或是结尾都没有两个或三个辅音相连的现象，因此音节界限分明，形式整齐。

元音占优势。汉语音节中可以没有辅音，但不能没有元音，一个音节可以只由单元音或复元音构成。同时，由于复元音构成的音节比较多，而元音是乐音，所以汉语语音中乐音比例大。

有声调。汉语每个音节都有声调，声调可以使音节和音节之间界限分明，又富于高低升降的变化，从而形成了汉语音乐性强的特殊风格。

② 词汇方面，汉语语素以单音节为基本形式，双音节占优势，构词法灵活多样，词汇丰富，能够反映纷繁的社会现象和表达细腻的思想感情。

③ 语法方面，各级语言单位的组合具有一致性，语序和虚词是最重要的两种组合手段，量词丰富，这些语法特点使现代汉语的表达容易做到生动丰富、简明准确。

### 二、普通话的相关概念

#### （一）音节和音素

**1. 音节**

音节是语音结构的基本单位，也是能自然感受到的最小的语音片段，由音素构成。人们说话时，总是很自然地按音节吐音的。如"湖北"的"湖"包含 h 和 u 两个音素，说话人无论说"湖北"的"湖"还是"江湖"的"湖"，总是一下子吐出一个 hú，而不是 h—ú—hú。

一个音节可以由一个音素构成，也可以由几个音素合成。如 è（恶）—e，由一个音素构成；hú（湖）—h—u，由两个音素构成；běi（北）—b—e—i，由三个音素构成；xiān（先）—x—i—a—n，由四个音素构成；zhuāng（庄）—zh—u—a—ng，由四个音素构成。

一般说来，一个汉字表示一个音节，如"西安是一座美丽的古城"，十个汉字也是十个音节。但儿化韵除外，儿化音节是两个汉字形成一个语音片段，表示一个音节，如"花儿（huār）"。

普通话的基本音节有 400 多个。

**2. 音素**

音素是构成音节的最小单位。发音时，发音的部位、方法如果自始至终一直保持着前后完全一致的状态，所发出的就是音素，它是不能再进行分解的音，a、o、e、i、u、ü都是音素，b、p、m也都是音素，但ai、ia、ba之类便不是音素了，因为它们各包括两个最小的语音单位。而zh、ch、sh和ng都是一个音素，因为它们虽用了两个符号，但各自表示的音仍然是一个最小的无法再分解的音。

普通话的音素有32个，分元音和辅音两大类。

### （二）元音和辅音

#### 1. 元音

元音指气流振动声带，在口腔、咽头不受阻碍而形成的音。普通话里元音音素有10个：a、o、e、ê、i、u、ü、er、-i(前)、-i(后)。

元音是音色响亮的音，是乐音。

#### 2. 辅音

辅音指气流在口腔或咽头受阻碍而形成的音，普通话里辅音音素有22个：
b、p、m、f、d、t、n、l、g、k、h、ng、j、q、x、z、c、s、zh、ch、sh、r。

辅音是不响亮的音，是噪音。

#### 3. 元音和辅音的区别

发辅音时，气流通过咽头、口腔时要受到阻碍；发元音时，气流不受阻碍。

发辅音时，发音器官成阻部位特别紧张；发元音时，发音器官各部位均衡紧张。

发辅音时，气流较强；发元音时，气流较弱。

发辅音时，声带不一定振动，声音不一定响亮；发元音时，声带振动，声音响亮。

### （三）声母、韵母和声调

汉语语音的传统分析方法是把汉字的音分为声母和韵母两个部分，再加上贯通整个音节的声调。

#### 1. 声母

声母指汉语音节中开头部分的辅音。普通话除零声母音节以外，其他21个声母都由辅音来充当，如"北京"读作běijīng，其中"北"的开头部分b和"京"的开头部分j就是声母，同时也都是辅音。pǔtōnghuà（普通话）中p、t、h是声母，也是辅音。

声母是辅音，但辅音不只作声母，有的辅音也可以作韵尾，如"nán"（南）音节中的两个辅音n，在音节开头的是声母，在音节末尾的是韵尾；"guāng"（光）音节中的辅音ng，只作韵尾，不作声母。

汉语音节中的零声母是针对那些仅由韵母构成的音节而言的。这类音节前面本无声母，人们认定其声母为零，便把它叫作零声母，如ǒu（偶）、é（俄）音节中声母为零，这类音节便叫零声母音节。

#### 2. 韵母

韵母是汉语音节中声母后面的部分，如上例"běijīng（北京）"中的ei和ing就是韵母。汉语的韵母有两种构成方式，一种完全由元音充当，如a、ai等；一种由元音加上鼻辅音充当，如 an、ang 等。

总的来说，辅音的范围比声母大，韵母的范围比元音大。

**3. 声调**

声调指音节中具有区别意义作用的音高变化。普通话的声调有四种：阴平、阳平、上声、去声。

## （四）音变

在语流中，连着念的音素、音节或声调有时会相互影响，发生语音变化，这种现象就叫音变。普通话语音中常见的音变现象有变调、轻声、儿化等。

# 第三章 普通话声母

【内容提要】

本章共分四节。先介绍声母的构成和分类；再从发音部位和发音方法上分析每一个声母的发音，并进行大量的字词训练；最后辨析几组容易混淆的声母。

## 第一节 声母概说

### 一、什么是声母

声母是普通话音节开头的辅音。如 pǔtōnghuà（普通话）三个音节前面的 p、t、h 三个辅音都是声母。普通话共有 22 个声母，包括辅音声母 21 个，零声母 1 个。

b　p　m　f　d　t　n　l　g　k　h
j　q　x　z　c　s　zh　ch　sh　r

充当声母的任何一个辅音，它的特性都是由发音部位和发音方法两个方面决定的。

### 二、声母与辅音

声母和辅音是两个不同的概念。声母是从分析音节结构的角度划分出来的，而辅音是从分析音素性质的角度提出来的。

声母是由辅音充当的，但辅音并不全都是声母。如"guāng（光）"这个音节中的 ng，它是辅音，但它处在音节末尾的位置，因此它不是声母。又比如"nán（难）"这个音节，前后都有 n 这个辅音，处在音节开头的 n 是声母，处在音节末尾的 n 是韵尾，不是声母。

## 三、零声母音节

### （一）零声母音节

有些普通话音节的开头没有辅音，人们就设定其声母为零，叫零声母，这类音节就叫零声母音节，如 ài（爱）、yí（移）、wǔ（五）、yù（遇）。

普通话零声母音节有两类：一类是开口呼零声母音节；一类是非开口呼零声母音节。

非开口呼零声母即除开口呼以外的齐齿呼、合口呼、撮口呼三种零声母。齐齿呼零声母音节用汉语拼音拼写时，要用隔音字母 y 开头；合口呼零声母音节用汉语拼音拼写时，要用隔音字母 w 开头；撮口呼零声母音节用汉语拼音拼写时，要用隔音字母 y（yu）开头。

《汉语拼音方案》对零声母音节的拼写都有规定，凡是 i、u、ü 和以 i、u、ü 开头的音节书写时要用 y 或 w，如移（yí）、五（wǔ）、遇（yù）；其他韵母（a、o、e 和以 a、o、e 开头的韵母）独立成音节时，如与前一个音节连写，要用隔音符号"'"分隔，如"超额（chao'e）"。

《汉语拼音方案》规定将 y、w 加在以 i、u、ü 开头的零声母音节前，或以之替代 i、u、ü，其目的是为了隔开音节，避免混淆。也就是说，y、w 不是声母，只是隔音字母。

### （二）请读准下列零声母音节

| 阿姨 āyí | 挨饿 ái'è | 昂扬 ángyáng | 熬药 áoyào |
| 偶尔 ǒu'ěr | 扼要 èyào | 压抑 yāyì | 沿用 yányòng |
| 演义 yǎnyì | 扬言 yángyán | 洋溢 yángyì | 谣言 yáoyán |
| 优雅 yōuyǎ | 友谊 yǒuyì | 外围 wàiwéi | 忘我 wàngwǒ |
| 委婉 wěiwǎn | 唯物 wéiwù | 无谓 wúwèi | |

### （三）零声母音节辨音练习

爱 ài 心－耐 nài 心　　　海岸 àn－海难 nàn
大义 yì－大逆 nì　　　　傲 ào 气－闹 nào 气
疑 yí 心－泥 ní 心　　　　语 yǔ 序－女 nǚ 婿
文 wén 风－门 mén 风　　余味 wèi－愚昧 mèi
每晚 wǎn－美满 mǎn　　　纹 wén 路－门 mén 路
万 wàn 丈－幔 màn 帐　　五味 wèi－妩媚 mèi

## 第二节　声母的分类

学习声母必须掌握正确的发音部位和发音方法。通常情况下，形成阻碍的部位叫发音部位；构成阻碍和排除阻碍的方法叫发音方法。声母可根据发音部位和发音方法来分类。

## 一、按发音部位分类

按照发音部位的不同可将声母分为七类。

双唇音（3个）——上唇和下唇构成阻碍而发出的音，如b、p、m。

唇齿音（1个）——上齿和下唇构成阻碍而发出的音，如f。

舌尖前音（3个）——舌尖和上齿背构成阻碍而发出的音，如z、c、s。

舌尖中音（4个）——舌尖和上齿龈构成阻碍而发出的音，如d、t、n、l。

舌尖后音（4个）——舌尖和硬腭前部构成阻碍而发出的音，如zh、ch、sh、r。

舌面音（3个）——舌面前部和硬腭前部构成阻碍而发出的音，如j、q、x。

舌根音（3个）——舌根和软腭构成阻碍而发出的音，如g、k、h。

## 二、按发音方法分类

声母的发音方法指发音时喉头、口腔和鼻腔节制气流的方式和状况，可以从构成和除去阻碍的方式、声带是否颤动、气流的强弱等三个方面来区分。

### （一）阻碍方式

按构成和除去阻碍的方式来分，可以将声母分为塞音、擦音、塞擦音、鼻音、边音五类。

塞音（6个）——发音时，发音部位形成闭塞，软腭上升，堵塞鼻腔的通路，气流冲破阻碍，迸裂而出，爆发成声，如b、p、d、t、g、k。

擦音（6个）——发音时，发音部位两部分接近，留下窄缝，软腭上升，堵塞鼻腔的通路，气流从窄缝中摩擦成声，如f、h、s、sh、r、x。

塞擦音（6个）——发音时，发音部位形成闭塞，软腭上升，堵塞鼻腔的通路，然后气流把阻塞部位冲开一条窄缝，从窄缝中挤出，摩擦成声。先破裂，后摩擦，结合成一个音，如z、c、zh、ch、j、q。

鼻音（2个）——发音时，软腭下垂，口腔通路完全闭塞，使气流从鼻腔通过，声带振动，气流在鼻腔通过时发音，如m、n。

边音（1个）——发音时，舌尖与上齿龈接触，但舌头的两边仍留有空隙，同时软腭上升，阻塞鼻腔的通路，气流振动声带，从舌头的两边通过，如l。

### （二）声带是否颤动

根据发音时声带是否颤动，普通话的声母还可以分为清音和浊音两类。

清音（17个）——发音时声带不颤动的音，如b、p、f、d、t、g、k、h、j、q、x、z、c、s、zh、ch、sh。

浊音（4个）——发音时声带颤动的音，如m、n、l、r。

### （三）气流强弱

根据发音时气流的强弱，可以把普通话声母中的塞音、塞擦音分为送气音和不送气音两类。

送气音——发音时气流强的音叫送气音，如 p、t、k、c、ch、q。

不送气音——发音时气流弱的音叫不送气音，如 b、d、g、z、zh、j。

根据上述分类，可以将普通话的 21 个辅音声母排列成一个发音表，以概括其发音要领。

普通话辅音声母总表

| 发音方法<br>发音部位 | 塞音 | | 塞擦音 | | 擦音 | | 鼻音 | 边音 |
|---|---|---|---|---|---|---|---|---|
| | 清音 | | 清音 | | 清音 | 浊音 | 浊音 | 浊音 |
| | 不送气 | 送气 | 不送气 | 送气 | | | | |
| 双唇音 | b | p | | | | | m | |
| 唇齿音 | | | | | f | | | |
| 舌尖中音 | d | t | | | | | n | l |
| 舌根音 | g | k | | | h | | | |
| 舌面音 | | | j | q | x | | | |
| 舌尖后音 | | | zh | ch | sh | r | | |
| 舌尖前音 | | | z | c | s | | | |

## 第三节　声母的发音

下面对普通话的 21 个辅音声母的发音逐一加以说明，并辅以字词练习。

b　双唇、不送气、清、塞音。发音时，双唇闭合，软腭上升，堵塞鼻腔通路，声带不颤动，较弱的气流冲破双唇的阻碍，迸裂而出，爆发成音。

（1）以 b 为声母的例字

扒　板　傍　暴　憋　捕　笨　蹦　柄　濒　摆

彼　拨(bō)　埠(bù)　避　薄　镖(biāo)　败　碑

（2）以 b 为声母的例词

辨别（biànbié）　　标本（biāoběn）　　颁布（bānbù）

板报（bǎnbào）　　褒贬（bāobiǎn）　　步兵（bùbīng）

标兵（biāobīng）　　报表（bàobiǎo）　　北边（běibiān）

奔波（bēnbō）　　背包（bèibāo）　　斑白（bānbái）

卑鄙（bēibǐ）　　包办（bāobàn）

p　双唇、送气、清、塞音。发音的状况与 b 相近，只是发 p 时有一股较强的气流冲开双唇。

（1）以 p 为声母的例字

颇　爬　喷　捧　牌　庞　品　屏　朴　篇　沛(pèi)

判 攀 潘 泼 坯(pī) 刨(páo) 趴(pā) 扒(pá)

**(2) 以 p 为声母的例词**

| | | |
|---|---|---|
| 乒乓（pīngpāng） | 批评（pīpíng） | 偏旁（piānpáng） |
| 匹配（pǐpèi） | 瓢泼（piáopō） | 偏僻（piānpì） |
| 澎湃（péngpài） | 琵琶（pípa） | 铺排（pūpái） |
| 评判（píngpàn） | 枇杷（pípa） | 拼盘（pīnpán） |

m 双唇、浊鼻音。发音时，双唇闭合，软腭下降，气流振动声带从鼻腔通过。

**(1) 以 m 为声母的例字**

默 幕 埋 茫 矛 美 闷 猛 敏 鸣
瞒 眯 秒 谋 枚 蔑 棉 迈 抹(mā, mǒ, mò)

**(2) 以 m 为声母的例词**

| | | |
|---|---|---|
| 美妙（měimiào） | 弥漫（mímàn） | 麦苗（màimiáo） |
| 眉目（méimù） | 门面（ménmiàn） | 磨灭（mómiè） |
| 命名（mìngmíng） | 迷茫（mímáng） | 命脉（mìngmài） |
| 明媚（míngmèi） | 茂密（màomì） | 牧民（mùmín） |

f 唇齿、清擦音。发音时，下唇接近上齿，形成窄缝，气流从唇齿间摩擦出来，声带不颤动。

**(1) 以 f 为声母的例字**

浮 纷 封 泛 罚 否 饭 吠(fèi) 伏
付 服 俯 赴 拂 费 肺 匪 翻 冯

**(2) 以 f 为声母的例词**

| | | |
|---|---|---|
| 丰富（fēngfù） | 吩咐（fēnfù） | 芬芳（fēnfāng） |
| 发奋（fāfèn） | 反复（fǎnfù） | 方法（fāngfǎ） |
| 仿佛（fǎngfú） | 肺腑（fèifǔ） | 防范（fángfàn） |
| 发愤（fāfèn） | 非凡（fēifán） | 风帆（fēngfān） |

d 舌尖中、不送气、清塞音。发音时，舌尖抵住上齿龈，软腭上升，堵塞鼻腔通路，声带不颤动，较弱的气流冲破舌尖的阻碍，迸裂而出，爆发成声。

**(1) 以 d 为声母的例字**

胆 捣 等 迭(dié) 点 逮(dǎi, dài) 跺(duò)
颠 栋 躲 陡 堤 答 蹬 抵 断 订

**(2) 以 d 为声母的例词**

| | | |
|---|---|---|
| 等待（děngdài） | 定夺（dìngduó） | 大地（dàdì） |
| 导弹（dǎodàn） | 担当（dāndāng） | 达到（dádào） |

带动（dàidòng）　　大豆（dàdòu）　　单调（dāndiào）
道德（dàodé）　　电灯（diàndēng）　　调动（diàodòng）
断定（duàndìng）　　跌宕（diēdàng）

t　舌尖中、送气、清擦音。发音状况与 d 相近，只是发 t 时气流较强。

（1）以 t 为声母的例字

特　腿　吐　投　停　挑　体　腆(tiǎn)　谈　塔　团
屉　铁　榻(tà)　驮　捅　趟　摊　臀(tún)

（2）以 t 为声母的例词

淘汰（táotài）　　团体（tuántǐ）　　谈吐（tántǔ）
探讨（tàntǎo）　　体贴（tītiē）　　妥帖（tuǒtiē）
推脱（tuītuō）　　弹跳（tántiào）　　跳台（tiàotái）
挑剔（tiāotì）

n　舌尖中、浊鼻音。发音时，舌尖抵住上齿龈，软腭下降，打开鼻腔通路，气流振动声带，从鼻腔通过。

（1）以 n 为声母的例字

嫩　能　孽(niè)　努　难　暖　浓　哪　凝　拿
扭　拗(niù)　挠(náo)　攮(nǎng)　蔫(niān)　拟　镍(niè)
虐(nüè)　挪(nuó)　酿(niàng)　腻　脓

（2）以 n 为声母的例词

能耐（néngnai）　　泥泞（nínìng）　　奶牛（nǎiniú）
男女（nánnǚ）　　恼怒（nǎonù）　　农奴（nóngnú）
南宁（nánníng）　　扭捏（niǔniē）　　泥淖（nínào）
袅娜（niǎonuó）

l　舌尖中、浊边音。发音时，舌尖抵住上齿龈，软腭上升，堵塞鼻腔通路，气流振动声带，从舌头两边通过。

（1）以 l 为声母的例字

乐　赖　老　冷　理　疗　赁(lìn)　猎　腊　柳　楼
拢　抡(lūn, lún)　晾　俩(liǎ)　旅　恋　灵

（2）以 l 为声母的例词

玲珑（línglóng）　　嘹亮（liáoliàng）　　拉力（lālì）
利落（lìluò）　　流利（liúlì）　　履历（lǚlì）
罗列（luóliè）　　轮流（lúnliú）　　理论（lǐlùn）
冷落（lěngluò）　　留恋（liúliàn）　　来历（láilì）

劳碌（láolù）　　　联络（liánluò）　　　劳累（láolèi）
理疗（lǐliáo）

g　舌根、不送气、清塞音。发音时，舌根抵住软腭，软腭后部上升，堵塞鼻腔通路，声带不颤动，较弱的气流冲破舌根的阻碍，爆发成声。

（1）以 g 为声母的例字

给　沟　改　亘(gèn)　更　港　卦　裹　管　鬼　恭　逛
搁　梗(gěng)　拱　骨　硅　稿　杆　格　钙　感　寡

（2）以 g 为声母的例词

巩固（gǒnggù）　　　改革（gǎigé）　　　杠杆（gànggǎn）
高贵（gāoguì）　　　更改（gēnggǎi）　　观光（guānguāng）
灌溉（guàngài）　　　光顾（guānggù）　　尴尬（gāngà）
桂冠（guìguān）　　　国歌（guógē）　　　古怪（gǔguài）
锅盖（guōgài）　　　孤寡（gūguǎ）

k　舌根、送气、清塞音。发音状况与 g 相近，只是气流较强。

（1）以 k 为声母的例字

刻　窥　款　慨(kǎi)　砍　括　孔　况　考
槛　铐(kào)　嗑(kē, kè)　啃　抠(kōu)　壳　卡
扛　挎(kuà)　狂　酷　渴　盔　昆

（2）以 k 为声母的例词

宽阔（kuānkuò）　　　刻苦（kèkǔ）　　　开垦（kāikěn）
苛刻（kēkè）　　　　空旷（kōngkuàng）　困苦（kùnkǔ）
慷慨（kāngkǎi）　　　可靠（kěkào）　　　旷课（kuàngkè）
坎坷（kǎnkě）

h　舌根、清擦音。发音时，舌根接近软腭，留出窄缝，软腭上升，堵塞鼻腔通路，声带不颤动，气流从窄缝中摩擦出来。

（1）以 h 为声母的例字

海　划　缓　挥　含　航　谎　咳(hāi)
耗　嘿　唤　晃　伙　恒　囫(hú)　酣(hān)
哄(hōng, hǒng, hòng)　骸(hái)　厚　换　衡　浩

（2）以 h 为声母的例词

欢呼（huānhū）　　　辉煌（huīhuáng）　　航海（hánghǎi）
呼唤（hūhuàn）　　　花卉（huāhuì）　　　谎话（huǎnghuà）
挥霍（huīhuò）　　　悔恨（huǐhèn）　　　好汉（hǎohàn）

黄昏（huánghūn）　　　荷花（héhuā）　　　浑厚（húnhòu）

j　舌面、不送气、清塞擦音。发音时，舌面前部抵住硬腭前部，软腭上升堵塞鼻腔通路，声带不颤动，较弱的气流把阻碍冲开，形成一条窄缝，气流从窄缝中挤出，摩擦成声。

（1）以 j 为声母的例字

假　　　缴　　　久　　　绝　　　皆　　　举　　　卷　　　均　　　颊（jiá）
笺（jiān）　酱　　浸　　粳（jīng）　咎（jiù）　　沮　　　眷（juàn）
倔（jué）　畸（jī）　即　　减　　仅　　揪（jiū）　　觉

（2）以 j 为声母的例词

境界（jìngjiè）　　将就（jiāngjiù）　　积极（jījí）
家具（jiājù）　　　坚决（jiānjué）　　讲解（jiǎngjiě）
将军（jiāngjūn）　结晶（jiéjīng）　　捷径（jiéjìng）
军舰（jūnjiàn）　　经济（jīngjì）　　交界（jiāojiè）
佳节（jiājié）　　　交际（jiāojì）　　究竟（jiūjìng）
咀嚼（jǔjué）

q　舌面、送气、清塞擦音。发音状况与 j 相近，只是气流较强。

（1）以 q 为声母的例字

掐（qiā）　浅　　缺　　权　　群　　巧　　且　　沏（qì）　秦
嵌（qiàn）　襁（qiǎng）　壳（qiào）　怯（qiè）　沁（qìn）　倾　　穷
虬（qiú）　趋　　颧（quán）　蛆（qū）　妾　　起　　锹（qiāo）

（2）以 q 为声母的例词

秋千（qiūqiān）　　亲切（qīnqiè）　　齐全（qíquán）
恰巧（qiàqiǎo）　　情趣（qíngqù）　　请求（qǐngqiú）
缺勤（quēqín）　　铅球（qiānqiú）　　崎岖（qíqū）
确切（quèqiè）　　欠缺（qiànquē）　　侵权（qīnquán）

x　舌面、清擦音。发音时，舌面前部接近硬腭前部，留出窄缝，软腭上升，堵塞鼻腔通路，声带不颤动，气流从窄缝中挤出，摩擦成声。

（1）以 x 为声母的例字

系　　嫌　　选　　雪　　旬　　些（xiē）　　羞　　癣（xuǎn）
降　　弦（xián）　吸　　巷　　削（xuē，xiāo）　邢　　挟（xié）
酗（xù）　　虾　　襄（xiāng）　萧　　蓄　　歇

（2）以 x 为声母的例词

形象（xíngxiàng）　　虚心（xūxīn）　　喜讯（xǐxùn）
现象（xiànxiàng）　　学习（xuéxí）　　心胸（xīnxiōng）

行星（xíngxīng）　　选修（xuǎnxiū）　　相信（xiāngxìn）
习性（xíxìng）　　　小心（xiǎoxīn）　　消息（xiāoxi）
新鲜（xīnxiān）　　 下旬（xiàxún）

zh　舌尖后、不送气、清塞擦音。发音时，舌尖上翘，抵住硬腭前部，软腭上升，堵塞鼻腔通路，声带不颤动。较弱的气流把阻碍冲开一条窄缝，从窄缝中挤出，摩擦成声。

**（1）以 zh 为声母的例字**

眨（zhǎ）　煮　缀　拙（zhuō）　桩　展　窄　掌
轧（zhá，yà）　绽（zhàn）　宅（zhái）　瘴（zhàng）　蛰（zhé）
砧（zhēn）　帧（zhēn）　炙（zhì）　冢（zhǒng）　赚（zhuàn）
震　整　皱（zhòu）　找　拽（zhuài）

**（2）以 zh 为声母的例词**

庄重（zhuāngzhòng）　　主张（zhǔzhāng）　　战争（zhànzhēng）
真正（zhēnzhèng）　　　政治（zhèngzhì）　　珍珠（zhēnzhū）
壮志（zhuàngzhì）　　　支柱（zhīzhù）　　　制止（zhìzhǐ）
周转（zhōuzhuǎn）　　　正直（zhèngzhí）　　转折（zhuǎnzhé）

ch　舌尖后、送气、清塞擦音。发音状况与 zh 相近，只是气流较强。

**（1）以 ch 为声母的例字**

差　扯　戳（chuō）　宠　产　柴　沉　呈　垂
颤　敞　吵　称　盛（chéng）　炽（chì）　忡（chōng）
杵（chǔ）　厂　喘（chuǎn）　闯　稠（chóu）　炊（chuī）

**（2）以 ch 为声母的例词**

车床（chēchuáng）　　长城（chángchéng）　　超产（chāochǎn）
抽查（chōuchá）　　　橱窗（chúchuāng）　　戳穿（chuōchuān）
驰骋（chíchěng）　　　充斥（chōngchì）　　　出差（chūchāi）
踌躇（chóuchú）

sh　舌尖后、清擦音。发音时，舌尖上翘接近硬腭前部，留出窄缝，气流从缝间挤出，摩擦成声，声带不颤动。

**（1）以 sh 为声母的例字**

傻　蛇　硕　税　闩（shuān）　审　绳（shéng）　圣　筛（shāi）
厦　讪（shàn）　芍（sháo）　折（shé）　渗（shèn）　嗜（shì）

**（2）以 sh 为声母的例词**

闪烁（shǎnshuò）　　山水（shānshuǐ）　　赏识（shǎngshí）
少数（shǎoshù）　　　设施（shèshī）　　　神圣（shénshèng）

事实（shìshí）　　　舒适（shūshì）　　　深水（shēnshuǐ）
手术（shǒushù）　　　上市（shàngshì）　　双手（shuāngshǒu）
书生（shūshēng）　　　盛世（shèngshì）

r　舌尖后、浊擦音。发音状况与 sh 相近，只是声带颤动。

（1）以 r 为声母的例字

惹　扰（rǎo）　染　揉　软　儒（rú）　弱　绒　纫（rèn）　苒（rǎn）
瓤（ráng）　仍（réng）　扔　冗（rǒng）　润　茹（rú）　瑞（ruì）　娆　燃

（2）以 r 为声母的例词

容忍（róngrěn）　　　柔软（róuruǎn）　　　忍让（rěnràng）
仍然（réngrán）　　　荣辱（róngrǔ）　　　　如若（rúruò）
软弱（ruǎnruò）　　　柔韧（róurèn）　　　　荏苒（rěnrǎn）

z　舌尖前、不送气、清塞擦音。发音时，舌尖平伸，抵住上齿背，软腭上升，堵塞鼻腔通路，声带不颤动，较弱的气流把阻碍冲开一条窄缝，从窄缝中挤出，摩擦成声。

（1）以 z 为声母的例字

紫　杂　择　族　纂（zuǎn）　总　再　匝（zā）　簪（zān）　怎（zěn）
凿（záo）　暂（zàn）　撮（zuǒ）　藏　邹　贼　憎　葬　咱（zán）　左

（2）以 z 为声母的例词

总则（zǒngzé）　　　自在（zìzài）　　　在座（zàizuò）
造作（zàozuò）　　　遭罪（zāozuì）　　　自尊（zìzūn）
祖宗（zǔzōng）　　　罪责（zuìzé）　　　藏族（zàngzú）
栽赃（zāizāng）

c　舌尖前、送气、清塞擦音。和 z 的发音区别不大，不同的地方在于 c 气流较强。

（1）以 c 为声母的例字

恻（cè）　簇　窜（cuàn）　凑（còu）　催　睬　岑（cén）
残　糙（cāo）　猜　蹭（cèng）　差（cī）　淙（cóng）
淬（cuì）　撮（cuō）　擦　裁　册　瓷　村　醋

（2）以 c 为声母的例词

粗糙（cūcāo）　　　参差（cēncī）　　　猜测（cāicè）
残存（cáncún）　　　仓促（cāngcù）　　　从此（cóngcǐ）
催促（cuīcù）　　　措辞（cuòcí）　　　草丛（cǎocóng）
层次（céngcì）　　　摧残（cuīcán）　　　璀璨（cuǐcàn）

s　舌尖前、清擦音。发音时，舌尖接近上齿背。气流从窄缝中挤出，摩擦成声，声带不颤动。

(1) 以 s 为声母的例字

洒　伞　涩(sè)　俗　扫　遂　索　搡　森　散
僧(sēng)　寺(sì)　悚(sǒng)　蓑(suō)　粟(sù)　祟(suì)
塞　榫(sǔn)　萨(sà)　腮(sāi)　撕　耸(sǒng)　蒜(suàn)

(2) 以 s 为声母的例词

思索（sīsuǒ）　　　松散（sōngsǎn）　　洒扫（sǎsǎo）
诉讼（sùsòng）　　搜索（sōusuǒ）　　　琐碎（suǒsuì）
速算（sùsuàn）　　色素（sèsù）　　　　酥松（sūsōng）

## 第四节　声母辨正

各地方言的声母发音同普通话声母的发音不尽相同，为了更好地学习和熟悉普通话声母，有必要区分几组容易混淆的声母，包括 n 和 l，f 和 h，zh、ch、sh 和 z、c、s，zh、ch、sh，z、c、s 和 j、q、x 等。

### 一、n 和 l 辨正

普通话语音中，鼻音 n 和边音 l 分得很清楚，如"男"读 nán，"蓝"读 lán；"内"读 nèi，"类"读 lèi；"牛"读 niú，"流"读 liú；"脑"读 nǎo，"老"读 lǎo，等等。在很多方言里，n 和 l 是不分的（如四川、湖北、湖南、江西、安徽、厦门等地），有的只念其中一个音，有的两个音不加区别，随意使用。如何分辨鼻音 n 和边音 l 呢？

#### （一）掌握正确的发音方法

n　发音时，舌尖抵住上齿龈，软腭下降，打开鼻腔通路，气流振动声带，从鼻腔通过，如"能耐""泥泞"的声母发音。

l　发音时，舌尖抵住上齿龈，软腭上升，堵塞鼻腔通路，气流振动声带，从舌头两边通过，如"玲珑""嘹亮"的声母发音。

由于 n 发音时气流从鼻腔通过，所以发出的声音带有"鼻音"。l 在发音时要注意舌头的动作。在发音前，舌头向上卷；发音时，舌头伸平，不带有鼻音，即用手捏住鼻子也能发音。

#### （二）读准 n 和 l

哪里 nǎlǐ　　　　　纳凉 nàliáng　　　　奶酪 nǎilào
来年 láinián　　　　老农 lǎonóng　　　　冷暖 lěngnuǎn
牛奶 niúnǎi　　　　恼怒 nǎonù　　　　　扭捏 niǔniē
履历 lǚlì　　　　　理论 lǐlùn　　　　　联络 liánluò

| 脑力 nǎolì | 内涝 nèilào | 能力 nénglì |
| 流脑 liúnǎo | 留念 liúniàn | 岭南 lǐngnán |
| 能耐 néngnai | 呢喃 nínán | 男女 nánnǚ |
| 流露 liúlù | 老练 lǎoliàn | 拉力 lālì |

### （三）n、l 辨音练习

无赖 lài——无奈 nài　　　　水牛 niú——水流 liú

男 nán 裤——蓝 lán 裤　　　旅 lǚ 客——女 nǚ 客

脑 nǎo 子——老 lǎo 子　　　连 lián 夜——年 nián 夜

留念 niàn——留恋 liàn　　　浓 nóng 重——隆 lóng 重

南 nán 部——蓝 lán 布　　　烂泥 ní——烂梨 lí

牛 niú 黄——硫 liú 磺　　　大娘 niáng——大梁 liáng

### （四）绕口令练习

① 念一念，练一练，n、l 发音要分辨。l 是舌边音，n 是鼻音要靠前。你来练，我来念，不怕累，不怕难，齐努力，攻难关。

② 新脑筋，老脑筋，老脑筋可以学成新脑筋，新脑筋不学习就变成老脑筋。

③ 龙年农民去卖梨，半路碰上下大雨，摔了个筋斗砸烂了梨，弄得满脸都是泥。脸上的泥是黄泥，地上的梨是黄梨。洗掉泥，卖掉梨，回家过龙年，全家欢迎你。

④ 路东住着刘小柳，路南住着牛小妞。刘小柳拿着大石榴，牛小妞抱着大皮球。刘小柳把大石榴送给牛小妞，牛小妞把大皮球送给刘小柳。

⑤ 刘大娘地里种南瓜，牛大梁园里种兰花。刘大娘的南瓜长在柳树上，牛大梁的兰花开在篱笆下。

## 二、f 和 h 辨正

普通话声母 f 和 h 在一些方言里的发音是不一致的。有的方言把 f 读成别的声母，如厦门话；有的方言则把 f 声母的其中一部分字读成了 h 声母，如上海浦东话；有的方言把 h 声母的其中一部分字读成 f 声母，如重庆话；有的是 f、h 两读，如长沙话。究竟如何分辨呢？

### （一）掌握正确的发音方法

f 发音时，下唇接近上齿，形成窄缝，气流从唇齿间摩擦出来，声带不颤动。

h 发音时，舌根接近软腭，留出窄缝，软腭上升，堵塞鼻腔通路，声带不颤动，气流从窄缝中摩擦出来。

f 和 h 都是塞擦音，区别仅在阻碍的部位上。f 是上齿和下唇形成阻碍，h 是舌面后部和软腭形成阻碍。

## （二）读准 f 和 h

发话 fāhuà　　发慌 fāhuāng　　反悔 fǎnhuǐ
繁华 fánhuá　　丰厚 fēnghòu　　复合 fùhé
混纺 hùnfǎng　　后方 hòufāng　　化肥 huàféi
洪峰 hóngfēng　　画符 huàfú　　花粉 huāfěn

## （三）f、h 辨音练习

舅父 fù——救护 hù　　　　公费 fèi——工会 huì
附 fù 注——互 hù 助　　　　奋 fèn 战——混 hùn 战
防 fáng 虫——蝗 huáng 虫　　　斧 fǔ 头——虎 hǔ 头
非凡 fēifán——辉煌 huīhuáng　　复 fù 员——互 hù 援
方 fāng 地——荒 huāng 地　　　防 fáng 止——黄 huáng 纸
仿佛 fǎngfú——恍惚 huǎnghū

## （四）绕口令练习

① 丰丰和芳芳，上街买混纺。红混纺，粉混纺，黄混纺，灰混纺，红花混纺做裙子，粉花混纺做衣裳。红、粉、灰、黄花样多，五颜六色好混纺。

② 粉红墙上画凤凰，凤凰画在粉红墙。红凤凰，绿凤凰，粉红凤凰花凤凰。

③ 金凤凰，银凤凰，凤凰山上画凤凰。金凤凰画红凤凰，银凤凰画黄凤凰，金凤凰不让银凤凰画黄凤凰，银凤凰不让金凤凰画红凤凰。金凤凰只好画花凤凰，银凤凰只好画粉凤凰。

④ 红饭碗，黄饭碗，红黄饭碗是大饭碗；红饭碗还黄饭碗一碗饭，黄饭碗换红饭碗一碗饭；红饭碗盛满饭碗饭，黄饭碗盛半饭碗饭；黄饭碗再添半饭碗饭，就同红饭碗一样是满饭碗饭。

⑤ 废话费话费，会花费话费，废话飞，飞话费，付话费会怪话费贵。

⑥ 化肥会挥发。黑化肥发灰，灰化肥发黑。黑化肥发灰会挥发；灰化肥挥发会发黑。黑化肥发灰挥发会花飞；灰化肥挥发发黑会飞花。

# 三、分辨 zh、ch、sh 和 z、c、s

平舌声母 z、c、s 和翘舌声母 zh、ch、sh 这两套声母的发音，很多方言区都会出现平舌、翘舌不分的情况，如"开始"读成"开死"。有些方言是把两套混成一套 z、c、s（或接近 z、c、s 的声母），如上海话、苏州话、广州话、武汉话、成都话等。还有些方言是把普通话里一部分 zh、ch、sh 声母的字读成 z、c、s 声母，如天津话、银川话、西安话等。如何分辨呢？

## （一）掌握正确的发音方法

zh、ch、sh 发音时，舌尖上翘，抵住硬腭前部，软腭上升，堵塞鼻腔通路，声带不颤动。较弱的气流把阻碍冲开一条窄缝，从窄缝中挤出，摩擦成声。

z、c、s 发音时，舌尖平伸，抵住上齿背，软腭上升，堵塞鼻腔通路，声带不颤动，较弱的气流把阻碍冲开一条窄缝，从窄缝中挤出，摩擦成声。

由于发声母 zh、ch、sh 的时候，舌尖上翘，所以它们被称为翘舌音；发声母 z、c、s 的时候，舌尖平伸，所以它们被称为平舌音。

## （二）读准 zh、ch、sh 和 z、c、s

### 1. zh — z

振作 zhènzuò　　正宗 zhèngzōng　　赈灾 zhènzāi
职责 zhízé　　　沼泽 zhǎozé　　　制作 zhìzuò
杂志 zázhì　　　栽种 zāizhòng　　增长 zēngzhǎng
资助 zīzhù　　　自制 zìzhì　　　自重 zìzhòng

### 2. ch — c

差错 chācuò　　陈醋 chéncù　　成材 chéngcái
出操 chūcāo　　除草 chúcǎo　　储藏 chǔcáng
财产 cáichǎn　　采茶 cǎichá　　残喘 cánchuǎn
操场 cāochǎng　磁场 cíchǎng　　促成 cùchéng

### 3. sh — s

上司 shàngsī　　哨所 shàosuǒ　　深思 shēnsī
生死 shēngsǐ　　绳索 shéngsuǒ　　石笋 shísǔn
散失 sànshī　　扫射 sǎoshè　　　四声 sìshēng
宿舍 sùshè　　　随时 suíshí　　　所属 suǒshǔ

## （三）zh、ch、sh 和 z、c、s 辨音练习

自 zì 愿—志 zhì 愿　　　　　鱼刺 cì —鱼翅 chì
私 sī 人—诗 shī 人　　　　　仿造 zào —仿照 zhào
粗 cū 布—初 chū 步　　　　　姿 zī 势—知 zhī 识
新春 chūn —新村 cūn　　　　宗 zōng 旨—中 zhōng 止

资 zī 助—支 zhī 柱　　　　　自 zì 动—制 zhì 动
物资 zī —物质 zhì　　　　　糟 zāo 了—招 zhāo 了
近似 sì —近视 shì　　　　　搜 sōu 集—收 shōu 集

增 zēng 订－征 zhēng 订　　　从 cóng 来－重 chóng 来

支 zhī 援－资 zī 源　　　　　主 zhǔ 力－阻 zǔ 力
木柴 chái－木材 cái　　　　商 shāng 业－桑 sāng 叶
申诉 sù－申述 shù　　　　　摘 zhāi 花－栽 zāi 花
午睡 shuì－五岁 suì　　　　八成 chéng－八层 céng
树 shù 立－肃 sù 立　　　　 找 zhǎo 到－早 zǎo 到

### （四）绕口令练习

① 四是四，十是十，十四是十四，四十是四十，不要把十四说成四十，不要把四十说成十四。

② 四是四，十是十，十四是十四，四十是四十。要想说对四，舌头碰牙齿；要想说对十，舌头别伸直；要想说对四和十，多多练习十和四。谁说十四是时事，就打谁十四，谁说四十是事实，就打谁四十。

③ 三月三，三月三，小三去登山。上山又下山，下山又上山。登了三次山，跑了三里三，出了一身汗，湿了三件衫，小三山上大声喊："离天只有三尺三！"

④ 三山撑四水，四水绕三山，三山四水春常在，四水三山好村庄。

⑤ 石狮寺前有四十四只石狮子，四十四只石狮子吃了四十四个涩柿子。

## 四、分辨 zh、ch、sh，z、c、s 和 j、q、x

粤方言、闽方言、湘方言及吴方言区会出现声母 zh、ch、sh 与 j、q、x 混用的情况，如把"知道"读成"机道"，"少数"读成"小数"等。

北方方言、吴方言及湘方言区中的部分发音，常常把 j、q、x 发成 z、c、s，把团音（即声母 j、q、x 跟 i、ü 或以 i、ü 起头的韵母相拼）发成尖音（即声母 z、c、s 跟 i、ü 或以 i、ü 起头的韵母相拼），如把"九（jiǔ）"读成"ziǔ"。如何分辨呢？

### （一）j、q、x 拼读练习

j、q、x 发音部位和方法大体一致。发音时，舌面前部抵住硬腭前部，软腭上升堵塞鼻腔通路，声带不颤动，较弱的气流把阻碍冲开，形成一条窄缝，气流从窄缝中挤出，摩擦成声。

j—i—jī 积　　　q—i—qī 栖　　　x—i—xī 惜
j—ia—jiā 佳　　q—ia—qiā 掐　　x—ia—xiā 虾
j—iao—jiāo 教　q—iao—qiāo 敲　x—iao—xiāo 消
j—ian—jiān 兼　q—ian—qiān 签　x—ian—xiān 掀

j—iang—jiāng 浆　q—iang—qiāng 枪　x—iang—xiāng 香
j—ie—jiē 街　　　q—ie—qiē 切　　　x—ie—xiē 些

j—iou—jiū 揪　　　q—iou—qiū 鳅　　　x—iou—xiū 修
j—ü—jū 拘　　　　q—ü—qū 屈　　　　x—ü—xū 需

j—üan—juān 娟　　q—üan—quān 圈　　x—üan—xuān 宣
j—üe—juē 撅　　　q—üe—quē 缺　　　x—üe—xuē 靴
j—ün—jūn 菌　　　q—ün—qūn 逡　　　x—ün—xūn 熏
j—in—jīn 巾　　　q—in—qīn 亲　　　x—in—xīn 薪
j—ing—jīng 荆　　q—ing—qīng 蜻　　x—ing—xīng 腥

## （二）读准下列词语

缉私 jīsī　　　　集资 jízī　　　　其次 qícì　　　　戏词 xìcí
资金 zījīn　　　字迹 zìjì　　　　瓷器 cíqì　　　　刺激 cìjī
思绪 sīxù　　　司机 sījī　　　　丝线 sīxiàn　　　四季 sìjì
消失 xiāoshī　　秩序 zhìxù　　　沉寂 chénjì　　　机器 jīqì

急切 jíqiè　　　军区 jūnqū　　　袖子 xiùzi　　　下策 xiàcè
习字 xízì　　　字据 zìjù　　　　自己 zìjǐ　　　　自觉 zìjué
私交 sījiāo　　私情 sīqíng　　　私心 sīxīn　　　剪除 jiǎnchú
精致 jīngzhì　　趋势 qūshì　　　深浅 shēnqiǎn　　审讯 shěnxùn
少将 shàojiàng　求救 qiújiù　　　迁就 qiānjiù　　劝酒 quànjiǔ

## （三）zh、ch、sh 和 j、q、x 辨音练习

墨迹 jì－墨汁 zhī　　　　　　　交际 jì－交织 zhī
就 jiù 业－昼 zhòu 夜　　　　　浅 qiǎn 明－阐 chǎn 明
详细 xì－翔实 shí　　　　　　缺席 xí－确实 shí
修 xiū 饰－收 shōu 拾　　　　　电线 xiàn－电扇 shàn

密集 jí－密植 zhí　　　　　　边际 jì－编制 zhì
砖墙 qiáng－专长 cháng　　　洗 xǐ 礼－失 shī 礼
获悉 xī－获释 shì　　　　　　逍 xiāo 遥－烧 shāo 窑
艰辛 xīn－艰深 shēn　　　　　姓 xìng 名－盛 shèng 名

# 第四章 普通话韵母

【内容提要】

本章共分五节，先阐述韵母的构成、韵母的分类，然后针对39个韵母进行正音练习，并就容易混淆的韵母进行辨正。

## 第一节 韵母概说

### 一、什么是韵母

普通话音节中声母后面的部分就是韵母。如：
pǔ（普）——p（声母）——u（韵母）
tōng（通）——t（声母）——ong（韵母）
huà（话）——h（声母）——ua（韵母）
ài（爱）——ai（韵母）（声母为零）
wēn（温）——uen（韵母）（声母为零）

韵母是普通话音节的支柱，除极个别的感叹、应答词外，普通话的所有音节都少不了韵母，多数韵母可以自成音节。

### 二、韵母的构成

韵母的构成比声母要复杂得多，因为充当声母的辅音只能是一个音素，不能相连，而充当韵母的元音可以两个或三个音素相连，其构成也显得多样化，主要有以下几种类别：

第一，韵母可以由单个元音构成——单元音韵母，如 è（恶）。
第二，韵母可以由二个或三个元音构成——复元音韵母，如 huà（话）、tiào（跳）。

第三，韵母可以由元音加辅音（n、ng）构成——鼻韵母，如 tōng（通）、wēn（温）、zhuāng（庄）。

韵母的主要构成音素是元音，但是，韵母和元音不是同一个概念，二者不能等同。

韵母是就音素在音节中的位置来说的，元音是就音素的性质而言的。

凡是元音都可以做韵母或作为韵母的一个组成部分，但韵母不全都是元音，辅音 n、ng 也可以和元音结合起来成为韵母。韵母的范围比元音大。

## 第二节　韵母的分类

普通话语音中的韵母有39个，可以从结构构成来划分，也可以从起始元音的发音口形来划分。

### 一、按结构划分

普通话语音中的韵母按结构构成成分可以分为单韵母、复韵母、鼻韵母。

单韵母是由一个元音音素构成的韵母。普通话语音中有10个单韵母，即：

a、o、e、ê、i、u、ü、er、-i（前）、-i（后）。

复韵母是由两个或三个元音复合而成的韵母。除3个特殊元音 er、-i（前）、-i（后）外，其余7个元音音素都可以在一定条件下组合成为复韵母。普通话语音中共有13个复韵母（二合元音、三合元音），即：

ai、ei、ao、ou、ia、ie、ua、uo、üe、iao、iou、uai、uei。

鼻韵母是由元音加鼻辅音 n 或 ng 构成的韵母。其中，元音 + n 韵尾组合而成的韵母叫前鼻韵母，元音 + ng 韵尾组合而成的韵母叫后鼻韵母，它们各有8个，共16个鼻韵母。

前鼻韵母8个：an　en　in　ün　ian　uan　üan　uen

后鼻韵母8个：ang　ong　eng　ing　iang　uang　ueng　iong

归纳如图 4-1 所示。

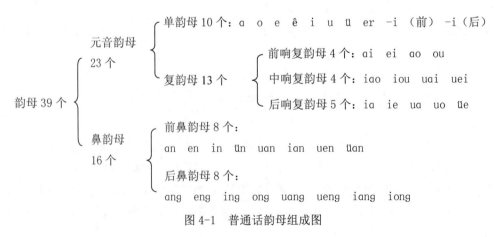

图 4-1　普通话韵母组成图

## 二、按韵母起始元音划分

普通话语音中的韵母按起始元音的发音口形,可分为开口呼、齐齿呼、合口呼、撮口呼,简称"四呼"。

开口呼是指以 a、o、e、ê、er、-i(前)、-i(后)或以 a、o、e 开头的韵母;
齐齿呼是指以 i 或 i 开头的韵母,如 iou、iao、ie、ia;
合口呼是指以 u 或 u 开头的韵母,如 ua、uo、uai、uei;
撮口呼是指以 ü 或 ü 开头的韵母,如 üe、ün、üan。
按照传统语音学,韵母 ong 归入合口呼,韵母 iong 归入撮口呼。

## 三、韵母的内部结构

普通话语音中,韵母的内部结构可以分为韵头、韵腹、韵尾三部分,如韵母 iao,其中的 i 为韵头,也叫介音;a 为韵腹;o 为韵尾。韵腹是韵母中的主要成分,发音时开口度较大,声音最响亮。

并不是所有韵母都具备韵头、韵腹、韵尾这三个部分,有的韵母只有韵头和韵腹,如韵母 ia、uo、üe,其中的 i、u、ü 是韵头,a、o、ê 是韵腹;有的韵母只有韵腹和韵尾,如韵母 ai、en、ou,其中的 a、e、o 是韵腹,韵腹后面的 i、n、u 为韵尾;单韵母只有韵腹,没有韵头和韵尾。在普通话语音中,韵母中的韵腹是不可或缺的。

在汉语拼音中,充当韵头的音素只有 i、u、ü 3 个,充当韵尾的音素只有 4 个,包括 2 个元音韵尾 i、u(包括 ao、iao 中的 o)和 2 个辅音韵母 n、ng。

表 4-1 普通话韵母总表

| | | 开口呼 | 齐齿呼 | 合口呼 | 撮口呼 | |
|---|---|---|---|---|---|---|
| 单韵母 | 单元音韵母 | -i(前)、-i(后) | -i | u | ü | 无韵尾韵母 |
| | | a | ia | ua | | |
| | | o | | uo | | |
| | | e | | | | |
| | | ê | ie | | üe | |
| | | er | | | | |
| 复韵母 | 复元音韵母 | ai | | uai | | 元音韵尾韵母 |
| | | ei | | uei | | |
| | | ao | iao | | | |
| | | ou | iou | | | |
| 鼻韵母 | 带鼻音韵母 | an | ian | uan | üan | 鼻音韵尾韵母 |
| | | en | in | uen | ün | |
| | | ang | iang | uang | | |
| | | eng | ing | ueng | | |
| | | | | ong | iong | |

## 第三节　单韵母发音与辨正

### 一、单韵母的发音

单韵母指普通话音节中韵母由一个元音构成，又叫单元音韵母。普通话语音中单韵母有10个：

a、o、e、ê、i、u、ü、er、-i（前）、-i（后）。

单韵母发音的特点是自始至终口形不变，舌位不移动。它的不同音色主要是因发音时口腔形状不同而形成的。决定口腔形状的因素有三个：一是口腔开合的程度；二是舌头在口腔的位置（舌位）；三是嘴唇的平、展、圆、敛。结合这三点可以设计出一个元音舌位图，来展示单韵母的发音要领。

元音舌位图的设计：取元音发音时舌位的四个极端点——最高最前的一点，最高最后的一点，最低最前的一点，最低最后的一点，将这四点用直线连接，便形成了一个上宽下窄，前宽后窄的四边形，大致与张开的口腔轮廓相似。如图4-2所示。

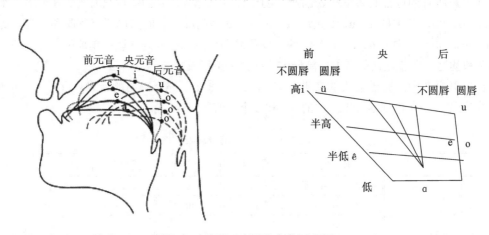

图 4-2　舌面元音舌位变化示意图

图中的横线表示舌位高、半高、半低、低，竖线表示舌位前、央（中）、后，竖线左边表示不圆唇，竖线右边表示圆唇。

下面来分析单韵母的发音。

a　舌面、央、低、不圆唇元音。发音时口大开，舌位低，舌头居中央（不前不后，嘴唇呈自然状态）。

（1）以 a 作韵母的例字

拔（bá）　落（là）　拿　马　辣　扎　怕　踏　耷（dā）　尬（gà）
拉　衲（nà）　葩（pā）　飒（sà）　沓（dá）　诧（chà）

（2）以 a 作韵母的例词

沙发（shāfā）　　打靶（dǎbǎ）　　发达（fādá）
喇叭（lǎba）　　　大厦（dàshà）　　马达（mǎdá）
哪怕（nǎpà）　　　大码（dàmǎ）　　刹那（chànà）

o　舌面、后、半高、圆唇元音。发音时口半闭，舌位半高，舌头后缩，嘴唇拢圆。

（1）以 o 作韵母的例字

玻　迫　末　佛（fó）　泊（bó，pō）　钵（bō）　叵（pǒ）　摹
剥　脉　伯　博　鄱（pó）　陌　秣（mò）　勃　魄

（2）以 o 作韵母的例词

伯伯（bóbo）　　默默（mòmò）　　薄膜（bómó）
磨破（mópò）　　泼墨（pōmò）　　佛魔（fómó）

e　舌面、后、半高、不圆唇元音。发音时舌位高低、前后与 o 同，唇型不圆，双唇自然展开成扁形。

（1）以 e 作韵母的例字

讹（é）　格　瑟　热　德　勒（lè，lēi）　撤　责　额　车
涩（sè）　奢（shē）　仄（zè）　折　核　疙（gē）

（2）以 e 作韵母的例词

隔阂（géhé）　　苛刻（kēkè）　　客车（kèchē）
特色（tèsè）　　合格（hégé）　　这个（zhège）

ê　发音时口腔半开，舌位半低，舌头前伸，舌尖抵住下齿背，嘴角向两边自然展开，唇形不圆。在普通话里，ê 很少单独使用，经常出现在 i、ü 的后面，在 i、ü 后面时，书写要省去上标符号"ˆ"。

别（bié）　　　决（jué）　　　学（xué）

i　舌面、前、高、不圆唇元音。发音时唇型呈扁平状，舌头前伸，舌面前部靠近硬腭，气流通路狭窄，但不发生摩擦，嘴角向两边展开。

（1）以 i 作韵母的例字

移　滴　提　觅　骑　揖（yī）　庇（bì）　砒（pī）　翟（dí）
系　畦（qí）　吸　拟　砾（lì）　倜（tì）　莅（lì）

（2）以 i 作韵母的例词

笔记（bǐjì）　　　体力（tǐlì）　　　激励（jīlì）
基地（jīdì）　　　记忆（jìyì）　　　霹雳（pīlì）
习题（xítí）　　　仪器（yíqì）　　　细腻（xìnì）

u　舌面、后、高、圆唇元音。发音时，双唇拢圆，留一小孔，舌头后缩，舌根接近软腭，气流通路狭窄，但不发生摩擦。

(1) 以 u 作韵母的例字

堵　土　古　裤　珠　除　阻　簇(cù)　塑(sù)　怒　辱
鲁　戊(wù)　曝(pù)　模(mú)　缚(fù)

(2) 以 u 作韵母的例词

图书（túshū）　　互助（hùzhù）　　鼓舞（gǔwǔ）
路途（lùtú）　　　补助（bǔzhù）　　读物（dúwù）
辜负（gūfù）　　　瀑布（pùbù）　　　入伍（rùwǔ）
疏忽（shūhu）　　　录取（lùqǔ）　　　露珠（lùzhū）

ü　舌面、前、高、圆唇元音。发音时，口腔开度很小，舌头前伸，前舌面上升接近硬腭，但气流通过时不发生摩擦，嘴唇拢圆成一小孔。发音情况和 i 基本相同，区别是 ü 嘴唇是圆的，i 嘴唇是扁的。

(1) 以 ü 作韵母的例字

语　剧　娶　叙　女　驴　褛(lǚ)　绿　沮(jǔ)　祛(qū)
畜(xù)　域　菊　躯　旭　愚　榆(yú)　履(lǚ)

(2) 以 ü 作韵母的例词

语句（yǔjù）　　　雨具（yǔjù）　　　聚居（jùjū）
区域（qūyù）　　　屈居（qūjū）　　　须臾（xūyú）
序曲（xùqǔ）　　　语序（yǔxù）　　　女婿（nǚxu）

-i（前）　舌尖、前、高、不圆唇元音。发音时，舌尖前伸，对着上齿背形成狭窄的通道，气流通过时不发生摩擦，嘴唇向两边展开。用普通话念"私"并延长，字音后面的部分便是-i（前）。这个韵母只跟 z、c、s 配合，不和其他声母相拼，也不能自成音节。

(1) 以 -i（前）作韵母的例字

子　次　死　咨(zī)　仔　梓　渍(zì)　訾(zī)　似
瓷　雌(cí)　刺　撕　私　籽　字　祠(cí)

(2) 以 -i（前）作韵母的例词

自私（zìsī）　　　此次（cǐcì）　　　次子（cìzǐ）

-i（后）　舌尖、后、高、不圆唇元音。发音时，舌尖上翘，对着硬腭形成狭窄的通道，气流通过时不发生摩擦，嘴角向两边展开。用普通话念"师"并延长，字音后面的部分便是-i（后）。这个韵母只跟 zh、ch、sh、r 配合，不与其他声母相拼，也不能自成音节。

(1) 以 -i（后）作韵母的例字

支　持　实　质　示　直　旨(zhǐ)　掷(zhì)　炙　室(zhì)

栉（zhì）　栀（zhī）　似　肢　芝　使　痴（chī）

（2）以 -i（后）作韵母的例词

知识（zhī shi）　　　实施（shí shī）　　　支持（zhī chí）

制止（zhì zhǐ）　　　值日（zhí rì）　　　失职（shī zhí）

er　卷舌、央、中、不圆唇元音。发音时口型略开，舌位居中，稍后缩，唇型不圆，舌尖向硬腭卷起。在发 e 的同时，舌尖向硬腭轻轻卷起，不是先发 e，然后卷舌，而是发 e 的同时舌尖卷起。er 中的 r 不代表音素，只是表示卷舌动作的符号。er 只能自成音节，不和任何声母相拼。如：

（1）以 er 为拼音的例字

耳　饵　尔　贰　洱　迩

（2）以 er 为拼音的例词

儿歌（ér gē）　　耳朵（ěr duo）　　二胡（èr hú）　　而且（ér qiě）

（3）绕口令练习

二伯的儿子去洱海买银耳，然而名闻遐迩的洱海没有银耳，只有木耳。二伯的儿子只好买木耳而不买银耳。

## 二、单韵母辨正

### （一）i 和 ü 辨正

有些方言，如闽方言、客家方音、西南地区部分方言及江淮地区部分方言，会出现把 i、ü 都念成 i 的情况，如"鱼头"念成"姨头"。如何分辨呢？

i 发音时舌头略向前伸，舌面前部抬起，靠近硬腭，嘴唇自然展开成扁形。

u 发音时舌头后缩，舌面后部隆起，接近软腭，嘴唇撮圆。

ü 发音时舌头前伸，舌面前部抬起，接近硬腭，嘴唇撮圆成小孔。

**1．读准 i 和 ü**

继续 jì xù　　　　纪律 jì lǜ　　　　谜语 mí yǔ　　　　体育 tǐ yù

例句 lì jù　　　　履历 lǚ lì　　　　语气 yǔ qì　　　　距离 jù lí

曲艺 qǔ yì　　　　具体 jù tǐ　　　　比喻 bǐ yù　　　　与其 yǔ qí

寄语 jì yǔ　　　　一律 yī lǜ　　　　预计 yù jì　　　　羽翼 yǔ yì

抑郁 yì yù　　　　雨季 yǔ jì　　　　聚集 jù jí　　　　急剧 jí jù

**2．i、ü 辨音练习**

生育 yù—生意 yì　　　　　　居 jū 住—记 jì 住

聚 jù 会—忌 jì 讳　　　　　　取 qǔ 名—起 qǐ 名

于 yú 是—仪 yí 式　　　　　　名誉 yù—名义 yì

遇 yù 见—意 yì 见　　　　　舆 yú 论—议 yì 论

美育 yù—美意 yì　　　　　姓吕 lǚ—姓李 lǐ

雨 yǔ 具—以 yǐ 及　　　　　区 qū 域—歧 qí 义

## （二）e–o–uo 辨析

北方地区有些方言会把韵母 o 念成 e，如把"坡、破、摸"的韵母读成 e；西南有些方言会把韵母 e 念成 o，如把"哥、和、颗、喝"的韵母读成 o。

普通话语音中的韵母 o 只跟 b、p、m、f 拼合，而韵母 e 则相反，不能和这四个声母拼合（"什么"的"么"字除外），所以大家记住 b、p、m、f 后面不能拼 e，只能拼 o。

发音要领：

e 是单元音韵母，发音时口腔半开，舌位半高，舌头略后缩，双唇展开成扁形。

o 也是单元音韵母，发音部位与 e 基本相同，只是嘴拢圆。

uo 则是一个复韵母，发音是一个从 u 到 o 的滑动过程。

**1. 读准 e 和 o**

| 脖 bó 子 | 老婆 po | 蘑 mó 菇 | 鸟窝 wō |
|---|---|---|---|
| 伯 bó 父 | 哥 gē 哥 | 天鹅 é | 河 hé 水 |
| 毒蛇 shé | 记者 zhě | 叵测 pǒcè | 波折 bōzhé |
| 恶魔 èmó | 刻薄 kèbó | 河坡 hépō | 莫测 mòcè |

**2. 绕口令练习**

哥哥、弟弟坡前坐，坡上卧着一只鹅，坡下流着一条河，哥哥说："宽宽的河。"弟弟说："肥肥的鹅。"鹅要过河，河要渡鹅。不知是鹅过河，还是河渡鹅。

# 第四节　复韵母发音与辨正

## 一、复韵母的发音

复韵母指普通话音节中由两个或三个元音结合而成的韵母，又叫复元音韵母。

普通话语音中共有十三个复韵母：ai、ei、ao、ou、ia、ie、ua、uo、üe、iao、iou、uai、uei。

根据主要元音（韵腹）所处的位置，复韵母可分为前响复韵母（韵腹在前），中响复韵母（韵腹在中）和后响复韵母（韵腹在后）。

### （一）前响复韵母

前响复韵母有四个：ai、ei、ao、ou。它们的共同特点是无韵头，前一个元音清晰响亮，后一个元音轻短模糊，音值不太固定，只表示舌位滑动的方向。

## 第四章 普通话韵母

ai 发音时先发 a，这里的 a 舌位靠前，念得长而响亮，然后舌位向 i 移动，不到 i 的高度。i 只表示舌位移动的方向，音短而模糊。

（1）以 ai 作韵母的例字

挨　派　胎　乃　伯（bǎi）　濑（lài）　概　楷　害
宰　材　宅　豺　晒　湃（pài）　脉　翟（zhái）

（2）以 ai 作韵母的例词

白菜（báicài）　海带（hǎidài）　买卖（mǎimài）
爱戴（àidài）　采摘（cǎizhāi）　开采（kāicǎi）
拍卖（pāimài）　灾害（zāihài）　奶奶（nǎinai）

ei 发音时先发 e，比单念 e 时舌位前一点，这里的 e 是个中央元音，然后向 i 的方向滑动。

（1）以 ei 作韵母的例字

北　赔　霉　匪　内　泪　贼　得（děi）　馁（něi）
肋（lèi）　给　嘿　被　狈　费　斐（fěi）　沛（pèi）

（2）以 ei 作韵母的例词

配备（pèibèi）　北美（běiměi）　黑霉（hēiméi）
蓓蕾（bèilěi）　肥美（féiměi）　内贼（nèizéi）

ao 发音时先发 a，这里的 a 舌位靠后，是个后元音，发得响亮，接着向 u 的方向滑动。

（1）以 ao 作韵母的例字

袄　矛　恼　烤　毫　早　炒　梢（shāo）　嘈　嫂
悼（dào）　饕（tāo）　糙　缫（sāo）　朝　勺　焦

（2）以 ao 作韵母的例词

高超（gāochāo）　报道（bàodào）　吵闹（chǎonào）
草帽（cǎomào）　跑道（pǎodào）　报告（bàogào）
骚扰（sāorǎo）　操劳（cāoláo）　懊恼（àonǎo）
逃跑（táopǎo）　高傲（gāoào）　号召（hàozhào）

ou 发音时先发 o，接着向 u 滑动，舌位不到 u 即停止发音。

（1）以 ou 作韵母的例字

偶　抖　偷　楼　狗　口　吼（hǒu）　走　揍（zòu）
擞（sǒu）　周　丑　售　剖（pōu）　某　扣　陋（lòu）

（2）以 ou 作韵母的例词

后楼（hòulóu）　收购（shōugòu）　漏斗（lòudǒu）
喉头（hóutóu）　抖擞（dǒusǒu）　绸缪（chóumóu）
丑陋（chǒulòu）　兜售（dōushòu）　欧洲（ōuzhōu）

## （二）后响复韵母

后响复韵母有五个：ia、ie、ua、uo、üe。它们的共同特点是无韵尾，前面的元音发得轻短，只表示舌位从那里开始移动，后面的元音发得清晰响亮。

后响复韵母在自成音节时，韵头 i、u、ü 要改写成 y、w、yu。

ia　发音时，i 表示舌位起始的地方，发得轻短，很快滑向前元音 a，a 发得长而响亮。

（1）以 ia 作韵母的例字

压　价　恰　匣（xiá）　轧（yà）　颊（jiá）　卡（qiǎ）　吓
黠（xiá）　嘉　佳　稼（jià）　荚（jiá）　鸭　霞　暇（xiá）

（2）以 ia 作韵母的例词

加价（jiājià）　　假牙（jiǎyá）　　架下（jiàxià）
恰恰（qiàqià）　　贾家（jiǎjiā）　　压价（yājià）

ie　发音时先发 i，很快发 ê，前音轻短，后音响亮。

（1）以 ie 作韵母的例字

野　节　切　写　蝶　铁　孽（niè）　裂　蔑　睫（jié）
惬（qiè）　血（xiě）　截　解　斜　窃　鞋

（2）以 ie 作韵母的例词

结业（jiéyè）　　贴切（tiēqiè）　　趔趄（lièqie）
谢谢（xièxie）　　爷爷（yéye）　　姐姐（jiějie）
冶铁（yětiě）　　借鞋（jièxié）

ua　发音时，u 念得轻短，很快滑向 a，a 念得清晰响亮。

（1）以 ua 作韵母的例字

瓦　耍（shuǎ）　爪　猾　刮　夸　刷　剐（guǎ）　侉（kuǎ）
袜　挂　寡　跨　划　哗（huá）　华

（2）以 ua 作韵母的例词

花褂（huāguà）　　挂花（guàhuā）　　耍滑（shuǎhuá）
画花（huàhuā）　　娃娃（wáwa）

uo　发音时，u 念得轻短，舌位很快降到 o，o 清晰响亮。

（1）以 uo 作韵母的例字

我　夺　妥　娜（nuó）　裸（luó）　浊（zhuó）　辍（chuò）　烁（shuò）
左　错　所　落　扩　郭　豁（huò）　卧　椭

（2）以 uo 作韵母的例词

过错（guòcuò）　　活捉（huózhuō）　　阔绰（kuòchuò）

骆驼（luòtuo）　　　　国货（guóhuò）　　　儒弱（nuòruò）
错落（cuòluò）　　　　硕果（shuòguǒ）　　　窝火（wōhuǒ）

üe　发音时先发高元音 ü，ü 念得轻短，舌位很快降到 ê，ê 清晰响亮。

**（1）以 üe 作韵母的例字**

约　雪　决　瘸（qué）　掠（lüè）　疟（nüè）　血（xuè）　乐　谑（xuè）
阙（què）　阅　粤　掘（jué）　抉（jué）　榷　雀　靴（xuē）

**（2）以 üe 作韵母的例词**

雀跃（quèyuè）　　　决绝（juéjué）　　　雪月（xuěyuè）
约略（yuēlüè）　　　月缺（yuèquē）　　　绝学（juéxué）

## （三）中响复韵母

中响复韵母有四个：iao、iou、uai、uei。它们共同的发音特点是前面的元音轻短，后面的元音含混，音值不太固定，只表示舌位滑动的方向，中间的元音清晰响亮。

中响复韵母在自成音节时，韵头 i、u 改写成 y、w。另外，复韵母 iou、uei 前面与辅音声母相拼的时候，要省写成 iu、ui，例如 l—iou—liú（留）、g—uei—guī（归）等。

iao　发音时先发 i，紧接着发 ao，使三个元音结合成一个整体。

**（1）以 iao 作韵母的例字**

咬　桥　晓　苗　飘　条　聊　叫　壳（qiào）　药
膘（biāo）　凋（diāo）　燎　渺　焦　萧

**（2）以 iao 作韵母的例词**

巧妙（qiǎomiào）　　小鸟（xiǎoniǎo）　　教条（jiàotiáo）
疗效（liáoxiào）　　调料（tiáoliào）　　逍遥（xiāoyáo）
苗条（miáotiáo）　　吊销（diàoxiāo）　　娇小（jiāoxiǎo）

iou　发音时先发 i，紧接着发 ou，紧密结合成一个复韵母。

**（1）以 iou 作韵母的例字**

友　袖　酒　秋　柳　扭　莠（yǒu）　灸（jiǔ）　酋（qiú）
岫（xiù）　宿（xiǔ）　刘　忸（niǔ）　揪（jiū）　蚯　朽　幼

**（2）以 iou 作韵母的例词**

优秀（yōuxiù）　　　求救（qiújiù）　　　牛油（niúyóu）
久留（jiǔliú）　　　绣球（xiùqiú）　　　悠久（yōujiǔ）

uai　发音时先发 u，紧接着发 ai，使三个元音结合成一个整体。

**（1）以 uai 作韵母的例字**

歪　怀　拐（guǎi）　块　拽（zhuài）　踹（chuài）　甩（shuǎi）　揣　率

衰　崴（wǎi）　怪　筷　脍（kuài）　踝（huái）　啜（chuài）　蟀

(2) 以 uai 作韵母的例词

摔坏（shuāihuài）　　外快（wàikuài）　　怀揣（huáichuāi）

uei　发音时先发 u，紧接着发 ei，紧密结合成一个整体。

(1) 以 uei 作韵母的例字

尾　脆　虽　嘴　缀　锤　水　堆　退　尉　颓（tuí）
粹　隧　惴（zhuì）　捶（chuí）　魏　威

(2) 以 uei 作韵母的例词

退回（tuìhuí）　　归队（guīduì）　　队徽（duìhuī）
悔罪（huǐzuì）　　垂危（chuíwēi）　　坠毁（zhuìhuǐ）
荟萃（huìcuì）　　推诿（tuīwěi）　　追回（zhuīhuí）
最贵（zuìguì）　　水位（shuǐwèi）　　汇兑（huìduì）

## 二、复韵母辨正

### （一）ai 和 ei 辨音练习

白费 báifèi　　　败北 bàiběi　　　代培 dàipéi
败类 bàilèi　　　海类 hǎilèi　　　悲哀 bēi'āi
黑白 hēibái　　　擂台 lèitái　　　内海 nèihǎi
内债 nèizhài

### （二）ao 和 ou 辨音练习

保守 bǎoshǒu　　刀口 dāokǒu　　稿酬 gǎochóu
毛豆 máodòu　　矛头 máotóu　　酬劳 chóuláo
逗号 dòuhào　　漏勺 lòusháo　　柔道 róudào
手套 shǒutào

### （三）ia 和 ie 辨音练习

家业 jiāyè　　　佳节 jiājié　　　假借 jiǎjiè
嫁接 jiàjiē　　　接洽 jiēqià　　　野鸭 yěyā
截下 jiéxià　　　跌价 diējià

### （四）ie 和 üe 辨音练习

解决 jiějué　　　贴切 tiēqiè　　　谢绝 xièjué
灭绝 mièjué　　　月夜 yuèyè　　　确切 quèqiè

学业 xuéyè         决裂 juéliè

## （五）ua 和 uo、o 辨音练习

花朵 huāduǒ         话说 huàshuō         划拨 huàbō
华佗 huàtuó         帛画 bóhuà           国画 guóhuà
火花 huǒhuā         说话 shuōhuà

## （六）iao 和 iou 辨音练习

交流 jiāoliú        娇羞 jiāoxiū         料酒 liàojiǔ
校友 xiàoyǒu        要求 yāoqiú          丢掉 diūdiào
柳条 liǔtiáo        牛角 niújiǎo         袖标 xiùbiāo
油条 yóutiáo

## （七）uai 和 uei 辨音练习

怪罪 guàizuì        快慰 kuàiwèi         快嘴 kuàizuǐ
衰退 shuāituì       外汇 wàihuì          对外 duìwài
鬼怪 guǐguài        追怀 zhuīhuái        毁坏 huǐhuài

## （八）ao 和 iao 辨音练习

招考 zhāokǎo        告饶 gàoráo          牢靠 láokào
吵闹 chǎonào        唠叨 lāodao          逃跑 táopǎo
懊恼 àonǎo          冒号 màohào          逍遥 xiāoyáo
笑料 xiàoliào       叫嚣 jiàoxiāo        缥缈 piāomiǎo
标调 biāodiào       袅袅 niǎoniǎo        调教 tiáojiào
巧妙 qiǎomiào

## （九）ei、i、uei 辨音练习

类似 lèisì          北极 běijí           卑微 bēiwēi
解体 jiětǐ          堆砌 duīqì           被子 bèizi
卑鄙 bēibǐ          美味 měiwèi          玫瑰 méigui
退回 tuìhuí         尾随 wěisuí          席位 xíwèi
配备 pèibèi         傀儡 kuǐlěi          回避 huíbì
颓废 tuífèi

# 第五节 鼻韵母发音与辨正

## 一、鼻韵母的发音

由一个或两个元音后面带上鼻辅音（n、ng）构成的韵母叫鼻韵母。普通话语音中鼻韵母有 16 个。

前鼻韵母（8个）：an en in ün ian uan üan uen

后鼻韵母（8个）：ang eng ing ong iang uang ueng iong

an 发音时先发 a，然后舌尖向上齿龈移动，最后抵住上齿龈，打开鼻腔通道，气流从鼻腔出来，发前鼻音 n。

(1) 以 an 作韵母的例字

暗 弹 贪 斑 盘 满 反 南 拦 赶
坎(kǎn) 酣 展 缠 闪 赞 惭(cán) 散

(2) 以 an 作韵母的例词

感叹（gǎntàn）　　灿烂（cànlàn）　　汗衫（hànshān）
谈判（tánpàn）　　烂漫（lànmàn）　　赞叹（zàntàn）
坦然（tǎnrán）　　参战（cānzhàn）　　胆敢（dǎngǎn）

en 发音时先发 e，然后舌尖向上齿龈移动，抵住上齿龈，打开鼻腔通道，气流从鼻腔出来，发前鼻音 n。

(1) 以 en 作韵母的例字

恩 盆 懑(mèn) 粉 亘(gèn) 狠 辰(chén) 甚 怎(zěn)
参 森 摁(èn) 奔 喷 扪(mén) 氛 垦 痕(hén)

(2) 以 en 作韵母的例词

认真（rènzhēn）　　根本（gēnběn）　　深沉（shēnchén）
门诊（ménzhěn）　　人参（rénshēn）　　振奋（zhènfèn）
沉闷（chénmèn）　　愤恨（fènhèn）　　深圳（shēnzhèn）

in 发音时先发 i，然后舌尖向上齿龈移动，抵住上齿龈，打开鼻腔通道，气流从鼻腔出来，发前鼻音 n。

(1) 以 in 作韵母的例字

引 斌 频 敏 您(nín) 临 紧 寝(qǐn) 辛 鬓(bìn)
抿(mǐn) 赁(lìn) 劲 沁(qìn) 薪 龈(yín)

(2) 以 in 作韵母的例词

拼音（pīnyīn）　　　尽心（jìnxīn）　　　近邻（jìnlín）

信心（xìnxīn）　　　辛勤（xīnqín）　　　引进（yǐnjìn）
濒临（bīnlín）　　　薪金（xīnjīn）　　　殷勤（yīnqín）
金银（jīnyín）　　　音信（yīnxìn）　　　民心（mínxīn）
注：in 自成音节时，在 in 前加 y，写成 yin。

ün　发音时先发 ü，舌尖向上齿龈移动，抵住上齿龈，打开鼻腔通道，气流从鼻腔出来，发前鼻音 n。

**（1）以 ün 作韵母的例字**

匀　俊　裙　旬　军　骏　逡（qūn）　群　熏　殉（xùn）　迅
驯　逊（xùn）　孕　蕴（yùn）　陨（yǔn）　酝（yùn）　韵

**（2）以 ün 作韵母的例词**

均匀（jūnyún）　　　军训（jūnxùn）　　　逡巡（qūnxún）

注：ün 自成音节时，按照拼写规则，将 ü 改写成 yu，与 n 合并在一起，写成 yun。

ian　发音时先发 i，i 轻短，接着发 an，i 与 an 结合得很紧密。

**（1）以 ian 作韵母的例字**

演　显　脸　填　敛（liǎn）　减　签　弦　娩（miǎn）　念
俭（jiǎn）　衔（xián）　掂（diān）　恬（tián）　碘　颜

**（2）以 ian 作韵母的例词**

偏见（piānjiàn）　　　先天（xiāntiān）　　　简练（jiǎnliàn）
鲜艳（xiānyàn）　　　惦念（diànniàn）　　　连绵（liánmián）
艰险（jiānxiǎn）　　　前天（qiántiān）　　　浅显（qiǎnxiǎn）
田间（tiánjiān）　　　天边（tiānbiān）　　　变迁（biànqiān）

注：ian 自成音节时，按照拼写规则，将 i 改写成 y，与 an 合并，写成 yan。

uan　发音时先发 u，紧接着发 an，u 与 an 结合成一个整体。

**（1）以 uan 作韵母的例字**

碗　短　湍（tuān）　暖　恋　篡（cuàn）　算　撰（zhuàn）　喘（chuǎn）
涮（shuàn）　乱　纂（zuǎn）　舛（chuǎn）　钻　冠　宦　馔（zhuàn）　腕（wàn）

**（2）以 uan 作韵母的例词**

贯穿（guànchuān）　　　转弯（zhuǎnwān）　　　软缎（ruǎnduàn）
婉转（wǎnzhuǎn）　　　专款（zhuānkuǎn）　　　转换（zhuǎnhuàn）
宦官（huànguān）　　　酸软（suānruǎn）　　　传唤（chuánhuàn）

注：uan 自成音节时，按照拼写规则，将 u 改写成 w，与 an 合并，写作 wan。

üan　发音时先发 ü，紧接着发 an，ü 与 an 结合成一个整体。

**(1) 以 üan 作韵母的例字**

远　绢　犬(quǎn)　选　垣(yuán)　圈　券(quàn)　眩(xuàn)　员　袁
鸳(yuān)　渊　眷　鹃　拳(quán)　诠(quán)　轩　漩(xuán)

**(2) 以 üan 作韵母的例词**

轩辕（xuānyuán）　　全权（quánquán）　　渊源（yuānyuán）
圆圈（yuánquān）　　源泉（yuánquán）　　涓涓（juānjuān）

注：üan 自成音节时，按照拼写规则，将 ü 改写成 yu，与 an 合并，写成 yuan。

uen　发音时先发 u，紧接着发 en，u 与 en 结合成一个整体。

**(1) 以 uen 作韵母的例字**

稳　蹲　豚(tún)　伦　滚　捆　浑(hún)　尊　存
损　准　淳(chún)　顺　炖　臀　棍　荤　吻

**(2) 以 uen 作韵母的例词**

春笋（chūnsǔn）　　温存（wēncún）　　昆仑（kūnlún）
温顺（wēnshùn）　　论文（lùnwén）　　馄饨（húntun）
谆谆（zhūnzhūn）　　困顿（kùndùn）　　滚轮（gǔnlún）

注：uen 与辅音声母相拼时，省写作 un，例如 lún（伦）、chūn（春）。uen 自成音节时，按照拼写规则，写作 wen。

ang　发音时先发 a，舌头逐渐后缩，舌根抵住软腭，气流从鼻腔通过，发后鼻音 ng。

**(1) 以 ang 作韵母的例字**

肮　绑　盲　纺　躺　囊(náng)　廊　岗　慷
航　葬　苍　搡(sǎng)　涨　昌　晌(shǎng)　党

**(2) 以 ang 作韵母的例词**

厂房（chǎngfáng）　　沧桑（cāngsāng）　　帮忙（bāngmáng）
苍茫（cāngmáng）　　当场（dāngchǎng）　　商场（shāngchǎng）
上当（shàngdàng）　　螳螂（tángláng）　　盲肠（mángcháng）

eng　发音时先发 e，舌根向软腭移动，抵住软腭，气流从鼻腔通过，发后鼻音 ng。

**(1) 以 eng 作韵母的例字**

绷(bēng)　棚　蒙　讽　邓　腾　能　愣(lèng)　耿(gěng)
铿(kēng)　衡　憎(zēng)　蹭(cèng)　僧　整　撑

**(2) 以 eng 作韵母的例词**

更正（gēngzhèng）　　生冷（shēnglěng）　　承蒙（chéngméng）
丰盛（fēngshèng）　　萌生（méngshēng）　　升腾（shēngténg）
声称（shēngchēng）　　风筝（fēngzheng）　　征程（zhēngchéng）

ing　发音时先发 i，舌头后缩，舌根抵住软腭，气流从鼻腔通过，发后鼻音 ng。

（1）以 ing 作韵母的例字

影　饼　瓶　命　井　请　醒　秉（bǐng）　俜（pīng）
冥（míng）　锭　婷　佞（nìng）　囹（líng）　竟　倾

（2）以 ing 作韵母的例词

定型（dìngxíng）　　命令（mìnglìng）　　叮咛（dīngníng）
经营（jīngyíng）　　评定（píngdìng）　　清净（qīngjìng）
姓名（xìngmíng）　　宁静（níngjìng）　　倾听（qīngtīng）


ong　发音时先发 o，舌根抬高抵住软腭，气流从鼻腔通过，发后鼻音 ng。

（1）以 ong 作韵母的例字

懂　筒（tǒng）　脓　拢　宫　孔　哄　宗　葱
耸　重　宠　弄　龙　汞（gǒng）　箜（kōng）　訇（hōng）

（2）以 ong 作韵母的例词

工农（gōngnóng）　　红松（hóngsōng）　　轰动（hōngdòng）
葱茏（cōnglóng）　　笼统（lóngtǒng）　　共同（gòngtóng）
通融（tōngróng）　　恐龙（kǒnglóng）　　动工（dònggōng）


iang　发音时先发 i，接着发 ang，使二者结合成一个整体。

（1）以 iang 作韵母的例字

讲　腔　想　养　酿（niàng）　靓（liàng）
僵（jiāng）　姜　羌（qiāng）　锵　箱
享　橡　漾（yàng）　鸯（yāng）　奖　项

（2）以 iang 作韵母的例词

亮相（liàngxiàng）　　想象（xiǎngxiàng）　　响亮（xiǎngliàng）
湘江（xiāngjiāng）　　洋相（yángxiàng）　　两样（liǎngyàng）

注：iang 自成音节时，韵头 i 改写成 y，写成 yang。


iong　发音时先发 i，接着发 ong，二者结合成一个整体。

（1）以 iong 作韵母的例字

涌　窘（jiǒng）　琼（qióng）　雄　炯
茕（qióng）　兄　泳　用　佣　庸
迥（jiǒng）　穹（qióng）　凶　熊　匈　勇

（2）以 iong 作韵母的例词

汹涌（xiōngyǒng）　　穷凶（qióngxiōng）　　炯炯（jiǒngjiǒng）

注：iong 自成音节时，韵头 i 改写成 y，写成 yong。

uang　发音时先发 u，接着发 ang，由 u 和 ang 紧密结合而成。

（1）以 uang 作韵母的例字

往　广　筐　谎　庄　闯　爽　犷（guǎng）　诳（kuáng）　肓（huāng）
诓（kuāng）　况　眶（kuàng）　黄　晃　网　妄

（2）以 uang 作韵母的例词

状况（zhuàngkuàng）　　双簧（shuānghuáng）　　狂妄（kuángwàng）
双双（shuāngshuāng）　　黄庄（huángzhuāng）　　闯王（chuǎngwáng）

注：uang 自成音节时，韵头 u 改写成 w，写成 wang。

ueng　发音时先发 u，接着发 eng，由 u 和 eng 紧密结合而成。ueng 自成音节，不拼声母。

以 ueng 作韵母的例字

翁（wēng）　瓮（wèng）　嗡　蓊

注：ueng 自成音节时，韵头 u 改写成 w，写成 weng。

## 二、鼻韵母辨正

### （一）an–ang

**1. 读准 an 和 ang**

担当（dāndāng）　　班长（bānzhǎng）　　繁忙（fánmáng）
反抗（fǎnkàng）　　擅长（shàncháng）　　商贩（shāngfàn）
当然（dāngrán）　　傍晚（bàngwǎn）　　账单（zhàngdān）
方案（fāng'àn）　　南方（nánfāng）　　战场（zhànchǎng）

**2. an、ang 辨音练习**

扳 bān 手－帮 bāng 手　　　　　女篮 lán－女郎 láng
反 fǎn 问－访 fǎng 问　　　　　担 dān 心－当 dāng 心
弹 tán 送－唐 táng 宋　　　　　水干 gān－水缸 gāng

看 kān 家－康 kāng 佳　　　　　战 zhàn 防－账 zhàng 房
闪 shǎn 光－赏 shǎng 光　　　　冉冉 rǎn－嚷嚷 rǎng
涂染 rǎn－土壤 rǎng　　　　　粘 zhān 贴－张 zhāng 贴

**3. 读准 ian 和 iang**

演讲（yǎnjiǎng）　　现象（xiànxiàng）　　坚强（jiānqiáng）
绵羊（miányáng）　　岩浆（yánjiāng）　　镶嵌（xiāngqiàn）

香甜（xiāngtián）　　想念（xiǎngniàn）　　两面（liǎngmiàn）
量变（liàngbiàn）　　边疆（biānjiāng）　　限量（xiànliàng）

### 4. 读准 uan 和 uang

观光（guānguāng）　　宽广（kuānguǎng）　　观望（guānwàng）
万状（wànzhuàng）　　端庄（duānzhuāng）　　光环（guānghuán）
狂欢（kuánghuān）　　双关（shuāngguān）　　王冠（wángguān）
壮观（zhuàngguān）　　晚霜（wǎnshuāng）　　软床（ruǎnchuáng）

### 5. 绕口令练习

扁担长，板凳宽，扁担没有板凳宽，板凳没有扁担长。扁担绑在板凳上，板凳不让扁担绑在板凳上，扁担偏要绑在板凳上。

## （二）en–eng

### 1. 读准 en 和 eng

真诚（zhēnchéng）　　本能（běnnéng）　　奔腾（bēnténg）
神圣（shénshèng）　　人生（rénshēng）　　成本（chéngběn）
承认（chéngrèn）　　风尘（fēngchén）　　证人（zhèngrén）
登门（dēngmén）　　纷争（fēnzhēng）　　文风（wénfēng）

### 2. en、eng 辨音练习

陈 chén 旧—成 chéng 就　　　　真 zhēn 气—蒸 zhēng 汽
诊 zhěn 断—整 zhěng 段　　　　上身 shēn—上升 shēng
人参 shēn—人生 shēng　　　　针 zhēn 眼—睁 zhēng 眼
晨 chén 风—成 chéng 风　　　　同门 mén—同盟 méng

瓜分 fēn—刮风 fēng　　　　出身 shēn—出生 shēng
粉 fěn 刺—讽 fěng 刺　　　　花盆 pén—花棚 péng
分 fēn 子—疯 fēng 子　　　　深耕 shēngēng—生根 shēnggēn
震 zhèn 中—正 zhèng 中　　　　分针 fēnzhēn—风筝 fēngzheng
审 shěn 视—省 shěng 市　　　　深沉 shēnchén—生成 shēngchéng

### 3. 绕口令练习

① 陈是陈，程是程，姓陈不能说成姓程，姓程不能说成姓陈。禾呈是程，耳东是陈。程陈不分，就会认错人。

② 天上一个盆，地上一个棚，天上的盆掉下来打倒了地上的棚，地上的棚碰破了天上的盆。棚要盆赔棚，盆要棚赔盆。

③ 半盆冰棒半盆瓶，冰棒碰盆盆碰瓶。盆碰冰棒盆不破，冰棒碰瓶瓶要崩。

## （三）in-ing

**1. 读准 in 和 ing**

心情（xīnqíng）　　品行（pǐnxíng）　　心灵（xīnlíng）
民兵（mínbīng）　　金星（jīnxīng）　　灵敏（língmǐn）
清音（qīngyīn）　　平民（píngmín）　　精心（jīngxīn）
定亲（dìngqīn）　　银杏（yínxìng）　　民警（mínjǐng）

**2. in、ing 辨音练习**

红心 xīn－红星 xīng　　　　　人民 mín－人名 míng
信 xìn 服－幸 xìng 福　　　　劲 jìn 头－镜 jìng 头
因 yīn 而－婴 yīng 儿　　　　海滨 bīn－海兵 bīng
临 lín 时－零 líng 时　　　　禁 jìn 止－静 jìng 止

弹琴 qín－谈情 qíng　　　　印 yìn 象－映 yìng 象
宾 bīn 馆－冰 bīng 棺　　　　频频 pín－平平 píng
今 jīn 天－惊 jīng 天　　　　亲近 qīnjìn－清静 qīngjìng
禁 jìn 赛－竞 jìng 赛　　　　金银 jīnyín－晶莹 jīngyíng

**3. 绕口令练习**

① 东洞庭，西洞庭，洞庭山上一根藤，藤上挂铜铃，风吹藤动铜铃响，风停藤定铜铃静。

② 小芹手脚灵，轻轻擒蜻蜓。小青人聪明，天天学钢琴。擒蜻蜓，趁天晴；学钢琴，趁年轻。擒蜻蜓，学钢琴，精益求精练本领。

③ 天上七颗星，树上七只鹰，梁上七颗钉，地上七块冰。一脚踏了冰，用力拔了钉，举枪打下鹰，乌云盖了星，冰、鹰、钉和星，韵母都是 ing。

# 第五章 普通话声调

【内容提要】

本章共分三节,先介绍普通话语音中声调的特点、作用,描绘五度标记法;阐释调值、调型、调类、调号等相关概念;然后进行普通话的四声训练。

## 第一节 声调概说

### 一、什么是声调

普通话的声调也叫字调,是一个音节高低升降的变化,主要由音高决定,和音长也有一定的关系。

声调的音高是相对的,不是绝对的;声调的升降变化是滑动的,不是跳跃的。

汉语是有声调的语言,声调的主要作用是区别意义,与英语有别。如普通话中,"衣(yī)、姨(yí)、椅(yǐ)、意(yì)"四个字的声母和韵母都相同,但意义不同,就是声调的不同造成的。又如:

买花 mǎihuā——卖花 màihuā　　统治 tǒngzhì——同志 tóngzhì

夫人 fūrén——富人 fùrén　　语义 yǔyì——雨衣 yǔyī

以上词语的声母、韵母相同,而意义不同,也是由于声调不同所致。

### 二、声调的相关概念

声调是普通话音节中不可缺少的组成部分,它包含调值、调类、调型等相关概念。

#### (一)调值

调值是一个音节高低升降、曲直长短的具体音值,也就是用数字的形式来描述字音的变化过程,是声调的实际读法。调值主要由音高构成,决定调值的音高是相对的。比如,一个成年男子的声音比一个成年女子的声音要低得多,但他们一起交谈时,各自声调的高低升降变化幅度是大体相同的。

普通话的全部字音分属四种基本调值,即55、35、214、51。

为了把调值描写得具体、好懂,一般采用赵元任创制的"五度标记法"来标记声调,也便于我们理解。

"五度标记法"的原理是:先画一条竖线,分成四格五个调域,自下而上用数字1、2、3、4、5代表低、半低、中、半高、高五个音度;在竖线的左侧,自左向右画一条线把音高随时间而产生的变化描画出来,这条线的高低曲折反映的就是声调的调值。如图5-1所示。

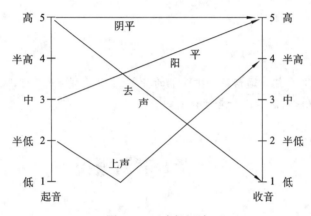

图5-1 五度标记法

### (二)调型

调型是声调的升降形式。普通话中最常见的调型有平调、升调、降调、升降调和降升调等五种。

### (三)调类

调类是声调的种类,就是把调值相同的字归纳在一起所建立的声调类别。调类与调值关系密切,有几种调值就有几个调类。

普通话有四个调值,相对应就有四个调类:阴平(55)、阳平(35)、上声(214)、去声(51),也就是我们常说的第一声、第二声、第三声、第四声。

普通话四个声调的高低升降变化可以概括为一平、二升、三曲、四降。如表5-1例字所示:

表5-1 普通话声调表

| 调类 | 调值 | 调号 | 调型 | 例字 |
| --- | --- | --- | --- | --- |
| 阴平 | 55 | ˉ | 高平调 | 光(guāng) |
| 阳平 | 35 | ˊ | 中升调 | 明(míng) |
| 上声 | 214 | ˇ | 降升调 | 磊(lěi) |
| 去声 | 51 | ˋ | 全降调 | 落(luò) |

## 三、标调法

普通话四个声调的调号如何标记？是标记在声母上？还是标记在韵母上？

普通话的声调是将调号标在音节的主要元音（韵腹）上。其口诀是：

有 a 头上现，

无 a 标 e、o，

i、u 连用标后头，

遇 i 标调把点抹。

# 第二节　普通话的四声

## 一、普通话的四声

《汉语拼音方案》规定用"ˉ ˊ ˇ ˋ"四个符号来标记普通话的四个声调，同时也对应普通话的四个调值和调类。

① 阴平——高而平，用五度标记法来表示，就是从5度到5度，调值55。发音时声带绷到最紧，始终无明显变化，保持音高。例如：

青春光辉　　春天花开　　公司通知　　新屋出租

② 阳平——高升（或说中升）调，起音比阴平稍低，然后升到高。用五度标记法表示，就是从3度升到5度，调值35。发音时声带从不松不紧开始，逐步绷紧，直到最紧，声音从不低不高到最高。例如：

人民银行　　连年和平　　农民犁田　　圆形循环

③ 上 (shǎng) 声——降升调，起音半低，先降后升，用五度标记法表示，是从2度降到1度再升到4度，调值214。发音时声带从略微有些紧张开始，立刻松弛下来，稍稍延长，然后迅速绷紧，但没有绷到最紧。例如：

彼此理解　　理想美满　　永远友好　　管理很好

④ 去声——高降（或称全降）调，起音高，接着往下滑，用五度标记法表示，是从5度降到1度，调值51。发音时声带从紧开始到完全松弛为止，声音从高到低，音长是最短的。例如：

下次注意　　世界教育　　报告胜利　　创造利润

以下顺口溜可帮助辨析与记忆普通话四声的发音特征：

阴平高高一路平，阳平从中往上升，

上声低降再扬起，去声从高滑到底。

## 二、普通话四声词语练习

1. 阴—阴　音标　飞机　专科　精装　招生　分工　交通　青春
   阴—阳　积极　宣传　批评　包含　英雄　通俗　诙谐　粗俗
   阴—上　真理　思考　欣赏　钢笔　多少　推理　黑板　摸底
   阴—去　经验　音乐　希望　遭遇　鸡蛋　波浪　鞭策　充沛

2. 阳—阴　国家　原因　文章　人生　图钉　长期　兰花　情操
   阳—阳　和平　年轮　言行　原则　黄河　循环　频繁　结局
   阳—上　毛笔　停止　谜语　凉水　营养　头脑　平稳　白酒
   阳—去　学校　文化　实验　劳动　游戏　牢固　评价　辽阔

3. 上—阴　火车　许多　保镖　首先　海军　老师　启发　美观
   上—阳　朗读　古文　打球　讲台　口型　保持　品德　底层
   上—上　演讲　举手　本领　指导　古典　陕北　粉笔　稳妥
   上—去　土地　努力　挑战　纽扣　巩固　点缀　访问　翡翠

4. 去—阴　电灯　特征　信箱　治安　细胞　构思　诞生　复苏
   去—阳　汽油　课堂　地图　会谈　事实　热情　练习　富饶
   去—上　汉语　电影　报纸　历史　跳舞　进取　剧本　碧海
   去—去　扩大　照相　汉字　概论　外貌　胜利　竞赛　散步

## 第三节　声调辨正

学习普通话的四声一定要掌握其"平、升、曲、降"的特点，学习者应反复练习各种调类的字词，以便尽快获得区别普通话四声的语感。

## 一、单字顺调练习

一　姨　乙　艺　yī　yí　yǐ　yì
辉　回　毁　惠　huī　huí　huǐ　huì
风　冯　讽　奉　fēng　féng　fěng　fèng
飞　肥　匪　费　fēi　féi　fěi　fèi
通　同　桶　痛　tōng　tóng　tǒng　tòng
迂　于　雨　遇　yū　yú　yǔ　yù
诗　时　使　式　shī　shí　shǐ　shì

| 抛 | 袍 | 跑 | 炮 | pāo | páo | pǎo | pào |
| 昌 | 常 | 厂 | 唱 | chāng | cháng | chǎng | chàng |
| 参 | 蚕 | 惨 | 灿 | cān | cán | cǎn | càn |
| 清 | 情 | 请 | 庆 | qīng | qíng | qǐng | qìng |
| 猫 | 毛 | 卯 | 帽 | māo | máo | mǎo | mào |

## 二、单字同调练习

| 诗 | 巴 | 抛 | 昌 | shī | bā | pāo | chāng |
| 吾 | 湖 | 夺 | 残 | wú | hú | duó | cán |
| 雨 | 马 | 毁 | 请 | yǔ | mǎ | huǐ | qǐng |
| 饿 | 斥 | 帽 | 痛 | è | chì | mào | tòng |

## 三、四声词语练习

**1. 阴平——阴平**

剥削 bōxuē　　突出 tūchū　　揭发 jiēfā　　漆黑 qīhēi
屈膝 qūxī　　　切割 qiēgē　　压缩 yāsuō　　吃喝 chīhē

**2. 阴平——阳平**

积极 jījí　　　曲折 qūzhé　　失足 shīzú　　发达 fādá
挖掘 wājué　　缺乏 quēfá　　杀敌 shādí　　督察 dūchá

**3. 阴平——上声**

清早 qīngzǎo　　倾吐 qīngtǔ　　花圃 huāpǔ　　松果 sōngguǒ
冬笋 dōngsǔn　　飘洒 piāosǎ　　篝火 gōuhuǒ　　光彩 guāngcǎi

**4. 阴平——去声**

拍摄 pāishè　　扑灭 pūmiè　　激烈 jīliè　　忽略 hūlüè
霹雳 pīlì　　　说笑 shuōxiào　优异 yōuyì　　推算 tuīsuàn

**5. 阳平——阴平**

伏击 fújī　　　节约 jiéyuē　　熟悉 shúxī　　逃脱 táotuō
服帖 fútiē　　 学说 xuéshuō　袭击 xíjī　　　求生 qiúshēng
杰出 jiéchū　　直接 zhíjiē　　节拍 jiépāi　　轮胎 lúntāi

### 6. 阳平——阳平

隔膜 gémó　　　　国籍 guójí　　　　及格 jígé　　　　习俗 xísú
洁白 jiébái　　　　集合 jíhé　　　　觉察 juéchá　　　结合 jiéhé

### 7. 阳平——上声

滑雪 huáxuě　　　　狭窄 xiázhǎi　　　峡谷 xiágǔ　　　成果 chéngguǒ
传统 chuántǒng　　　晴朗 qínglǎng　　联想 liánxiǎng　完整 wánzhěng

### 8. 阳平——去声

跋涉 báshè　　　　答复 dáfù　　　　德育 déyù　　　　的确 díquè
协作 xiézuò　　　　植物 zhíwù　　　　独立 dúlì　　　　牢固 láogù

### 9. 上声——阴平

抹杀 mǒshā　　　　老师 lǎoshī　　　　启发 qǐfā　　　　理亏 lǐkuī
美观 měiguān　　　感激 gǎnjī　　　　体贴 tǐtiē　　　　冷清 lěngqīng
惋惜 wǎnxī　　　　满腔 mǎnqiāng　　景观 jǐngguān　管家 guǎnjiā

### 10. 上声——阳平

版图 bǎntú　　　　保持 bǎochí　　　　彩虹 cǎihóng　　胆识 dǎnshí
皎洁 jiǎojié　　　　品德 pǐndé　　　　锦旗 jǐnqí　　　启蒙 qǐméng
晚霞 wǎnxiá　　　　广博 guǎngbó　　导航 dǎoháng　　表格 biǎogé

### 11. 上声——上声

铁塔 tiětǎ　　　　笔法 bǐfǎ　　　　统领 tǒnglǐng　　保养 bǎoyǎng
饱满 bǎomǎn　　　把手 bǎshǒu　　　吵嘴 chǎozuǐ　　典礼 diǎnlǐ
鬼脸 guǐliǎn　　　奖品 jiǎngpǐn　　口水 kǒushuǐ　　抢险 qiǎngxiǎn

### 12. 上声——去声

笔墨 bǐmò　　　　法律 fǎlǜ　　　　角落 jiǎoluò　　　宝贵 bǎoguì
哺育 bǔyù　　　　点缀 diǎnzhuì　　访问 fǎngwèn　　翡翠 fěicuì
考验 kǎoyàn　　　渴望 kěwàng　　阐述 chǎnshù　　总务 zǒngwù

### 13. 去声——阴平

簇新 cùxīn　　　　诞生 dànshēng　　复苏 fùsū　　　构思 gòusī
乐章 yuèzhāng　　气氛 qìfēn　　　　扼杀 èshā　　　窒息 zhìxī

## 14. 去声——阳平

密集 mìjí　　　　疟疾 nüèjí　　　　掠夺 lüèduó　　　　克服 kèfú
斥责 chìzé　　　　祝福 zhùfú　　　　恶毒 èdú　　　　　蜡烛 làzhú
浪潮 làngcháo　　沸腾 fèiténg　　　热情 rèqíng　　　　谢绝 xièjué

## 15. 去声——上声

创举 chuàngjǔ　　鉴赏 jiànshǎng　　驾驶 jiàshǐ　　　　进取 jìnqǔ
剧本 jùběn　　　　勒索 lèsuǒ　　　　乐曲 yuèqǔ　　　　彻骨 chègǔ

## 16. 去声——去声

默契 mòqì　　　　目录 mùlù　　　　　陆续 lùxù　　　　　毕业 bìyè
束缚 shùfù　　　　物质 wùzhì　　　　策略 cèlüè　　　　脉络 màiluò
设立 shèlì　　　　寂寞 jìmò　　　　　站立 zhànlì　　　　孝敬 xiàojìng

## 四、四字同调练习

春 天 花 开　chūn tiān huā kāi
今 天 参 观　jīn tiān cān guān
江 山 多 娇　jiāng shān duō jiāo
卑 躬 屈 膝　bēi gōng qū xī

珍 惜 光 阴　zhēn xī guāng yīn
加 工 车 间　jiā gōng chē jiān
攀 登 高 山　pān dēng gāo shān
机 车 公 司　jī chē gōng sī

勤 劳 人 民　qín láo rén mín
儿 童 文 学　ér tóng wén xué
牛 羊 成 群　niú yáng chéng qún
轮 船 航 行　lún chuán háng xíng

和 平 繁 荣　hé píng fán róng
严 格 执 行　yán gé zhí xíng
湖 南 肥 肠　hú nán féi cháng
粮 食 无 援　liáng shí wú yuán

远 景 美 好　yuǎn jǐng měi hǎo

展 览 手 表　zhǎn  lǎn  shǒu  biǎo
陕 北 美 景　shǎn  běi  měi  jǐng
请 你 指 导　qǐng  nǐ  zhǐ  dǎo

稳 妥 处 理　wěn  duǒ  chǔ  lǐ
炒 米 粉 好　chǎo  mǐ  fěn  hǎo
小 手 小 脚　xiǎo  shǒu  xiǎo  jiǎo
北 海 小 组　běi  hǎi  xiǎo  zǔ

社 会 大 变　shè  huì  dà  biàn
创 造 记 录　chuàng  zào  jì  lù
胜 利 闭 幕　shèng  lì  bì  mù
废 物 利 用　fèi  wù  lì  yòng

变 幻 莫 测　biàn  huàn  mò  cè
竞 赛 项 目　jìng  sài  xiàng  mù
背 信 弃 义　bèi  xìn  qì  yì
浴 血 奋 战　yù  xuè  fèn  zhàn

## 五、四声顺序练习

山 明 水 秀　shān  míng  shuǐ  xiù
风 调 雨 顺　fēng  tiáo  yǔ  shùn
花 红 柳 绿　huā  hóng  liǔ  lǜ
飞 禽 走 兽　fēi  qín  zǒu  shòu

英 明 果 断　yīng  míng  guǒ  duàn
疮 痍 满 目　chuāng  yí  mǎn  mù
山 穷 水 尽　shān  qióng  shuǐ  jìn
争 前 恐 后　zhēng  qián  kǒng  hòu

心 直 口 快　xīn  zhí  kǎu  kuài
光 明 磊 落　guāng  míng  lěi  luò
诸 如 此 类　zhū  rú  cǐ  lèi
兵 强 马 壮　bīng  qiáng  mǎ  zhuàng

阴 谋 诡 计　yīn  móu  guǐ  jì
通 盘 打 算　tōng  pán  dǎ  suàn

酸 甜 苦 辣　suān tián kǔ là
深 谋 远 虑　shēn móu yuǎn lǜ

英 雄 好 汉　yīng xióng hǎo hàn
优 柔 寡 断　yōu róu guǎ duàn
中 流 砥 柱　zhōng liú dǐ zhù
因 循 守 旧　yīn xún shǒu jiù

妖 魔 鬼 怪　yāo mó guǐ guài
胸 无 点 墨　xiōng wú diǎn mò
幡 然 悔 悟　fān rán huǐ wù
心 明 眼 亮　xīn míng yǎn liàng

## 六、四声逆序练习

大 有 文 章　dà yǒu wén zhāng
笑 里 藏 刀　xiào lǐ cáng dāo
万 里 长 征　wàn lǐ cháng zhēng
赤 胆 红 心　chì dǎn hóng xīn

驷 马 难 追　sì mǎ nán zhuī
购 买 图 书　gòu mǎi tú shū
弄 巧 成 拙　nòng qiǎo chéng zhuō
墨 守 成 规　mò shǒu chéng guī

痛 改 前 非　tòng gǎi qián fēi
兔 死 狐 悲　tù sǐ hú bēi
异 口 同 声　yì kǒu tóng shēng
寿 比 南 山　shòu bǐ nán shān

字 里 行 间　zì lǐ háng jiān
大 好 河 山　dà hǎo hé shān
妙 手 回 春　miào shǒu huí chūn
逆 水 行 舟　nì shuǐ xíng zhōu

信 以 为 真　xìn yǐ wéi zhēn
肉 炒 洋 葱　ròu chǎo yáng cōng
自 以 为 非　zì yǐ wéi fēi

聚 少 离 多　jù shǎo lí duō

戏 曲 研 究　xì qǔ yán jiū
袖 手 旁 观　xiù shǒu páng guān
映 雪 读 书　yìng xuě dú shū
木 已 成 舟　mù yǐ chéng zhōu

## 七、四声交替练习

聪 明 透 顶　cōng míng tòu dǐng
粗 眉 大 眼　cū méi dà yǎn
轻 描 淡 写　qīng miáo dàn xiě
天 南 地 北　tiān nán dì běi
天 罗 地 网　tiān luó dì wǎng
艰 难 困 苦　jiān nán kùn kǔ

龙 飞 凤 舞　lóng fēi fèng wǔ
眉 飞 色 舞　méi fēi sè wǔ
寻 根 问 底　xún gēn wèn dǐ
浑 身 是 胆　hún shēn shì dǎn
长 生 不 老　cháng shēng bù lǎo
和 风 细 雨　hé fēng xì yǔ

能 工 巧 匠　néng gōng qiǎo jiàng
神 通 广 大　shén tōng guǎng dà
乔 装 打 扮　qiáo zhuāng dǎ bàn
长 吁 短 叹　cháng xū duǎn tàn
营 私 舞 弊　yíng sī wǔ bì

海 枯 石 烂　hǎi kū shí làn
五 光 十 色　wǔ guāng shí sè
草 菅 人 命　cǎo jiān rén mìng
眼 花 缭 乱　yǎn huā liáo luàn

滚 瓜 烂 熟　gǔn guā làn shú
美 中 不 足　měi zhōng bù zú
趾 高 气 扬　zhǐ gāo qì yáng
感 恩 戴 德　gǎn ēn dài dé

## 第五章　普通话声调

以身作则　yǐ shēn zuò zé
以身殉职　yǐ shēn xùn zhí
耳聪目明　ěr cōng mù míng

语重心长　yǔ zhòng xīn cháng
苦尽甘来　kǔ jìn gān lái
鼠肚鸡肠　shǔ dù jī cháng
雨过天晴　yǔ guò tiān qíng
纸醉金迷　zhǐ zuì jīn mí
小试锋芒　xiǎo shì fēng máng

掌上明珠　zhǎng shàng míng zhū
响彻云霄　xiǎng chè yún xiāo
与世无争　yǔ shì wú zhēng
老气横秋　lǎo qì héng qiū
纸上谈兵　zhǐ shàng tán bīng

大雨倾盆　dà yǔ qīng pén
万马奔腾　wàn mǎ bēn téng
瑞雪丰年　ruì xuě fēng nián
信口开河　xìn kǒu kāi hé
罪有应得　zuì yǒu yīng dé
卸甲归田　xiè jiǎ guī tián
忆苦思甜　yì kǔ sī tián

畅通无阻　chàng tōng wú zǔ
卧薪尝胆　wò xīn cháng dǎn
落花流水　luò huā liú shuǐ

# 第六章
# 普通话音节

【内容提要】

本章共分三节，先分析普通话音节的组织结构，然后总结普通话的声韵配合规律，归纳普通话音节的拼读规则和拼写规则。

## 第一节 普通话音节的结构

本书第二章谈到，音节是普通话语音的基本结构单位，是自然感受到的最小的语音片段。发音时发音器官紧张一次就形成一个音节。一般来说，一个汉字的读音就是一个音节，只有儿化韵音节例外。儿化韵音节是两个汉字合读一个音节，如"花儿"（huār）。

### 一、普通话音节的构成

按照我国传统分析法，普通话音节是由声母、韵母和声调三部分组成的；如果从现代语音学角度分析，普通话音节则是音素按一定方式组合的结果。如 diàn（电）这个音节用这两种方法分析的结果如表 6-1 所示。

表 6-1 音节"电（diàn）"的语音分析

| 方法＼例字 | 电（diàn） ||||| 
|---|---|---|---|---|---|
| 传统分析法分析 | d | ian ||| 、 |
|  | 声母 | 韵母 ||| 声调 |
| 现代语音学分析 | d | i | a | n | 、 |
|  | 声母 | 韵头 | 韵腹 | 韵尾 | 声调 |

将音节分成"声、韵、调"三部分，是粗略的分析，如果对韵母的构成成分再做分析，那么，一个完整的音节实际上包括声母、韵头（介音）、韵腹（主要元音）、韵尾、声调

五个组成部分。

下面列表举例说明普通话音节的构成（如表6-2）。

表6-2 普通话音节分析

| 结构方式 例字 | 声母 | 韵母 | | | | 声调 |
|---|---|---|---|---|---|---|
| | | 韵头（介音） | 韵腹（主要元音） | 韵尾 | | |
| | | | | 元音 | 辅音 | |
| 小 xiǎo | x | i | a | o | | 上声 |
| 床 chuáng | ch | u | a | | ng | 阳平 |
| 桌 zhuō | zh | u | o | | | 阴平 |
| 俄 é | | | e | | | 阳平 |
| 恩 ēn | | | e | | n | 阴平 |
| 油 yóu | | i | o | u | | 阳平 |
| 归 guī | g | u | e | i | | 阴平 |
| 久 jiǔ | j | i | o | u | | 上声 |
| 月 yuè | | ü | ê | | | 去声 |
| 体 tǐ | t | | i | | | 上声 |
| 乌 wū | | | u | | | 阴平 |
| 玉 yù | | | ü | | | 去声 |
| 耳 ěr | | | er | | | 上声 |

从上表可以看出，声母有两类，一类是辅音声母，一类是零声母；韵母也有两类，一类由元音构成，一类由元音加辅音构成。有些韵母包含韵头、韵腹和韵尾三部分，充当韵头的有 i、u、ü 三个元音，充当韵尾的有 i、u（包括 ao、iao 中的 o）两个元音和 n、ng 两个辅音，十个元音都可以充当韵腹。

## 二、普通话音节的结构特点

① 每个音节都有声母、韵母和声调，有的音节没有辅音声母，有的音节没有韵头，有的音节没有韵尾，但任一普通话音节中，韵腹不可或缺，如 áng（昂）、bà（爸）、è（恶）、ǒu（偶）。

② 元音在普通话音节中占优势，每个音节至少有一个元音音素，也可以两个或三个元音音素连在一起，分别充当韵头、韵腹、韵尾。

③ 一个普通话音节最多包含四个音素，包括辅音音素和元音音素。辅音音素不能相连，辅音音素只出现在音节的开头或末尾，如 tiào（跳）、zhuāng（庄）。

④ 每个普通话音节必定有声调。

⑤ 单韵母、复韵母、鼻韵母都能自成音节，其声母是零声母（-i（前）、-i（后）除外）。

## 第二节 音节拼音

根据上一节的分析,把分析出来的声母、韵母拼合起来,构成一个音节,就是拼音。

### 一、普通话音节拼读

（一）拼读要领

1. 声母要用本音

普通话音节拼读时要用声母的本音,不要用声母的呼读音与韵母相拼,如 ba 的读音,应以本音 b 和 a 拼读成 ba,而不能以呼读音 bo 和 a 拼读成 boa。

2. 要念准韵头

拼读含有韵头 i、u、ü 的音节时,不要将韵头念得过长,也不要丢失或改变韵头,如拼读 chuāng(窗),如果丢失韵头就会拼成 chāng(昌)。

3. 声韵之间不要停顿

拼读时应有一股不间断的气流贯穿于音节始终,不能停顿。一旦停顿,拼出来的音在听感上就会让人觉得不是一个音节,倒像是两个音节了,如拼 gài(盖)时,g 和 ai 之间如有了停顿,就会拼成 g(ē)—ài(割爱)。

以上三条要领可以总结为这样一个口诀："声母在前支好架,韵母在后紧跟它,声韵合成一口气,大胆拼音不会差。"例如 b 和 a 相拼,先闭拢双唇,做好发 b 的架势,紧接着冲出 a 来,从 b 到 a 是一口气,中间不停顿,连贯地念出 ba 音来。

（二）拼读方法

普通话音节的拼合一般有三种方法。

1. 两拼法

两拼法是用声母直接与韵母拼合成音,即声母 + 韵母。如:

"广" g+uang → guǎng    "变" b+ian → biàn

2. 三拼法

三拼法是把韵母的韵头(介音)单独列出,把韵母分成两个部分,然后与声母拼合成音,即声母 + 介音 + 韵母。如:

"见" j+i+an → jiàn    "桥" q+i+ao → qiáo

3. 声介合拼法

声介合拼法是声母和介音拼合在一起,然后再同韵母相拼,(声母 + 介音) + 韵母。如:

"船"(ch+u)+an → chu+an → chuán    "小"(x+i)+ao → xi+ao → xiǎo

## 二、普通话声韵拼合规律

普通话音节有完整的系统，构成普通话音节的21个辅音声母与39个韵母有机地拼合成400个左右的音节形式，各个音节再配上4个声调，可组成大约1300个音节。普通话音节的系统性主要表现在声、韵、调的拼合规律上（见表6-3）。哪些声母能与哪些韵母拼合，是有一定规律的，所以，掌握语言学家总结的声、韵、调拼合规律，对于我们更好地学习普通话是非常必要的。

表6-3 普通话声韵配合简表

| 声母 | 配合韵母 | 开口呼 | 齐齿呼 | 合口呼 | 撮口呼 |
|---|---|---|---|---|---|
| 双唇音 | b p m | + | + | 只跟u相拼 | |
| 唇齿音 | f | + | | 只跟u相拼 | |
| 舌尖中音 | d t | + | + | + | |
| | n l | | | | + |
| 舌面音 | j q x | | + | | + |
| 舌根音 | g k h | + | | + | |
| 舌尖后音 | zh ch sh r | + | | + | |
| 舌尖前音 | z c s | + | | + | |
| 零声母 | 0 | + | + | + | + |

注："+"表示全部或局部声韵能相拼，空白表示不能相拼。

根据上表，可以总结出普通话声韵拼合的主要规律。

① 双唇音b、p、m只能拼开口呼、齐齿呼，不能拼撮口呼，除u以外，其他的合口呼都不能拼。

② 唇齿音f只能拼开口呼，不能拼齐齿呼、撮口呼，除u以外，其他的合口呼都不能拼。

③ 舌尖中音d、t能拼开口呼、齐齿呼、合口呼，不能拼撮口呼。n、l与开、齐、合、撮四呼都能相拼。

④ 舌面音j、q、x只能拼齐齿呼、撮口呼，不能拼开口呼、合口呼。

⑤ 舌尖前音z、c、s，舌尖后音zh、ch、sh、r，舌根音g、k、h，只能拼开口呼、合口呼，不能拼齐齿呼、撮口呼。

⑥ 零声母四呼都有字。

# 第三节　音节拼写

## 一、音节拼写规则

普通话音节的拼写有一定的具体要求，这就是拼写规则。《汉语拼音方案》中关于汉语拼音音节拼写的规则主要有以下几个方面。

## （一）y 与 w 的使用

《汉语拼音方案》规定，y、w 不是汉语拼音音素。y、w 用在一些零声母音节中，起分隔音节的作用，使音节的界限清楚分明。如 fānyì（翻译），如果不用 y，就可能误读为 fānì（发腻）；shàngwǔ（上午），如果不用 w，就可能误读为 shàngǔ（扇骨）。所以，关于 y、w 的使用，规定如下。

① 零声母音节中，如果韵头是 i、u，则改 i 为 y，改 u 为 w。如：

ia——ya（鸦）　　　　ie——ye（椰）
iong——yong（庸）　　uo——wo（窝）
uei——wei（威）　　　ueng——weng（翁）

② 零声母音节中，如果韵腹是 i、u，则直接在 i 前加 y，u 前加 w。

i——yi（衣）　　　　in——yin（因）
ing——ying（英）　　u——wu（乌）

③ 零声母音节中，撮口呼一律在 ü 前加 y，同时省掉 ü 上的两点。如：

ü——yu（迂）　　　üe——yue（约）　　　üan——yuan（冤）

## （二）隔音符号的用法

《汉语拼音方案》规定，以 a、o、e 开头的零声母音节，当连接在其他音节后面时，为了避免音节界限发生混淆，要用隔音符号"'"隔开。如：

fang'an（方案）——fangan（反感）
ji'ang（激昂）——jiang（江）
ku'ai（酷爱）——kuai（快）
shang'e（上腭）——shange（山歌）
xi'an（西安）——xian（先）
dang'an（档案）——dangan（单干）

## （三）省写

### 1. 韵母 iou、uei、uen 的省写

韵母 iou、uei、uen 跟在辅音声母后面时要写成 iu、ui、un，因为中间的元音 o、e 有时不明显，实行省写，既能反映语音的实际情况，又能使拼写简短。省略后发音不变。如：

q + iou——qiū（秋）
h + uei——huī（辉）
c + uen——cūn（村）

而当 iou、uei、uen 三个韵母自成音节时，按 y、w 的使用规则，将 i 改为 y，u 改为 w，分别写作 yōu（优）、wēi（威）、wēn（温）。

## 2. ü 上两点的省略

撮口呼音节包含的音节最少,撮口呼韵母能相拼的辅音声母只有 j、q、x、n、l。

韵母 ü 和声母 n、l 相拼时,ü 上两点不能省略,因为普通话中韵母 ü 和 u 都能与 n、l 相拼,ü 上省去两点就会引起意义的混淆。如:

nǚ(女)——nǔ(努)    lǚ(旅)——lǔ(鲁)

撮口呼韵母与声母 j、q、x 相拼时,ü 上的两点要省略,写成 u。因为普通话语音中 j、q、x 不能与韵母 u 相拼,所以 ü 省去两点后不会导致误读。如:

j + ǚ——jǔ(举)    q + üán——quán(全)    x + üě——xuě(雪)

## 二、标调法则

① 声调符号要标在一个音节的韵腹上。

② 在韵腹音素省略的 iu、ui 中,调号标在后一个元音符号上。

③ 调号位于 i 上时,省略 i 上头的点。

④ 轻声不标调。

⑤ 文章标题的拼音经常不标调。

# 第七章
# 普通话音变

【内容提要】

本章共分三节,主要讲析普通话语流中的音变现象,包括变调、轻声、儿化、语气词"啊"的变读等,然后分析并归纳它们的音变规律。

人们在朗读和说话时,总是连续发出一串串的音素和音节,形成语句。音素、音节、声调在连续发出时往往相互影响,产生语音变化,这种语音变化称为音变。普通话语音中常见的音变现象有变调、轻声、儿化、语气词"啊"的变读等。

## 第一节 变 调

变调是相邻音节的声调因相互影响而发生的变化。普通话语音中的四个声调在语流中或多或少都会有些变化,其中变化较明显的是上声的变调(如:友好——油好;李老师——黎老师),以及一些具体的词如"一、不"的变读等。

### 一、上声的变调

上声音节在单独念或在词语末尾、句子末尾的时候,不发生调值变化;除此之外,在词语组合连读时会发生变调,归纳如下。

① 上声(214)+ 上声(214)——→阳平(35)+ 上声(214)。如:

语法　水表　领导　小鸟
取舍　剪影　敏感　打扫

② 上声(214)+ 非上声——→半上(21)+ 非上声。如:

扭亏　法规　顶班　水兵　搞活　改革
考察　产值　老化　审定　典范　彩照

③ 上声同轻声连读,有两种情况,以读半上居多。

a. 上声（214）+ 轻声 —→ 半上（21）+ 轻声。如：
姐夫　讲究　比方　老实　倒腾　老婆　脑袋　好处
底细　饺子　怎么　我的　你们　李子　嫂嫂
b. 上声（214）+ 轻声 —→ 阳平（35）+ 轻声。如：
想法　把手　早起　晌午　讲讲　等等
④ 三个上声字连读，也有两种情况。
a. 上声 +（上声 + 上声）—→ 半上（21）+ 阳平（35）+ 上声（214）。如：
耍笔杆　小礼品　有苦恼　冷处理　很渺小　买水果
b.（上声 + 上声）+ 上声 —→ 阳平（35）+ 阳平（35）+ 上声（214）。如：
管理好　演讲稿　体检表　水彩笔　处理品　采访组
在快读的情况下，这两种情况都可以读成"阳平 + 阳平 + 上声"。
⑤ 三个以上的上声连读，可分成"二、三"组合的音节组，再按相应的音变规律变读，然后连读成一句话。快读时，也可只保留最后一个字音读214调值。如：
我姐姐　也可以　把手表　转给　厂领导
小李　你给　老首长　打　洗脸水
注：上声字的调值尽管有各种变化，但注音时一律标本调。

## （一）读准下列上声词

| 上声—阴平 | 紧张 | 解说 | 武装 | 纺织 | |
| --- | --- | --- | --- | --- | --- |
| | 产出 | 打听 | 水箱 | 产生 | 本心 |
| 上声—阳平 | 语文 | 脸盆 | 隐瞒 | 起床 | |
| | 解决 | 党员 | 奖惩 | 水牛 | 跑题 |
| 上声—去声 | 老练 | 比赛 | 挑逗 | 水费 | |
| | 榜样 | 暖气 | 忍耐 | 广大 | 坦率 |
| 上声—上声 | 冷饮 | 保险 | 了解 | 举止 | |
| | 顶点 | 辗转 | 海港 | 果品 | 影响 |

## （二）读准下列上声词语和句子

选举法　手写体　洗脸水　苦水井
虎骨酒　蒙古语　纸老虎　你指导
老保守　小雨伞　厂党委　好领导
岂有此理　理想美好　影响选举
我打水给你洗脸。
你找小组长武伟礼。
马场养有五百匹好母马。

## 二、去声的变调

去声音节的音调变化较弱,在非去声音节前一律保持原调不变,在去声音节前则由全降变成半降,即调值由 51 变成 53。

## 三、"一"的变调

"一"的本调是阴平调 yī,但在语流中,会发生变调,其变调规律如下。
① "一"在单念、词句末尾、表序数时都读原调(阴平)yī。如:
不管三七二十一　　第一　　专一　　万一　　整齐划一
② "一"在阴平、阳平、上声音节前时,变读为去声 yì。如:
一天(在阴平前)　　一头(在阳平前)　　一统(在上声前)
③ "一"在去声音节前时,变读为阳平 yí。如:
一道　　一月　　一倍　　一世　　一意　　一代
④ "一"夹在重叠动词中间念轻声 yi。如:
想一想　　看一看　　走一走　　谈一谈
注:"一"的调值尽管有各种变化,但注音时一律标本调。

请读准下列"一"的变调:

一半 yībàn　　　　一定 yīdìng　　　　一般 yībān
一起 yīqǐ　　　　　一生 yīshēng　　　一路 yīlù
一天 yītiān　　　　一体 yītǐ　　　　　一行 yīxíng
一车 yīchē　　　　一段 yīduàn　　　　一旁 yīpáng

一条 yītiáo　　　　一团 yītuán　　　　一连 yīlián
一点 yīdiǎn　　　　一股 yīgǔ　　　　　一举 yījǔ
一所 yīsuǒ　　　　一种 yīzhǒng　　　　一致 yīzhì
一切 yīqiè　　　　一道 yīdào　　　　　一律 yīlù

## 四、"不"的变调

"不"的本调是去声调 bù,但在语流中,会发生变调,其变调规律如下。
① "不"在单用、词句末尾、非去声音节前,读原调(去声)bù。如:
不安　不堪　不成　不然　不久　不法　　就不
② "不"在去声音节前变读为阳平 bú。如:
不幸　不但　不去　不对　不过　不干
③ "不"夹在语词中间时读轻声 bu。如:

行不行　　差不多　　说不说　　来不来
注："不"的调值尽管有各种变化，但注音时一律标本调。

请读准下列"不"的变调：
不好 bùhǎo　　　不顾 bùgù　　　不够 bùgòu
不屈 bùqū　　　不能 bùnéng　　不及 bùjí
不想 bùxiǎng　　不变 bùbiàn　　不拘 bùjū

不适 bùshì　　　不多 bùduō　　不慌 bùhuāng
不曾 bùcéng　　不如 bùrú　　　不比 bùbǐ
不管 bùguǎn　　不测 bùcè　　　不愧 bùkuì
不对 bùduì　　　不便 bùbiàn　　不为 bùwéi

## 第二节　轻　声

所谓"轻声"，不是四声之外的第五种声调，而是四声的一种特殊音变，即在一定条件下读得又短又轻的调子。一般来说，任何一种声调的字，在一定条件下，都可以失去原来的声调变读为轻声。

轻声不能单独读出来，一定是跟随在别的字后面。轻声的调值也不固定，须依据前一字音的音高而变化，如"妈妈、我们、椅子、看过"。

## 一、轻声的读法

轻声在物理属性上的主要表现是音长变短，音强变弱。它在音高上的表现则受前一个字声调的影响，是不固定的。

一般来说，上声字后头的轻声字的音高比较高，阴平、阳平字后头的轻声字的音高偏低，去声字后头的轻声字的音高最低。

大致情况如下：
阴平 + 轻声——（半低）　　跟头　柑子　蹲下　金的
阳平 + 轻声——（中调）　　石头　桃子　爬下　银的
上声 + 轻声——（半高）　　里头　李子　躺下　铁的
去声 + 轻声——（低调）　　木头　柿子　坐下　镍的

## 二、轻声的作用

普通话里有些轻声有区别词义或词性的作用。

### （一）区别意义

东西　dōngxī（东边和西边）
东西　dōngxi（泛指各种事物，或特指人或动物）

眉目　méimù（人的容貌；文章的条理）
眉目　méimu（事情的头绪）

孙子　Sūnzǐ（人名）
孙子　sūnzi（儿子的儿子）

老子　Lǎozǐ（人名）
老子　lǎozi（父亲；骄傲的人的自称）

### （二）区别意义并区分词性

能干　nénggàn（动词，有才能，会办事）
能干　nénggan（形容词，心灵手巧，精明）

运气　yùnqì（动词，气功中把气贯注到身体某一部位）
运气　yùnqi（名词，幸运）

地道　dìdào（名词，地下通道）
地道　dìdao（形容词，真正，纯粹）

大意　dàyì（名词，主要意思）
大意　dàyi（形容词，疏忽，粗心）

## 三、轻声的规律

轻声是长期的语音习惯形成的一种音变现象，在词语和句子中可以找到一些规律。

① 语气词"吗、呢、啊、吧"等，一般情况下都读轻声。如：
是吗　　他呢　　看啊　　走吧

② 助词"着、了、过、的、地、得"，读轻声。如：
看过　　忙着　　来了　　我的　　唱得（好）

③ 名词的后缀"子、头"和表示人称复数的"们"读轻声。如：
桌子　　椅子　　木头　　石头　　朋友们

④ 名词、代词后的方位词一般读轻声。如：
墙上　　河里　　天上　　地下　　底下　　那边

⑤ 叠音词和动词重叠形式后面的字读轻声。如：
说说　　想想　　弟弟　　奶奶　　谈谈　　跳跳

⑥ 动词、形容词后表示趋向的动词读轻声。如：

出来　　进去　　站起来　　走进来　　取回来

⑦ 一些描述某种状态的形容词的第二个音节常念轻声。如：

糊里糊涂　　虎头虎脑　　红不棱登　　噼里啪啦
稀里糊涂　　叽里呱啦　　黑不溜秋　　花里胡哨

⑧ 某些常用的双音节词的第二个音节习惯上读轻声。如：

明白　　暖和　　萝卜　　玻璃　　葡萄
知道　　事情　　衣服　　眼睛　　窗户

## 四、读准下列轻声词语

刀子 dāozi　　　车子 chēzi　　　孙子 sūnzi
丫头 yātou　　　后头 hòutou　　　胳膊 gēbo
抽屉 chōuti　　　姑娘 gūniang　　师傅 shīfu
苍蝇 cāngying　　哆嗦 duōsuo　　　他们 tāmen

朋友 péngyou　　时候 shíhou　　　黄瓜 huánggua
记得 jìde　　　　心思 xīnsi　　　知识 zhīshi
扎实 zhāshi　　　软和 ruǎnhuo　　那边 nàbian
在乎 zàihu　　　老婆 lǎopo　　　模糊 móhu

月亮 yùeliang　　洒脱 sǎtuo　　　似的 shìde
亲家 qìngjia　　簸箕 bòji　　　　进项 jìnxiang
便宜 biányi　　　别扭 bièniu　　　拨弄 bōnong
直溜 zhíliu　　　硬朗 yìnglang

# 第三节　儿　化

"儿化"指后缀"儿"与前一个音节的韵母结合成一个音节，并使这个韵母带上卷舌音色，是一种特殊音变现象。这种卷舌化了的韵母叫作"儿化韵"，如"小孩儿"拼音为 xiǎoháir。

普通话念"孩儿"时，这个"儿"不是一个独立的音节，只表示在念到"孩"这个字音的末尾时，随即加上一个卷舌动作，使韵母带上卷舌音"儿"的音色。

用汉语拼音字母拼写儿化音节，只需在原来的音节之后加上 r（表示卷舌作用）就可以了。例如：

"芽儿"—yár　　　"馅儿"—xiànr　　　"味儿"—wèir

但不要见到词末尾有"儿"字就读儿化音，有时还得读成独立的音节 ér，如"小小的鱼儿、小女儿"就不儿化。

## 一、儿化韵的作用

儿化韵在普通话里有一定的语用功能，表现在构词和修辞方面。

① 区别词义。如：

　　信（信件，具体）　　　　　一点（时间或液体单位）
　　{信儿（消息，抽象）　　　　{一点儿（少量）

② 区分词性或结构。如：

　　活（形容词、动词）　　　　画（动词）
　　{活儿（名词）　　　　　　　{画儿（名词）
　　尖（形容词）　　　　　　　堆（动词）
　　{尖儿（名词）　　　　　　　{（一）堆儿（量词）

③ 有的词儿化后具有比喻义。如：

　　头（脑袋）　　　　　　　　眼（眼睛）
　　{头儿（领头的）　　　　　　{眼儿（小孔）

④ 表示细小、亲切或喜爱的感情色彩。如：

　　小皮球儿　　小河儿　　小孩儿　　红嘴唇儿　　小王儿　　好玩儿

## 二、儿化韵的发音

著名语言学家赵元任在《汉语口语语法》中说，儿化遵循的总原则叫"可共存发音的同时性"（可同时共存），即如果词根语素的韵母跟卷舌音不能同时共存，就必须改变韵母的结构使之适于卷舌。

儿化韵母的音变往往不是简单地在韵母后面加上一个卷舌动作，而是伴随脱落、增音、更换和同化（后鼻韵尾脱落，但元音受其同化，保留鼻化色彩）等现象。音变主要表现在韵尾，其次是韵腹，对韵头和声母无影响。

普通话中39个韵母，除本身已是卷舌韵母的er外，理论上都可以儿化，但口语中韵母ê、o（bo、po、mo、fo后的o实际是uo拼写上的省略，可与uo合并）未见儿化词，所以，实际上普通话语音中只有36个韵母可以儿化。

## 三、儿化韵音变规律

要想掌握儿化韵的正确发音，先把下面这句话念好：
大伙儿一块儿到花园儿帮忙儿剪树枝儿。
大伙儿：无尾（直接加r）
一块儿到花园儿：i尾、n尾（丢尾加r）

帮忙儿：ng 尾（丢尾，鼻化加 r）
剪树枝儿：-i[后]（元音脱落，加 er）

表 7-1　儿化音变规律简表

| 韵母 | 儿化韵变化规律 | 举例 |
| --- | --- | --- |
| 音节末尾是 a、o、e、ê、u | 不变，+r | 刀把儿、山坡儿、唱歌儿、白兔儿 |
| 韵尾是 i、n | 丢 i 或 n，+r | 小孩儿、一块儿、针眼儿 |
| 韵尾是 ng | 丢 ng，元音鼻化 +r；有 i 韵腹的 +er | 帮忙儿、板凳儿、小熊儿、花瓶儿 |
| 韵腹是高元音 i、ü | 不变，+ 卷舌 er | 小鸡儿、金鱼儿 |
| 韵母是舌尖元音 -i | 丢 -i，+ 卷舌 er | 瓜子儿、没事儿 |
| 韵母是 in、ün | 丢 n，+ 卷舌 er | 脚印儿、合群儿 |

根据表 7-1，普通话儿化韵变读规律总结如下。

① 韵母或韵腹为 a、o、e、ê、u 的音节，儿化后前面元音不变，直接加上卷舌动作，书面上在元音后加 r。如：

号码儿 hàomǎr　　山坡儿 shānpōr
纸盒儿 zhǐhér　　水珠儿 shuǐzhūr
一下儿 yīxiàr　　手稿儿 shǒugǎor
封口儿 fēngkǒur　　台阶儿 táijiēr
书桌儿 shūzhuōr

② 韵母是 i、ü，儿化后在原韵母之后加上 er。如：

小米儿 xiǎomǐer　　有趣儿 yǒuqùer

③ 韵母是舌尖元音 -i（前）、-i（后），儿化后丢掉原韵母，加上卷舌韵母 er。如：

石子儿 shízěr　　没事儿 méishèr

④ 以 i 和 n 为韵尾的韵母（除 in 外），儿化后丢掉韵尾，在主要元音后加 r；以 ng 为韵尾的韵母（除 ing 外），儿化后丢掉韵尾 ng，在主要元音后加 r，同时主要元音鼻音化。如：

鞋带儿 xiédàr　　墨水儿 mòshur
树跟儿 shùgēr　　没准儿 méizhǔr
瓜瓢儿 guārár

⑤ 韵母 in、ün 儿化后丢掉韵尾 n，加卷舌元音 er；韵母 ing 儿化后丢掉韵尾 ng，加鼻化的 er。如：

干劲儿 gànjìer　　手印儿 shǒuyìer
花瓶儿 huāpíer　　小名儿 xiǎomíer

# 四、儿化韵练习

## （一）按照儿化规律，练习下面的儿化音节

（符号＞表示由原形韵母变读为儿化韵）

| | | | | | | |
|---|---|---|---|---|---|---|
| a＞ar | 哪儿 | 那儿 | 把儿 | 裤衩儿 | 价码儿 | |
| | 话把儿 | 打碴儿 | 板擦儿 | 打杂儿 | 找碴儿 | |
| ai＞ar | 带儿 | 小孩儿 | 本色儿 | 泥胎儿 | 锅盖儿 | 鞋带儿 |
| an＞ar | 包干儿 | 白班儿 | 白干儿 | 豆腐干儿 | 杂拌儿 | |
| | 快板儿 | 脸蛋儿 | 收摊儿 | 蒜瓣儿 | | |
| ang＞ar | 药方儿 | 帮忙儿 | 跑趟儿 | | | |
| uang＞uar | 相框儿 | 蛋黄儿 | | | | |
| ia＞iar | 一下儿 | 豆芽儿 | 纸匣儿 | | | |
| ua＞uar | 花儿 | 画儿 | 大褂儿 | | | |
| ian＞iar | 差点儿 | 聊天儿 | 馅儿 | 一点儿 | 拔尖儿 | 唱片儿 |
| | 单弦儿 | 刀片儿 | 扇面儿 | 耍心眼儿 | 死心眼儿 | |
| | 小心眼儿 | 相片儿 | 小辫儿 | 沿边儿 | 一丁点儿 | |
| | 照面儿 | 影片儿 | 照片儿 | | | |
| iang＞iar | 亮儿 | 像样儿 | 鼻梁儿 | | | |
| üan＞üar | 烟卷儿 | 出圈儿 | 铺盖卷儿 | 绕远儿 | | |
| uai、uan＞uar | 玩儿 | 闹着玩儿 | 一块儿 | 撒欢儿 | 好玩儿 | |
| ao＞aor | 好好儿 | 岔道儿 | 口哨儿 | 脑儿 | | |
| | 掌勺儿 | 早早儿 | 半道儿 | 招儿 | | |
| iao＞iaor | 面条儿 | 鸟儿 | 走调儿 | | | |
| e＞er | 这儿 | 个儿 | 饱嗝儿 | 模特儿 | 挨个儿 | |
| o＞or | 雪末儿 | 山坡儿 | 围脖儿 | | | |
| uo＞uor | 大伙儿 | 座儿 | 蝈蝈儿 | 做活儿 | | |
| ou＞our | 兜儿 | 老头儿 | 奔头儿 | 头头儿 | | |
| | 说头儿 | 死扣儿 | 两口儿 | 年头儿 | | |
| ü、ün＞ü：er | 蛐蛐儿 | 金鱼儿 | 毛驴儿 | 小曲儿 | 花裙儿 | |
| üe＞üer | 旦角儿 | 主角儿 | | | | |
| ie＞ier | 半截儿 | 藕节儿 | 一些儿 | 锅贴儿 | | |
| in、ing＞i：er | 人影儿 | 明儿 | 打鸣儿 | 电影儿 | 今儿 | 不得劲儿 |
| | 巧劲儿 | 送信儿 | 音儿 | 一个劲儿 | 一股劲儿 | |
| ei、en＞er | 走神儿 | 倍儿棒 | 串门儿 | 开刃儿 | 愣神儿 | 人儿 |
| | 嗓门儿 | 下本儿 | 有门儿 | | | |
| uei、uen＞uer | 这会儿 | 那会儿 | 跑腿儿 | 烟嘴儿 | 没味儿 | |
| | 一顺儿 | 没准儿 | 胖墩儿 | 冰棍儿 | | |

| eng>er | 板凳儿 | 麻绳儿 | 八成儿 |
| --- | --- | --- | --- |
| ong>or | 空儿 | 萤火虫儿 | |
| u>ur | 主儿 | 碎步儿 | |
| iou>iour | 一溜儿 | 中不溜儿 | 顶牛儿 | 拈阄儿 |
| i>i: er、-i（前）、-i（后）>er | | 肚脐儿 | 玩意儿 | 没事儿 |
| | 枪子儿 | 铜子儿 | 咬字儿 |

## （二）读准下列词语的儿化韵

本色儿 běnshǎir　　好好儿 hǎohāor　　拈阄儿 niānjiūr
拔尖儿 bájiānr　　冰棍儿 bīnggùnr　　老头儿 lǎotóur
豆角儿 dòujiǎor　　蝈蝈儿 guōguor　　纳闷儿 nàmènr
金鱼儿 jīnyúr　　墨水儿 mòshuǐr　　围脖儿 wéibór

一块儿 yīkuàir　　照片儿 zhàopiānr　　玩儿命 wánrmìng
起名儿 qīmíngr　　中间儿 zhōngjiànr　　小曲儿 xiǎoqǔr
片儿汤 piànrtāng　　一会儿 yīhuìr　　做活儿 zuòhuór
蒜瓣儿 suànbànr

## （三）绕口令练习

① 进了门儿，喝杯水儿，喝上两口运运气儿。顺手拿起小唱本儿，唱了一曲又一曲儿。练完了嗓子练嘴皮儿。绕口令，练字音儿，还用单弦儿弹支曲儿。小快板儿，大鼓词儿，越说越唱越得劲儿。

② 小姑娘，红脸蛋儿，红头绳儿，扎小辫儿，黑眼珠儿，滴溜儿转，手儿巧，心眼儿快，会做袜子会做鞋儿，能开地儿，能种菜儿，又会浇花儿又做饭儿。

③ 大路边有家小院儿，住着老头儿领着两个小孩儿。老头儿退休没事儿，在家养花儿、养猫儿、喂金鱼儿，有时逗着小鸟儿哼几句小曲儿。两个小孩儿爱骑小车儿在门口玩儿，后面拴个纸盒儿拉着石子儿。他俩骑着小车转圈儿，追着小猫儿唱歌儿，玩儿得真有趣儿，不小心踢倒了板凳儿打碎了花盆儿，吓得小猫儿跳上了窗台儿。老头儿瞪着小孩儿没好气儿，拿起竹竿儿撵小猫儿，小孩儿看着小猫儿不吱声儿，心里纳闷儿。

④ 咱这里大小马路分七段儿，九条胡同儿十道弯儿，工厂机关占一半儿，还有中学、小学、幼儿园儿。看病有医院儿，看戏有剧团儿。你问这小妞儿住在哪儿，肯定不会超出这个圈儿。只要她答上我问的话儿，准知道她家的街道门牌儿和号码儿。

# 第四节　语气词"啊"的变读

"啊"附着在句子的末尾是语气助词，由于跟前一个音节连读而受其末尾音素的合音影响，常常发生音变现象。

"啊"是音变的一种增音现象（包括同化增音和异化增音）。在不同的语音环境中，"啊"的读音有不同的变化形式，可用相应的汉字来表示。

# 一、"啊"的变读规律

表 7-2  "啊"的音变

| 前字韵腹或韵尾 +a | "啊"的音变 | 规范写法 | 举例 |
| --- | --- | --- | --- |
| a、o、e、i、ü、ê+a→ | ya | 呀 | 鸡呀、鱼呀、磨呀、鹅呀、写呀、他呀 |
| u+a→ | wa | 哇 | 苦哇、好哇 |
| n+a→ | na | 哪 | 难哪、新哪、弯哪 |
| ng+a→ | nga | 啊 | 娘啊、香啊、红啊 |
| -i（前）+a→ | za | 啊 | 次啊、死啊 |
| -i（后），er+a→ | ra | 啊 | 是啊、店小二啊 |

# 二、规律讲解

① 前面音节的末尾音素是 a、o、e、i、ü、ê 的，语气词"啊"读作 ya（呀）。如：
快去找他啊（tāya）！
你去说啊（shuōya）！
今天好热啊（rèya）！
你可要拿定主意啊（yìya）！
我来买些鱼啊（yúya）！
赶紧向他道谢啊（xièya）！
② 前面音节的末尾音素是 u（包括 ao、iao）的，语气词"啊"读作 wa（哇）。如：
你在哪里住啊（zhùwa）？
他人挺好啊（hǎowa）！
口气可真不小啊（xiǎowa）！
③ 前面音节的末尾音素是 n 的，语气词"啊"读作 na（哪）。如：
早晨的空气多清新啊（xīnna）！
多好的人啊（rénna）！
你猜得真准啊（zhǔnna）！
④ 前面音节的末尾音素是 ng 的，语气词"啊"读作 nga（啊）。如：
这幅图真漂亮啊（liàngnga）！
注意听啊（tīngnga）！
最近太忙啊（mángnga）！
⑤ 前面音节的末尾音素是 -i（前）的，语气词"啊"读作 za（啊）；前面音节的末尾

音素是-i（后）的，语气词"啊"读作 ra（啊）。如：

今天来回几次啊（cìza）！

你有什么事啊（shìra）！

你怎么撕了一地纸啊（zhǐra）！

## 三、读准下面句子中的"啊"

① 先生，拜托了，谢谢你啊。

② 这儿的景色多美啊 。

③ 天气好热啊！

④ 外面一片漆黑，好怕啊。

⑤ 这菜怎么这么老啊。

⑥ 那是你的朋友啊！

⑦ 我的好同志啊！

⑧ 别管，让他撕啊！

⑨ 你快开门啊！

⑩ 他睡得好香啊！

# 第八章 作品朗读

【内容提要】

本章共分三节，先介绍普通话水平测试中作品朗读测试的基本要求，再分析作品朗读测试的技巧，最后归纳作品朗读测试的注意事项。

## 第一节 朗读的基本要求

朗读，是把文字作品转化为有声语言的创作活动，也就是朗读者在理解作品的基础上用自己的语音塑造形象，反映生活，说明道理，再现作者思想感情的再创作过程。

在"普通话水平测试"中，朗读是对应试者普通话运用能力的一种综合检测形式。日常朗读活动中，决定朗读者朗读水平高低、朗读效果优劣的因素是多方面的。本章结合普通话水平测试试题来谈谈朗读的几个基本要求，目的是帮助应试者把握难点，减少失误，更好地发挥水平。

### 一、用普通话语音朗读

普通话朗读是一门学问，它除了要求应试者忠于作品原貌，不添字、漏字、改字外，还要求朗读时在声母、韵母、声调、轻声、儿化、音变以及语句的表达方式等方面，都符合普通话语音的规范。朗读一篇作品，如果连普通话都读不准确，甚至读错，就会影响听众对原文的理解，甚至会闹笑话。要使自己的朗读符合普通话的语音规范，必须在以下几方面下功夫。

① 注意普通话和方言的语音差异。

普通话和方言在语音上的差异，大多数情况下是有规律可循的。虽然规律之中往往又有一些例外，但是只要认真总结，多查字典和词典，找出差异，对比练习，不断反复，加强记忆，就能掌握正确的发音。在练习中，不仅要注意声、韵、调方面的差异，还要注意轻声词和儿化韵的学习。

② 注意多音字的读音。

一字多音是产生误读的重要原因之一,必须十分注意。多音字可以从两个方面去学习。第一类是音义各不相同的多音字,要根据不同的意义去记住不同的读音。第二类是义同音不同的多音字,要着重弄清它们不同的使用场合。这类多音字大多数情况是一个音使用场合"宽",一个音使用场合"窄",只要记住"窄"的就行了。

③ 注意形近或偏旁类推引起的误读。

由于字形相近而把甲字张冠李戴地读成乙字,这种误读十分常见。由偏旁本身的读音或者偏旁组成的较常用的字的读音,去类推一个生字的读音而引起误读,也很常见。所谓"秀才认字读半边",闹出笑话,就是指这种误读。

④ 注意异读词的读音。

普通话词汇中有一部分词(或词中的语素),意义相同或基本相同,但在习惯上有两种或几种不同的读法,这些词被称为"异读词"。为了规范这些读音,我们国家在20世纪50年代就组织了"普通话审音委员会",对普通话异读词的读音进行了审定。1985年,国家公布了《普通话异读词审音表》,要求全国文教、出版、广播及其他部门、行业所涉及的普通话异读词的读音、标音,均以这个新的审音表为准,从而达到读音规范的目的。(见本书附录D)

## 二、把握作品的基调

基调指作品的基本情调,即作品的总的态度、感情,总的色彩和分量。任何一篇作品,都会有一个统一完整的基调。朗读作品必须把握住作品的基调,因为作品的基调是一个整体概念,是层次、段落、语句中具体思想感情的综合表露。

要把握好基调,必须深入分析、理解作品的思想内容,力求从作品的体裁、主题、结构、语言,以及综合各种要素而形成的风格等方面入手,进行认真、充分和有效的解析,在此基础上,朗读者才能产生真实的感情,鲜明的态度,产生内在的、急于要表达的冲动。

只有经历这样一个复杂的过程,作品的思想才能成为朗读者的思想,作品的感情才能成为朗读者的感情,作品的语言表达才能成为朗读者要说的话。也只有经历这样一个复杂的过程,朗读者才能从作品思想内容出发,把握住基调。

## 第二节 朗读测试的主要技巧

朗读要有感情,有条理,从容自然,抑扬顿挫,要顺应作品思想感情的发展,不能矫揉造作,装腔作势,言不由衷,单调呆板。所以,要想朗读得好,除了理解作品的内容,把握作品的基调外,还要掌握和运用朗读技巧。朗读技巧包括停顿、重音、语速和语调等。

## 一、停 顿

朗读时,有些句子较短,按书面标点停顿就可以了。有些句子较长,结构也较复杂,句中虽没有标点符号,但为了表达清楚,中途也可以作些短暂的停顿。如果停顿不当就会破坏句子的结构,出现"读破句"。朗读测试中最忌"读破句",应试者要格外注意。

停顿主要有以下几种类型。

① 标点符号停顿。

标点符号是书面语言的停顿符号,也是朗读作品时语言停顿的重要依据。标点符号的停顿规律一般是句号、问号、感叹号、省略号的停顿时间略长于分号、破折号、连接号;分号、破折号、连接号的停顿时间又长于逗号、冒号;逗号、冒号的停顿时间又长于顿号、间隔号。另外,作品的段落之间停顿的时间要比一般的句号停顿时间长一些。

当然,以上停顿也不是绝对的,有时为了表达感情的需要,在没有标点的地方也可以停顿,在有标点的地方也可以不停顿。

② 语法停顿。

语法停顿是句子中间的自然停顿,往往是为了强调、突出句子中主语、谓语、宾语、定语、状语或补语而做的短暂停顿。学习语法有助于我们在朗读中正确地停顿、断句,不读破句,正确地表达作品的思想内容。

③ 感情停顿。

感情停顿不受书面标点和句子语法关系的制约,完全根据感情或心理的需要作停顿处理。它受感情支配,根据感情的需要决定停与不停。它的特点是声断而情不断,或者说声断情连。

## 二、重　　音

重音指那些在表情达意上起重要作用的字、词或短语,在朗读时要加以强调的技巧。重音是通过声音的强调来突出意义的,能给色彩鲜明、形象生动的词增加分量。重音主要有以下几种情况。

① 语法重音。

语法重音是按语言习惯自然重读的音节,这些重读音节大都是按照平时的语言规律确定的。一般来说,语法重音不带特别强调的色彩。

② 强调重音。

强调重音不受语法制约,它是根据语句所要表达的重点决定的,它受应试者的意愿制约,在句子中的位置不固定。强调重音的作用在于揭示语言的内在含义。由于表达目的的不同,强调重音会落在不同的词语上,所揭示的含义也就不同,表达效果也不一样。

③ 感情重音。

感情重音可以使朗读的作品色彩丰富,充满生气,有较强的感染力。

## 三、语　　速

应试者在朗读时,适当掌握朗读的快慢,可以营造作品的情绪和气氛,增强语言表达效果。朗读的速度取决于作品的内容和体裁,其中内容是主要的。

① 根据内容掌握语速。

朗读时的语速须与作品的情境相适应，根据作品的思想内容、故事情节、人物个性、环境背景、感情语气、语言特色来处理。当然，语速的快慢在一篇作品中并不是一成不变的，它要根据具体的内容而有所变化。

② 根据体裁掌握语速。

国家语言文字工作委员会普通话培训测试中心编制的《普通话水平测试实施纲要》共选编60篇朗读作品，保证了作品难易程度和评分标准的一致性，选读任何一篇作品都能基本反映应试人的朗读水平。应试者应该合理把握朗读速度，语流流畅，从容自若。一般来说，记事作品可以读得快些，记言作品则要读得慢一些。

## 四、语　　调

语调指语句里声音高低升降的变化，其中以结尾的升降变化最为重要，通常和句子的语气紧密结合。应试者在朗读时，如能注意语调的升降变化，语音就有了动听的腔调，听起来便具有音乐美，也就能够更细致地表达不同的思想感情。语调变化多端，主要有以下几种。

① 高升调（升调）。

高升调通常在疑问句、反诘句、短促的命令句，或者在表示愤怒、紧张、警告、号召的句子里使用。朗读时应注意前低后高，语气上扬。

② 降抑调（降调）。

降抑调一般用在感叹句、祈使句或表示坚决、自信、赞扬、祝愿等感情的句子里。表达沉痛、悲愤的感情，一般也用这种语调。朗读时应注意调子逐渐由高降低，末字低而短。

③ 平直调（平调）。

平直调一般用在叙述、说明或表示迟疑、思索、冷淡、追忆、悼念等的句子里。朗读时始终平直舒缓，没有显著的高低变化。

④ 曲折调（曲调）。

曲折调用于表示特殊的感情，如讽刺、讥笑、夸张、强调、双关、惊异等。朗读时由高而低后又高，把句子中某些特殊的音节特别加重、加高或拖长，形成升降曲折的变化。

# 第三节　作品朗读测试的注意事项

## 一、作品朗读测试的基本要求

普通话水平测试第三大题是作品朗读，朗读测试主要考查应试者用普通话朗读书面材料的水平，重点考查语音、连续音变（如上声、"一""不"的音变）、语调（语气）、停顿等项目。

朗读测试以抽签方式确定朗读篇目（见附录C，作品1—60号），朗读时间为4分钟，以应试者所读作品的前400个音节为检测范围（注：每篇作品第400个音节后均有"//"标志），但语调、语速的考查是贯穿全篇的。因此，应试者在备考准备过程中应把每篇作品作为一个整体来练习和掌握。

普通话水平测试中，作品朗读测试的基本要求是：准确、熟练运用普通话，做到读音（声、韵、调）准确，吐字清晰，语流音变正确；领会作品内容，准确把握作品思想感情；忠实于原作品，不添字、不丢字、不改字；语调自然，停、连恰当，重音处理正确，语速快慢得当。

## 二、作品朗读测试的注意事项

### （一）把朗读和朗诵区别开来

朗读的重点是对语音、停顿、语调、语速等要素技巧的把握。朗诵则要求在准确的基础上把握好作品的感情，使用声高、语速、气声等多种艺术手法，将作者的情感艺术地表达出来，着眼点是情感。

普通话水平测试的目的是考查应试者普通话的水平，而不是考查艺术朗诵的水平。有的人可能会说，如果能将作品的感情艺术地表达出来，岂不是更好吗？问题是，绝大多数应试者的普通话水平和艺术朗诵的水平并不是很高，如果过多地注意感情和艺术表达手法，很可能会忽视或影响语音的准确，在朗读测试中出现不必要的失分。

因此，在朗读练习和测试中，一定要把注意力放在语音的准确上面，千万不要过多地投入感情进行艺术朗诵。

### （二）注重语音的准确和朗读的流畅

作品朗读练习过程中，应给不认识或不能确定读音的字注上音，给在语流中发生音变的词语注上音，给多音的字词注上音，以免出现语音错误。

朗读者还应该根据自己方言的特点，对平时容易读错的声母、韵母或字词，进行正音练习。如粤语方言区的人应注意舌尖后音zh、ch、sh和舌尖前音z、c、s的区别，客家方言区的人要注意i和ü、f和h的区别，潮汕方言区的人注意前、后鼻韵母的区别，不要将前鼻韵母an、en、in读成后鼻韵母ang、eng、ing。在普通话水平测试时，应试者每出现一次语音错误（音节读音错误或音变错误），就会扣除0.1分。

### （三）注意语音停顿

一般来说，段与段之间停顿最长，句号的停顿次之，逗号的停顿又次之，顿号的停顿最短。

此外，没有标点符号的整个句子中有时也需要适当停顿。比较好的办法是，在平时练习时将应该停顿的地方打上停顿记号"│"和"∧"，"│"表示较短的停顿，"∧"表示较长的停顿。例如："我记得∧妈有一次│叫他教我骑自行车"。

停顿的位置应该根据意群以及句子成分的划分来确定，以不破坏意思的完整性为前提。

否则,应试者在普通话水平测试时将被认为停顿不当而失分。

### (四)克服方言语调

朗读语调的构成比较复杂。一般说来,跟语调相关的因素包括语流中的声调、上声连续、"一""不"的变调、轻声、语气词的使用、句末的升降调、轻重模式等。具体的训练可以分三步进行。

首先,将朗读作品中的轻声、儿化、音变和各种助词、语气词等难点字词标注出来单独练习,尽可能背得滚瓜烂熟。

其次是整合练习,即以句子以至句群为单位进行练习,注意词、词组乃至句子的轻重模式,注意句子的语调等。开始训练时可以用一些符号注明,如"雨是最↘寻常的,一下就是三↘两天。"其中"·"表示重读,"－"表示轻读,"↘"表示降调。如果不分轻重,或是将应该轻读的重读,将应该重读的轻读,听起来就有明显的方言语调了,普通话测试时也会因此失分。

最后一步是全篇朗读。方言语调是一个较难解决的问题。有的人单独念某一个词语没有问题,整篇文章一念就有明显的方言腔调。因此,练习时应从整体上严格要求,时刻注意培养普通话的语感。

### (五)注意控制语速

普通话水平测试中,作品朗读测试对语速的要求是读400个音节,时限为4分钟。如果读得太慢超时了,会被适当扣分。如果朗读速度太快,又会影响朗读的准确性和表达的清晰程度。因此,在作品朗读训练时应该注意朗读速度要适中。

### (六)不要回读

普通话水平测试作品朗读开始后,如果出现了漏读或错读,不要回过头去再读一遍。按测试评分要求,每回读一个音节,按读错一个音节扣分。不少应试者了解这个规则,但一到朗读测试时,还是出现回读现象,并因此失分。因此,在作品朗读训练过程中,要养成不回读的习惯。

# 第九章
# 命题说话

【内容提要】

本章主要介绍普通话水平测试中命题说话测试的目的和要求，以及应对命题说话测试的技巧和注意事项。

普通话水平测试的第四大题是命题说话，以应试者抽选的试卷中所列的话题为选项，应试者挑任一话题即时表述，限时3分钟，主要考查应试者在没有文字依凭的情况下说普通话的能力和所能达到的规范程度。和作品朗读相比，命题说话可以更有效地考查应试者在自然状态下运用普通话语音、词汇、语法的能力。因为普通话水平测试的前三题（字、词、作品）是依照文字念和读，应试者并不主动参与词语和句式的选择，因此，命题说话测试最能全面体现应试者普通话的真实水平。

## 一、命题说话测试的目的和要求

话题说话指根据一定的话题或情境当众即兴讲说。在普通话水平测试中，它是检测应试者运用普通话的综合能力的项目。

按照国家语委《普通话水平测试实施纲要》的规定，命题说话在测试中所占分值最大，达40分，这表明普通话水平测试的主要目的，是为了提高应试者运用普通话进行口语交际的能力。因为命题说话是应试者在测试过程中即时说话，没有任何文字依据，因此能全面考查应试者日常的组词造句能力和普通话的表达运用能力，这种测试方式体现出的普通话水平是真实可信的。它不仅能反映应试者语音的标准、流畅程度，也能显示应试者的语文能力和水平，还可以展示出应试者的心理素质和应变能力。

普通话水平测试中，命题说话测试的基本要求如下：

① 普通话语音标准，声、韵、调无误，词汇、语法规范。
② 语调自然，表达流畅，能正确处理轻声、变调等音变现象。
③ 紧扣话题，中心突出，条理清晰。
④ 语速适度，语句连贯。

⑤ 心态从容，稳定放松。

## 二、命题说话测试注意事项

普通话水平测试中，命题说话测试与作品朗读测试相比较，在语音、语速、表述上都有相同之处，两道大题的着重点都是语音准确、表达流畅、停顿适当，注意控制语速、克服方言语调等，所以不要把一般表述弄成艺术朗诵。

当然，命题说话又不同于作品朗读，命题说话类似于临场发挥的口头作文，构思、表达更要小心谨慎。

第一，命题说话表述要规范。

命题说话测试中，说错了（语音、词汇、语法或表达不当等）可以纠正，说漏了可以回过头去补充。由于是应试者自己组织生成话语，词汇、语法的规范就显得非常重要。一些应试者作品朗读的分数较好，但命题说话测试成绩不理想，主要原因是在没有文字依据的表述中，出现了一些方言词汇或方言语法现象，如"我每天在302课室上课""家乡的冬天冷过广州"等。有的应试者在说话时注意了语音准确，但忽视了词汇、语法规范，这些都造成命题说话不规范，从而失分。

第二，命题说话表达要流畅。

命题说话和作品朗读都要求表达流畅，命题说话更难以把握。在平时训练和正式测试时一定要仔细，不要结巴，不要过多地重复，语流中不要有较长的停顿。同时，还要避免背诵稿件的倾向。有的应试者考试前写好稿子，测试时背一遍就算了。这就不是一般的说话了，显得很不自然，也会失分。

第三，命题说话内容要充足。

命题说话测试时，要求应试者说话时长为 3 分钟，不足 3 分钟要扣分。应试者在测试时应根据自己的思路有条理地表达，千万不要因为担心时间问题而随意中断自己的说话。在平时训练中可以多准备些内容和素材，采取宁长勿短的方法，因为说话测试的重点是应试者普通话的运用能力和整体状况，内容说不完甚至只说了一半也不会扣分。

在平时的命题说话训练中，应试者可将 30 则题目（附后）进行分类，将内容相近或相似的归为一类，触类旁通，在一定程度上减少重复劳动，以达到事半功倍的效果。每一类题目应有一个总体构思，可能的话先写一个简单提纲，主要讲哪些内容，先讲什么，后讲什么，做到心中有数。此外，在命题说话训练时可以辅以录音，以便自我评价和自我调整。平时训练命题说话时应始终注意语音准确，话语流畅、自然，词汇、语法规范。

不少人在命题说话时过于紧张，说得太快，无法把握时间和节奏。为避免发生这种情况，可以在练习时一边说一边听自己说的话，即监听自己的话语，这样既可以控制语速，又可以随时发现问题，纠正语音、词汇、语法的错误，调整后面的话语。

此外，每位应试者参加普通话水平测试，在抽取试卷后，有 10 分钟的备考时间。这时应试者应尽快理清思路，思考选中的命题，在脑海中快速列出说话提纲，在心里默说一遍素材内容。在进入考场后，就要克服怯场心理，坦然大方地将准备好的话题内容讲述出来。

## 三、普通话水平测试话题 30 则

1. 我的愿望（或理想）
2. 我的学习生活
3. 我最尊敬的人
4. 我喜爱的动物（或植物）
5. 童年的记忆
6. 我喜爱的职业
7. 难忘的旅行
8. 我的朋友
9. 我喜爱的文学（或其他）艺术形式
10. 谈谈卫生与健康
11. 我的业余生活
12. 我喜欢的季节
13. 学习普通话的感受
14. 谈谈服饰
15. 我的假日生活
16. 我的成长之路
17. 谈谈科技发展与社会生活
18. 我知道的风俗
19. 我和体育
20. 我的家乡（或熟悉的地方）
21. 谈谈美食
22. 我喜欢的节日
23. 我所在的集体（学校、机关、公司）
24. 谈谈社会公德（或职业道德）
25. 谈谈个人修养
26. 我喜欢的明星（或其他知名人士）
27. 我喜爱的书刊
28. 谈谈对环境保护的认识
29. 我向往的地方
30. 购物（消费）的感受

# 第十章
# 样卷训练

【内容提要】

本章着重介绍 12 套普通话水平测试样卷，旨在帮助学生熟悉考试题型，了解考试步骤，把握难易程度，并通过自我模拟和自我检测反复纠错，反复训练，不断提高普通话运用能力，以顺利通过普通话水平测试。

前面 9 章解析了普通话语音的系统知识，本章着重介绍普通话水平测试模拟样卷，便于学生把握各自的学习和考试节奏。

普通话水平测试主要包含四道题型，涉及字、词、作品和说话，具体要求如下：

第一题，读单音节字词（100 个音节，不含轻声、儿化音节），限时 3.5 分钟，共 10 分。本大题的目的是，测查应试人声母、韵母、声调读音的标准程度。

第二题，读多音节词语（100 个音节），限时 2.5 分钟，共 20 分。本大题的目的是，测查应试人声母、韵母、声调和变调、轻声、儿化读音的标准程度。

第三题，朗读短文（1 篇，400 个音节），限时 4 分钟，共 30 分。本大题的目的是，测查应试人使用普通话朗读书面作品的水平。在测查声母、韵母、声调读音标准程度的同时，重点测查连读音变、停连、语调以及流畅程度。

第四题，命题说话，限时 3 分钟，共 40 分。本大题的目的是，测查应试人在无文字凭借的情况下说普通话的水平，重点测查语音标准程度、词汇语法规范程度和自然流畅程度。

# 普通话水平测试样卷一

## 一、读单音节字词（每个音节0.1分，共10分，限时3.5分钟）

| | | | | | | | | | |
|---|---|---|---|---|---|---|---|---|---|
| 蹦 | 耍 | 德 | 扰 | 直 | 返 | 凝 | 秋 | 淡 | 丝 |
| 炯 | 粗 | 袄 | 瓮 | 癣 | 儿 | 履 | 告 | 筒 | 猫 |
| 囊 | 驯 | 辱 | 蝶 | 拴 | 来 | 顶 | 墩 | 忙 | 哀 |
| 雯 | 果 | 憋 | 捺 | 装 | 群 | 精 | 唇 | 亮 | 馆 |
| 符 | 肉 | 梯 | 船 | 溺 | 北 | 剖 | 民 | 邀 | 旷 |
| 暖 | 快 | 洒 | 除 | 缺 | 杂 | 搜 | 税 | 脾 | 锋 |
| 日 | 贼 | 孔 | 哲 | 许 | 尘 | 谓 | 忍 | 填 | 颇 |
| 残 | 涧 | 穷 | 歪 | 雅 | 捉 | 凑 | 怎 | 虾 | 冷 |
| 躬 | 莫 | 虽 | 娟 | 挖 | 伙 | 聘 | 英 | 条 | 笨 |
| 敛 | 墙 | 岳 | 黑 | 巨 | 访 | 身 | 毁 | 郑 | 浑 |

## 二、读多音节词语（每个音节0.2分，共20分，限时2.5分钟）

| | | | | | | |
|---|---|---|---|---|---|---|
| 损坏 | 昆虫 | 兴奋 | 恶劣 | 挂帅 | 针鼻儿 | 排斥 |
| 采取 | 利索 | 荒谬 | 少女 | 电磁波 | 愿望 | 恰当 |
| 若干 | 加塞儿 | 浪费 | 苦衷 | 降低 | 夜晚 | 小熊儿 |
| 存留 | 上午 | 按钮 | 佛教 | 新娘 | 逗乐儿 | 全面 |
| 包括 | 不用 | 培养 | 编纂 | 扎实 | 推测 | 吵嘴 |
| 均匀 | 收成 | 然而 | 满口 | 怪异 | 听话 | 大学生 |
| 发作 | 侵略 | 钢铁 | 孩子 | 光荣 | 前仆后继 | |

## 三、朗读（30分，限时4分钟）：作品29号

## 四、说话（40分，限时3分钟）

1. 我喜欢的职业
2. 购物（消费）的感受

# 普通话水平测试样卷二

## 一、读单音节字词（每个音节0.1分，共10分，限时3.5分钟）

| | | | | | | | | |
|---|---|---|---|---|---|---|---|---|
| 卧 | 乌 | 纱 | 悔 | 掠 | 酉 | 终 | 撤 | 甩 | 蓄 |
| 秧 | 四 | 仍 | 叫 | 台 | 婶 | 贼 | 耕 | 半 | 掐 |
| 布 | 癣 | 翁 | 弱 | 刷 | 允 | 床 | 改 | 逃 | 春 |
| 驳 | 纯 | 导 | 棒 | 伍 | 知 | 末 | 枪 | 蹦 | 虽 |
| 港 | 评 | 犬 | 课 | 谁 | 炯 | 循 | 纺 | 拴 | 李 |
| 赛 | 捡 | 梯 | 呕 | 绳 | 揭 | 陇 | 搓 | 二 | 棉 |
| 桩 | 皿 | 宋 | 狭 | 内 | 啃 | 字 | 环 | 州 | 秒 |
| 抛 | 代 | 关 | 停 | 祛 | 德 | 孙 | 旧 | 崔 | 凝 |
| 烈 | 倪 | 荆 | 擒 | 案 | 砸 | 垮 | 焚 | 帝 | 聊 |
| 颠 | 涌 | 牛 | 汝 | 粤 | 篇 | 竹 | 草 | 迟 | 泛 |

## 二、读多音节词语（每个音节0.2分，共20分，限时2.5分钟）

| | | | | | | |
|---|---|---|---|---|---|---|
| 参考 | 工厂 | 船长 | 发烧 | 艺术家 | 嘟囔 | 聪明 |
| 黄瓜 | 她们 | 效率 | 红军 | 别针儿 | 煤炭 | 责怪 |
| 大娘 | 喷洒 | 保温 | 产品 | 佛学 | 童话 | 男女 |
| 做活儿 | 缘故 | 谬论 | 穷困 | 今日 | 完整 | 决定性 |
| 斜坡 | 疲倦 | 爱国 | 能量 | 英雄 | 口罩儿 | 让位 |
| 叶子 | 封锁 | 核算 | 而且 | 转脸 | 人群 | 飞快 |
| 牙签儿 | 丢掉 | 往来 | 罪恶 | 首饰 | 此起彼伏 | |

## 三、朗读（30分，限时4分钟）：作品38号

## 四、说话（40分，限时3分钟）

1. 我向往的地方　2. 我喜欢的明星

# 普通话水平测试样卷三

## 一、读单音节字词（每个音节 0.1 分，共 10 分，限时 3.5 分钟）

| 哑 | 铸 | 染 | 亭 | 后 | 换 | 敬 | 疮 | 游 | 乖 |
| 仲 | 君 | 凑 | 稳 | 掐 | 酱 | 椰 | 铂 | 峰 | 账 |
| 焦 | 碰 | 暖 | 扑 | 龙 | 碍 | 离 | 鸟 | 瘸 | 密 |
| 承 | 滨 | 盆 | 专 | 此 | 艘 | 雪 | 肥 | 熏 | 硫 |
| 宣 | 表 | 嫡 | 迁 | 套 | 滇 | 砌 | 藻 | 刷 | 坏 |
| 虽 | 滚 | 杂 | 倦 | 垦 | 屈 | 所 | 惯 | 实 | 扯 |
| 栽 | 额 | 屡 | 弓 | 拿 | 物 | 粉 | 葵 | 躺 | 肉 |
| 铁 | 日 | 帆 | 萌 | 寡 | 猫 | 窘 | 内 | 雄 | 伞 |
| 蛙 | 葬 | 夸 | 戴 | 罗 | 并 | 摧 | 狂 | 饱 | 魄 |
| 而 | 沈 | 贤 | 润 | 麻 | 养 | 盘 | 自 | 您 | 虎 |

## 二、读多音节词语（每个音节 0.2 分，共 20 分，限时 2.5 分钟）

| 勾画 | 刚才 | 松软 | 半截儿 | 穷人 | 吵嘴 | 乒乓球 |
| 少女 | 篡夺 | 牛顿 | 沉默 | 富翁 | 傻子 | 持续 |
| 佛像 | 被窝儿 | 全部 | 乳汁 | 对照 | 家伙 | 灭亡 |
| 连绵 | 小腿 | 原则 | 外国 | 戏法儿 | 侵略 | 咏叹调 |
| 愉快 | 撒谎 | 下来 | 昆虫 | 意思 | 声明 | 患者 |
| 未曾 | 感慨 | 老头儿 | 群体 | 红娘 | 觉得 | 排演 |
| 赞美 | 运输 | 抓紧 | 儿童 | 症状 | 机灵 | 昂首 |

## 三、朗读（30 分，限时 4 分钟）：作品 30 号

## 四、说话（40 分，限时 3 分钟）

1. 我知道的风俗　　2. 谈谈科技发展与社会生活

# 普通话水平测试样卷四

## 一、读单音节字词（每个音节0.1分，共10分，限时3.5分钟）

| | | | | | | | | | |
|---|---|---|---|---|---|---|---|---|---|
| 老 | 腮 | 洽 | 恩 | 曹 | 刷 | 恒 | 踪 | 夏 | 拨 |
| 闽 | 建 | 娶 | 捉 | 肥 | 病 | 苦 | 扬 | 外 | 子 |
| 糠 | 嫌 | 略 | 耳 | 颇 | 陈 | 袜 | 体 | 爱 | 戳 |
| 蒋 | 贼 | 迅 | 鳖 | 日 | 举 | 叨 | 述 | 习 | 窦 |
| 枝 | 裙 | 睐 | 宾 | 瑟 | 仍 | 苑 | 推 | 皱 | 感 |
| 砸 | 手 | 汪 | 寡 | 浓 | 羽 | 雄 | 劝 | 丰 | 幻 |
| 腾 | 盏 | 怀 | 广 | 烦 | 若 | 掌 | 鹿 | 曰 | 磁 |
| 积 | 篾 | 隋 | 关 | 嘱 | 耐 | 麻 | 涌 | 惹 | 挥 |
| 领 | 瓢 | 久 | 兰 | 靠 | 团 | 窘 | 谜 | 滚 | 方 |
| 盆 | 妙 | 屯 | 丢 | 偿 | 宴 | 嘴 | 栓 | 宝 | 捏 |

## 二、读多音节词语（每个音节0.2分，共20分，限时2.5分钟）

| | | | | | | | |
|---|---|---|---|---|---|---|---|
| 电压 | 火候 | 争论 | 拥有 | 难怪 | 被窝儿 | 维持 | |
| 跨度 | 谬误 | 贫穷 | 资格 | 媒人 | 规律 | 钢铁 | |
| 情况 | 客气 | 军阀 | 名称 | 教师 | 缺少 | 从而 | |
| 好歹 | 乡村 | 佛寺 | 合作社 | 新娘 | 上层 | 跳高儿 | |
| 东欧 | 撒开 | 选拔 | 妇女 | 小瓮儿 | 云端 | 头脑 | |
| 决定性 | 温柔 | 诊所 | 疲倦 | 水灾 | 蒜瓣儿 | 昂然 | |
| 状态 | 处理 | 临终 | 专家 | 凉快 | 潜移默化 | | |

## 三、朗读（30分，限时4分钟）：作品18号

## 四、说话（40分，限时3分钟）

1. 我的学习生活　　2. 我喜欢的节日

# 普通话水平测试样卷五

## 一、读单音节字词（每个音节 0.1 分，共 10 分，限时 3.5 分钟）

| | | | | | | | | | |
|---|---|---|---|---|---|---|---|---|---|
| 券 | 允 | 凡 | 笋 | 拴 | 雪 | 负 | 搜 | 最 | 禾 |
| 谬 | 帮 | 灭 | 郭 | 绒 | 窃 | 许 | 刀 | 虫 | 恨 |
| 零 | 些 | 字 | 清 | 法 | 炉 | 娟 | 夺 | 产 | 词 |
| 扔 | 浴 | 擦 | 挑 | 闭 | 支 | 楼 | 姜 | 甩 | 雄 |
| 窄 | 驳 | 炯 | 旁 | 歪 | 蹦 | 偏 | 辱 | 方 | 条 |
| 嫁 | 鸟 | 盘 | 扯 | 纳 | 短 | 昂 | 镁 | 您 | 袜 |
| 押 | 贼 | 蜂 | 袄 | 团 | 逗 | 雷 | 够 | 脊 | 筐 |
| 讼 | 伸 | 稿 | 破 | 遣 | 廊 | 裘 | 跃 | 酌 | 光 |
| 凝 | 眯 | 怒 | 香 | 史 | 搔 | 僻 | 艇 | 刷 | 往 |
| 钓 | 孔 | 殿 | 水 | 而 | 改 | 宽 | 魂 | 蹭 | 枕 |

## 二、读多音节词语（每个音节 0.2 分，共 20 分，限时 2.5 分钟）

| | | | | | | |
|---|---|---|---|---|---|---|
| 沙漠 | 穷苦 | 主人翁 | 肚脐儿 | 红娘 | 设备 | 似乎 |
| 旋转 | 平民 | 接洽 | 群落 | 包涵 | 去年 | 干脆 |
| 日益 | 障碍 | 测量 | 婴儿 | 开玩笑 | 铁索 | 脑子 |
| 配偶 | 作怪 | 伤员 | 利撰 | 打垮 | 痛快 | 略微 |
| 邮戳儿 | 创造 | 票据 | 苍白 | 沸腾 | 佛经 | 酒盅儿 |
| 坚持 | 整个 | 霜冻 | 分成 | 先生 | 绿化 | 角色 |
| 温柔 | 导体 | 扇面儿 | 宾馆 | 循环 | 下跌 | 困难 |

## 三、朗读（30 分，限时 4 分钟）：作品 26 号

## 四、说话（40 分，限时 3 分钟）

1. 我喜爱的书刊　　2. 谈谈对环境保护的认识

# 普通话水平测试样卷六

## 一、读单音节字词（每个音节 0.1 分，共 10 分，限时 3.5 分钟）

| | | | | | | | | | |
|---|---|---|---|---|---|---|---|---|---|
| 蛇 | 洼 | 构 | 产 | 败 | 报 | 耗 | 隔 | 软 | 无 |
| 册 | 痴 | 月 | 旁 | 乖 | 内 | 癣 | 恰 | 袄 | 香 |
| 抖 | 腊 | 许 | 陪 | 脚 | 题 | 翁 | 鼻 | 跨 | 诀 |
| 态 | 栓 | 气 | 茧 | 方 | 痕 | 捅 | 之 | 臀 | 江 |
| 砸 | 狱 | 霞 | 腮 | 自 | 窘 | 嫩 | 镭 | 反 | 梭 |
| 彩 | 珠 | 炒 | 窝 | 耍 | 坑 | 拟 | 遍 | 群 | 孔 |
| 疗 | 推 | 堵 | 霖 | 捐 | 死 | 槐 | 墓 | 搓 | 扭 |
| 疮 | 儿 | 蔫 | 用 | 偶 | 冰 | 婆 | 邓 | 允 | 怯 |
| 捧 | 刘 | 铁 | 挥 | 吭 | 鸣 | 罪 | 逢 | 对 | 公 |
| 让 | 貂 | 磬 | 然 | 装 | 虫 | 摸 | 靠 | 蚕 | 面 |

## 二、读多音节词语（每个音节 0.2 分，共 20 分，限时 2.5 分钟）

| | | | | | | | |
|---|---|---|---|---|---|---|---|
| 规矩 | 作家 | 核算 | 战略 | 增强 | 谩骂 | 细菌 |
| 篡改 | 火锅儿 | 履行 | 魅力 | 英雄 | 穷尽 | 飞船 |
| 动画片 | 丧失 | 钟表 | 衰弱 | 拳头 | 红娘 | 佛法 |
| 腐朽 | 医院 | 政委 | 确定 | 从此 | 天鹅 | 因而 |
| 贫困 | 脖颈儿 | 尿素 | 节日 | 有趣 | 爽朗 | 来往 |
| 认真 | 稳当 | 寻找 | 热爱 | 分裂 | 葡萄糖 | 报酬 |
| 黑暗 | 门口儿 | 拍子 | 不快 | 吹奏 | 典雅 | 大褂儿 |

## 三、朗读（30 分，限时 4 分钟）：作品 4 号

## 四、说话（40 分，限时 3 分钟）

1. 难忘的旅行　　2. 谈谈服饰

# 普通话水平测试样卷七

## 一、读单音节字词（每个音节0.1分，共10分，限时3.5分钟）

| 眠 | 表 | 煤 | 劣 | 恩 | 乃 | 丢 | 按 | 曰 | 烫 |
| 取 | 洲 | 水 | 盒 | 犬 | 射 | 砍 | 鬓 | 姚 | 滩 |
| 甩 | 动 | 囊 | 浸 | 卵 | 困 | 押 | 顾 | 雅 | 愣 |
| 槽 | 座 | 吻 | 升 | 德 | 喘 | 疲 | 三 | 巡 | 叮 |
| 墙 | 次 | 团 | 捏 | 贼 | 广 | 荣 | 癣 | 仪 | 怕 |
| 朽 | 菊 | 缩 | 柔 | 丝 | 纷 | 卒 | 欠 | 蒸 | 迷 |
| 梁 | 崔 | 怎 | 榻 | 宠 | 君 | 苦 | 怀 | 翁 | 纸 |
| 齐 | 挂 | 斜 | 登 | 袍 | 闰 | 绝 | 拍 | 炯 | 缫 |
| 莫 | 桶 | 拙 | 嫩 | 刚 | 扯 | 报 | 马 | 吠 | 刷 |
| 环 | 仿 | 日 | 汪 | 用 | 诸 | 罢 | 岭 | 播 | 二 |

## 二、读多音节词语（每个音节0.2分，共20分，限时2.5分钟）

| 为了 | 森林 | 篡改 | 夸张 | 华贵 | 手绢儿 | 舞女 |
| 侵略 | 创造性 | 翱翔 | 描述 | 下降 | 撒开 | 仿佛 |
| 猫头鹰 | 完备 | 快艇 | 叛变 | 灰色 | 皎洁 | 功能 |
| 状元 | 然而 | 彼此 | 恰如 | 培育 | 丰硕 | 酒盅儿 |
| 红火 | 迫使 | 油田 | 群体 | 上课 | 贫穷 | 牛顿 |
| 撒谎 | 胸脯 | 程序 | 翅膀 | 农村 | 在这儿 | 外力 |
| 大娘 | 底子 | 命运 | 爱国 | 展览 | 刀刃儿 | 缺乏 |

## 三、朗读（30分，限时4分钟）：作品41号

## 四、说话（40分，限时3分钟）：

1. 我的朋友　　2. 我喜爱的文学艺术形式

# 普通话水平测试样卷八

## 一、读单音节字词（每个音节0.1分，共10分，限时3.5分钟）

| 墙 | 换 | 戳 | 告 | 蹄 | 庄 | 陕 | 控 | 娃 | 段 |
| 锥 | 百 | 逆 | 瞥 | 添 | 壤 | 究 | 群 | 法 | 残 |
| 揩 | 末 | 厅 | 裂 | 宣 | 耳 | 瞎 | 瘦 | 温 | 揍 |
| 蹦 | 晚 | 察 | 吞 | 持 | 比 | 昧 | 孙 | 日 | 脖 |
| 总 | 徐 | 粗 | 随 | 奉 | 汝 | 劝 | 黑 | 定 | 皆 |
| 谬 | 夺 | 享 | 杂 | 捞 | 滑 | 死 | 德 | 坏 | 此 |
| 瞧 | 女 | 冻 | 鸟 | 及 | 好 | 罐 | 砂 | 扯 | 逛 |
| 粉 | 狼 | 抄 | 锦 | 绳 | 窘 | 驻 | 撅 | 或 | 揉 |
| 冢 | 忙 | 连 | 新 | 牙 | 藕 | 蕴 | 贴 | 吾 | 永 |
| 歪 | 逆 | 篇 | 尝 | 坎 | 鳌 | 筛 | 本 | 绫 | 勉 |

## 二、读多音节词语（每个音节0.2分，共20分，限时2.5分钟）

| 背后 | 特别 | 冲刷 | 战略 | 农民 | 胆固醇 | 馒头 |
| 浅显 | 加速 | 所有制 | 疲倦 | 标准 | 佛教 | 红娘 |
| 飞船 | 恰好 | 夸张 | 配套 | 扎实 | 藏身 | 快乐 |
| 双方 | 明确 | 军队 | 未来 | 四周 | 挨个儿 | 英雄 |
| 跳蚤 | 力量 | 胡同儿 | 蜗牛 | 昂贵 | 仍然 | 原因 |
| 底子 | 难怪 | 小鞋儿 | 麻醉 | 篡改 | 穷人 | 富翁 |
| 雨点儿 | 遵循 | 何况 | 上层 | 陡坡 | 轻而易举 | |

## 三、朗读（30分，限时4分钟）：作品48号

## 四、说话（40分，限时3分钟）

　　1.童年的记忆　　2.谈谈卫生与健康

# 普通话水平测试样卷九

## 一、读单音节字词（每个音节0.1分，共10分，限时3.5分钟）

| 云 | 阅 | 典 | 儿 | 馨 | 寡 | 裙 | 黑 | 藤 | 佩 |
| 陵 | 字 | 层 | 日 | 忙 | 软 | 抠 | 腐 | 囚 | 她 |
| 醒 | 凑 | 除 | 钵 | 防 | 摸 | 扭 | 毛 | 俊 | 投 |
| 象 | 拖 | 洒 | 瞟 | 告 | 沦 | 袋 | 丙 | 锐 | 耍 |
| 环 | 筛 | 捧 | 碎 | 癖 | 腔 | 选 | 农 | 居 | 砸 |
| 吃 | 甲 | 四 | 迎 | 费 | 淤 | 我 | 歌 | 栋 | 淮 |
| 某 | 棕 | 违 | 爽 | 瞥 | 旺 | 僧 | 磷 | 炯 | 摔 |
| 道 | 杯 | 决 | 帐 | 鼓 | 债 | 粗 | 但 | 女 | 延 |
| 问 | 离 | 钓 | 犬 | 闹 | 苗 | 诊 | 猎 | 染 | 澈 |
| 肯 | 塘 | 沾 | 癌 | 洽 | 庵 | 笨 | 胸 | 准 | 光 |

## 二、读多音节词语（每个音节0.2分，共20分，限时2.5分钟）

| 快乐 | 丢人 | 小瓮儿 | 含量 | 村庄 | 开花 | 灯泡儿 |
| 红娘 | 特色 | 荒谬 | 而且 | 定额 | 观赏 | 部分 |
| 侵略 | 捐税 | 收缩 | 鬼脸 | 趋势 | 拐弯儿 | 内容 |
| 若干 | 爆发 | 原材料 | 创办 | 抓紧 | 盛怒 | 运用 |
| 美景 | 面子 | 压迫 | 必需品 | 佛学 | 一直 | 启程 |
| 棒槌 | 山峰 | 罪孽 | 刺激 | 无穷 | 打听 | 通讯 |
| 木偶 | 昆虫 | 天下 | 做活儿 | 跨度 | 就算 | 构造 |

## 三、朗读（30分，限时4分钟）：作品6号

## 四、说话（40分，限时3分钟）

1. 我喜欢的职业    2. 我的家乡

# 普通话水平测试样卷十

## 一、读单音节字词（每个音节0.1分，共10分，限时3.5分钟）

| | | | | | | | | | |
|---|---|---|---|---|---|---|---|---|---|
| 电 | 运 | 日 | 韦 | 仄 | 尖 | 黄 | 塌 | 眉 | 艘 |
| 临 | 赚 | 池 | 憎 | 饶 | 促 | 丝 | 国 | 伞 | 床 |
| 觅 | 丢 | 裙 | 匾 | 庞 | 恩 | 俘 | 拢 | 醉 | 劳 |
| 肉 | 萌 | 倦 | 准 | 内 | 熏 | 仰 | 抬 | 袜 | 您 |
| 黯 | 虫 | 蔑 | 朽 | 糟 | 并 | 枪 | 蠢 | 羹 | 不 |
| 激 | 牌 | 瓜 | 粤 | 而 | 梳 | 你 | 块 | 雄 | 另 |
| 巴 | 让 | 条 | 攒 | 硫 | 鸟 | 腐 | 磕 | 统 | 驱 |
| 我 | 跤 | 苟 | 章 | 景 | 瞎 | 海 | 搭 | 女 | 饭 |
| 许 | 黑 | 抵 | 摹 | 炒 | 跃 | 蕊 | 神 | 哑 | 签 |
| 甩 | 蹲 | 坠 | 恐 | 破 | 磁 | 圣 | 法 | 援 | 炯 |

## 二、读多音节词语（每个音节0.2分，共20分，限时2.5分钟）

| | | | | | | |
|---|---|---|---|---|---|---|
| 贵宾 | 奶粉 | 刀背儿 | 一律 | 状况 | 爆炸 | 存款 |
| 盎然 | 选举 | 柴火 | 加入 | 封锁 | 咏叹调 | 放松 |
| 热闹 | 佛像 | 逃走 | 亏损 | 军事 | 影子 | 权利 |
| 现象 | 怀念 | 铺盖 | 奇怪 | 钢铁 | 小偷儿 | 将来 |
| 主人翁 | 进化 | 聪明 | 运行 | 无穷 | 偶尔 | 扇面儿 |
| 政治 | 传播 | 培育 | 恰当 | 牛皮 | 咖啡 | 谬论 |
| 唱歌儿 | 词汇 | 虐待 | 综合 | 战略 | 轻描淡写 | |

## 三、朗读（30分，限时4分钟）：作品1号

## 四、说话（40分，限时3分钟）

1. 我最尊敬的人　　2. 我的业余生活

# 普通话水平测试样卷十一

## 一、读单音节字词（每个音节0.1分，共10分，限时3.5分钟）

| | | | | | | | | | |
|---|---|---|---|---|---|---|---|---|---|
| 拐 | 搏 | 掌 | 弱 | 法 | 弯 | 脓 | 柳 | 腔 | 呕 |
| 揪 | 舔 | 日 | 彼 | 粗 | 狂 | 销 | 凑 | 舌 | 捉 |
| 字 | 歼 | 值 | 扔 | 拟 | 汉 | 窘 | 攒 | 胚 | 径 |
| 摆 | 忙 | 岁 | 谋 | 女 | 而 | 征 | 妄 | 吟 | 掠 |
| 雅 | 阔 | 怀 | 瓮 | 三 | 故 | 踢 | 浑 | 胸 | 卦 |
| 鹰 | 肋 | 广 | 笨 | 舱 | 抱 | 涡 | 酿 | 筛 | 找 |
| 疲 | 翻 | 树 | 昂 | 软 | 词 | 捐 | 扯 | 巡 | 宽 |
| 平 | 雪 | 秸 | 诚 | 花 | 头 | 总 | 擒 | 稻 | 晨 |
| 废 | 辖 | 犬 | 愣 | 虞 | 吹 | 咬 | 拿 | 损 | 爹 |
| 甫 | 仿 | 瞟 | 凌 | 讨 | 庙 | 群 | 改 | 颇 | 酶 |

## 二、读多音节词语（每个音节0.2分，共20分，限时2.5分钟）

| | | | | | | | |
|---|---|---|---|---|---|---|---|
| 宣传 | 衰变 | 外省 | 频率 | 捏造 | 棉球儿 | 耽误 |
| 橄榄 | 状态 | 疟疾 | 打嗝儿 | 运行 | 重量 | 跨度 |
| 撒开 | 嫂子 | 历史 | 勇猛 | 身份 | 挖潜 | 奥秘 |
| 锦标赛 | 方向 | 安慰 | 心眼儿 | 存活 | 持续 | 柔和 |
| 哺乳 | 盘算 | 创伤 | 害怕 | 家庭 | 收购 | 以内 |
| 挫折 | 儿童 | 丢掉 | 抹黑儿 | 决定 | 摧毁 | 军人 |
| 佛寺 | 作风 | 糖尿病 | 工厂 | 穷困 | 恰好 | 原料 |

## 三、朗读（30分，限时4分钟）：作品16号

## 四、说话（40分，限时3分钟）

1. 我的愿望或理想　　2. 学习普通话的体会

# 普通话水平测试样卷十二

## 一、读单音节字词（每个音节 0.1 分，共 10 分，限时 3.5 分钟）

贼　列　枕　次　聋　饼　日　谨　裙　绢
值　冯　炯　咸　呆　卤　僧　扭　肾　抓
盆　战　耳　基　丑　凝　兔　外　穷　陋
春　昂　喘　滨　娘　方　购　仍　睡　跟
环　浮　擦　快　滑　渺　疆　台　醒　秘
坑　善　允　逛　甩　照　拨　叠　翁　床
舜　肿　俗　腭　牌　骚　雪　批　洒　锌
瑞　锅　垒　休　谈　目　犬　榻　窝　举
纵　黑　瘸　掏　挪　惹　贝　哑　奏　席
掐　榆　餐　字　考　编　滚　叨　法　破

## 二、读多音节词语（每个音节 0.2 分，共 20 分，限时 2.5 分钟）

倘使　苍翠　强求　蒙古包　从而　粉末儿　旋转
情怀　合同　财产　手脚　灭亡　起飞　跨越
挂念　佛经　高傲　柴火　亏损　犯罪　决议
耽误　增加　作用　难怪　少女　个体　上下
危害　荒谬　斥责　撒开　砂轮儿　原料　东欧
侵略　大多数　思想　本子　状况　柔软　训练
药品　政党　蒜瓣儿　定律　英雄　人均　没谱儿

## 三、朗读（30 分，限时 4 分钟）：作品 7 号

## 四、说话（40 分，限时 3 分钟）

1. 我和体育　　2. 谈谈美食

# 附录

## A 普通话水平测试轻声词语表

本表供普通话水平测试第二项——多音节词语测试使用。本表共收词548条（其中"子"尾词206条），按汉语拼音字母顺序排列。条目中的非轻声音节只标本调，不标变调；条目中的轻声音节，只注音不标调号，如"明白 míngbai"。

### 轻声词表

| | | | | | |
|---|---|---|---|---|---|
| 1 | 爱人 | àiren | 2 | 案子 | ànzi |
| 3 | 巴掌 | bāzhang | 4 | 把子 | bǎzi |
| 5 | 把子 | bàzi | 6 | 爸爸 | bàba |
| 7 | 白净 | báijing | 8 | 班子 | bānzi |
| 9 | 板子 | bǎnzi | 10 | 帮手 | bāngshou |
| 11 | 梆子 | bāngzi | 12 | 膀子 | bǎngzi |
| 13 | 棒槌 | bàngchui | 14 | 棒子 | bàngzi |
| 15 | 包袱 | bāofu | 16 | 包涵 | bāohan |
| 17 | 包子 | bāozi | 18 | 豹子 | bàozi |
| 19 | 杯子 | bēizi | 20 | 被子 | bèizi |
| 21 | 本事 | běnshi | 22 | 本子 | běnzi |
| 23 | 鼻子 | bízi | 24 | 比方 | bǐfang |
| 25 | 鞭子 | biānzi | 26 | 扁担 | biǎndan |
| 27 | 辫子 | biànzi | 28 | 别扭 | bièniu |
| 29 | 饼子 | bǐngzi | 30 | 拨弄 | bōnong |
| 31 | 脖子 | bózi | 32 | 簸箕 | bòji |
| 33 | 补丁 | bǔding | 34 | 不由得 | bùyóude |

| 35 | 不在乎 | bùzàihu | 36 | 步子 | bùzi |
| --- | --- | --- | --- | --- | --- |
| 37 | 部分 | bùfen | 38 | 裁缝 | cáifeng |
| 39 | 财主 | cáizhu | 40 | 苍蝇 | cāngying |
| 41 | 差事 | chāishi | 42 | 柴火 | cháihuo |
| 43 | 肠子 | chángzi | 44 | 厂子 | chǎngzi |
| 45 | 场子 | chǎngzi | 46 | 车子 | chēzi |
| 47 | 称呼 | chēnghu | 48 | 池子 | chízi |
| 49 | 尺子 | chǐzi | 50 | 虫子 | chóngzi |
| 51 | 绸子 | chóuzi | 52 | 除了 | chúle |
| 53 | 锄头 | chútou | 54 | 畜生 | chùsheng |
| 55 | 窗户 | chuānghu | 56 | 窗子 | chuāngzi |
| 57 | 锤子 | chuízi | 58 | 刺猬 | cìwei |
| 59 | 凑合 | còuhe | 60 | 村子 | cūnzi |
| 61 | 耷拉 | dāla | 62 | 答应 | dāying |
| 63 | 打扮 | dǎban | 64 | 打点 | dǎdian |
| 65 | 打发 | dǎfa | 66 | 打量 | dǎliang |
| 67 | 打算 | dǎsuan | 68 | 打听 | dǎting |
| 69 | 大方 | dàfang | 70 | 大爷 | dàye |
| 71 | 大夫 | dàifu | 72 | 带子 | dàizi |
| 73 | 袋子 | dàizi | 74 | 耽搁 | dānge |
| 75 | 耽误 | dānwu | 76 | 单子 | dānzi |
| 77 | 胆子 | dǎnzi | 78 | 担子 | dànzi |
| 79 | 刀子 | dāozi | 80 | 道士 | dàoshi |
| 81 | 稻子 | dàozi | 82 | 灯笼 | dēnglong |
| 83 | 凳子 | dèngzi | 84 | 提防 | dīfang |
| 85 | 笛子 | dízi | 86 | 底子 | dǐzi |
| 87 | 地道 | dìdao | 88 | 地方 | dìfang |
| 89 | 弟弟 | dìdi | 90 | 弟兄 | dìxiong |
| 91 | 点心 | diǎnxin | 92 | 调子 | diàozi |
| 93 | 钉子 | dīngzi | 94 | 东家 | dōngjia |
| 95 | 东西 | dōngxi | 96 | 动静 | dòngjing |
| 97 | 动弹 | dòngtan | 98 | 豆腐 | dòufu |
| 99 | 豆子 | dòuzi | 100 | 嘟囔 | dūnang |
| 101 | 肚子 | dǔzi | 102 | 肚子 | dùzi |
| 103 | 缎子 | duànzi | 104 | 对付 | duìfu |

| 105 | 对头 | duìdou | 106 | 队伍 | duìwu |
| --- | --- | --- | --- | --- | --- |
| 107 | 多么 | duōme | 108 | 蛾子 | ézi |
| 109 | 儿子 | érzi | 110 | 耳朵 | ěrduo |
| 111 | 贩子 | fànzi | 112 | 房子 | fángzi |
| 113 | 废物 | fèiwu | 114 | 份子 | fènzi |
| 115 | 风筝 | fēngzheng | 116 | 疯子 | fēngzi |
| 117 | 福气 | fúqi | 118 | 斧子 | fǔzi |
| 119 | 盖子 | gàizi | 120 | 甘蔗 | gānzhe |
| 121 | 杆子 | gānzi | 122 | 杆子 | gǎnzi |
| 123 | 干事 | gànshi | 124 | 杠子 | gàngzi |
| 125 | 高粱 | gāoliang | 126 | 膏药 | gāoyao |
| 127 | 稿子 | gǎozi | 128 | 告诉 | gàosu |
| 129 | 疙瘩 | gēda | 130 | 哥哥 | gēge |
| 131 | 胳膊 | gēbo | 132 | 鸽子 | gēzi |
| 133 | 格子 | gézi | 134 | 个子 | gèzi |
| 135 | 根子 | gēnzi | 136 | 跟头 | gēntou |
| 137 | 工夫 | gōngfu | 138 | 弓子 | gōngzi |
| 139 | 公公 | gōnggong | 140 | 功夫 | gōngfu |
| 141 | 钩子 | gōuzi | 142 | 姑姑 | gūgu |
| 143 | 姑娘 | gūniang | 144 | 谷子 | gǔzi |
| 145 | 骨头 | gǔtou | 146 | 故事 | gùshi |
| 147 | 寡妇 | guǎfu | 148 | 褂子 | guàzi |
| 149 | 怪物 | guàiwu | 150 | 关系 | guānxi |
| 151 | 官司 | guānsi | 152 | 罐头 | guàntou |
| 153 | 罐子 | guànzi | 154 | 规矩 | guīju |
| 155 | 闺女 | guīnü | 156 | 鬼子 | guǐzi |
| 157 | 柜子 | guìzi | 158 | 棍子 | gùnzi |
| 159 | 锅子 | guōzi | 160 | 果子 | guǒzi |
| 161 | 蛤蟆 | háma | 162 | 孩子 | háizi |
| 163 | 含糊 | hánhu | 164 | 汉子 | hànzi |
| 165 | 行当 | hángdang | 166 | 合同 | hétong |
| 167 | 和尚 | héshang | 168 | 核桃 | hétao |
| 169 | 盒子 | hézi | 170 | 红火 | hónghuo |
| 171 | 猴子 | hóuzi | 172 | 后头 | hòutou |
| 173 | 厚道 | hòudao | 174 | 狐狸 | húli |

| 175 | 胡萝卜 | húluóbo | 176 | 胡琴 | húqin |
| --- | --- | --- | --- | --- | --- |
| 177 | 糊涂 | hútu | 178 | 护士 | hùshi |
| 179 | 皇上 | huángshang | 180 | 幌子 | huǎngzi |
| 181 | 活泼 | huópo | 182 | 火候 | huǒhou |
| 183 | 伙计 | huǒji | 184 | 机灵 | jīling |
| 185 | 脊梁 | jǐliang | 186 | 记号 | jìhao |
| 187 | 记性 | jìxing | 188 | 夹子 | jiāzi |
| 189 | 家伙 | jiāhuo | 190 | 架势 | jiàshi |
| 191 | 架子 | jiàzi | 192 | 嫁妆 | jiàzhuang |
| 193 | 尖子 | jiānzi | 194 | 茧子 | jiǎnzi |
| 195 | 剪子 | jiǎnzi | 196 | 见识 | jiànshi |
| 197 | 毽子 | jiànzi | 198 | 将就 | jiāngjiu |
| 199 | 交情 | jiāoqing | 200 | 饺子 | jiǎozi |
| 201 | 叫唤 | jiàohuan | 202 | 轿子 | jiàozi |
| 203 | 结实 | jiēshi | 204 | 街坊 | jiēfang |
| 205 | 姐夫 | jiěfu | 206 | 姐姐 | jiějie |
| 207 | 戒指 | jièzhi | 208 | 金子 | jīnzi |
| 209 | 精神 | jīngshen | 211 | 镜子 | jìngzi |
| 211 | 舅舅 | jiùjiu | 212 | 橘子 | júzi |
| 213 | 句子 | jùzi | 214 | 卷子 | juànzi |
| 215 | 咳嗽 | késou | 216 | 客气 | kèqi |
| 217 | 空子 | kòngzi | 218 | 口袋 | kǒudai |
| 219 | 口子 | kǒuzi | 220 | 扣子 | kòuzi |
| 221 | 窟窿 | kūlong | 222 | 裤子 | kùzi |
| 223 | 快活 | kuàihuo | 224 | 筷子 | kuàizi |
| 225 | 框子 | kuàngzi | 226 | 困难 | kùnnan |
| 227 | 阔气 | kuòqi | 228 | 喇叭 | lǎba |
| 229 | 喇嘛 | lǎma | 230 | 篮子 | lánzi |
| 231 | 懒得 | lǎnde | 232 | 浪头 | làngtou |
| 233 | 老婆 | lǎopo | 234 | 老实 | lǎoshi |
| 235 | 老太太 | lǎotàitai | 236 | 老头子 | lǎotóuzi |
| 237 | 老爷 | lǎoye | 238 | 老子 | lǎozi |
| 239 | 姥姥 | lǎolao | 240 | 累赘 | léizhui |
| 241 | 篱笆 | líba | 242 | 里头 | lǐtou |
| 243 | 力气 | lìqi | 244 | 厉害 | lìhai |

| 245 | 利落 | lìluo | 246 | 利索 | lìsuo |
| 247 | 例子 | lìzi | 248 | 栗子 | lìzi |
| 249 | 痢疾 | lìji | 250 | 连累 | liánlei |
| 251 | 帘子 | liánzi | 252 | 凉快 | liángkuai |
| 253 | 粮食 | liángshi | 254 | 两口子 | liǎngkǒuzi |
| 255 | 料子 | liàozi | 256 | 林子 | lízi |
| 257 | 翎子 | língzi | 258 | 领子 | lǐngzi |
| 259 | 溜达 | liūda | 260 | 聋子 | lóngzi |
| 261 | 笼子 | lóngzi | 262 | 炉子 | lúzi |
| 263 | 路子 | lùzi | 264 | 轮子 | lúnzi |
| 265 | 萝卜 | luóbo | 266 | 骡子 | luózi |
| 267 | 骆驼 | luòtuo | 268 | 妈妈 | māma |
| 269 | 麻烦 | máfan | 270 | 麻利 | máli |
| 271 | 麻子 | mázi | 272 | 马虎 | mǎhu |
| 273 | 码头 | mǎtou | 274 | 买卖 | mǎimai |
| 275 | 麦子 | màizi | 276 | 馒头 | mántou |
| 277 | 忙活 | mánghuo | 278 | 冒失 | màoshi |
| 279 | 帽子 | màozi | 280 | 眉毛 | méimao |
| 281 | 媒人 | méiren | 282 | 妹妹 | mèimei |
| 283 | 门道 | méndao | 284 | 眯缝 | mīfeng |
| 285 | 迷糊 | míhu | 286 | 面子 | miànzi |
| 287 | 苗条 | miáotiao | 288 | 苗头 | miáotou |
| 289 | 名堂 | míngtang | 290 | 名字 | míngzi |
| 291 | 明白 | míngbai | 292 | 蘑菇 | mógu |
| 293 | 模糊 | móhu | 294 | 木匠 | mùjiang |
| 295 | 木头 | mùtou | 296 | 那么 | nàme |
| 297 | 奶奶 | nǎinai | 298 | 难为 | nánwei |
| 299 | 脑袋 | nǎodai | 300 | 脑子 | nǎozi |
| 301 | 能耐 | néngnai | 302 | 你们 | nǐmen |
| 303 | 念叨 | niàndao | 304 | 念头 | niàntou |
| 305 | 娘家 | niángjia | 306 | 镊子 | nièzi |
| 307 | 奴才 | núcai | 308 | 女婿 | nǚxu |
| 309 | 暖和 | nuǎnhuo | 310 | 疟疾 | nüèji |
| 311 | 拍子 | pāizi | 312 | 牌楼 | páilou |
| 313 | 牌子 | páizi | 314 | 盘算 | pánsuan |

| 315 | 盘子 | pánzi | 316 | 胖子 | pàngzi |
| 317 | 狍子 | páozi | 318 | 盆子 | pénzi |
| 319 | 朋友 | péngyou | 320 | 棚子 | péngzi |
| 321 | 脾气 | píqi | 322 | 皮子 | pízi |
| 323 | 痞子 | pǐzi | 324 | 屁股 | pìgu |
| 325 | 片子 | piānzi | 326 | 便宜 | piányi |
| 327 | 骗子 | piànzi | 328 | 票子 | piàozi |
| 329 | 漂亮 | piàoliang | 330 | 瓶子 | píngzi |
| 331 | 婆家 | pójia | 332 | 婆婆 | pópo |
| 333 | 铺盖 | pūgai | 334 | 欺负 | qīfu |
| 335 | 旗子 | qízi | 336 | 前头 | qiántou |
| 337 | 钳子 | qiánzi | 338 | 茄子 | qiézi |
| 339 | 亲戚 | qīnqi | 340 | 勤快 | qínkuai |
| 341 | 清楚 | qīngchu | 342 | 亲家 | qìngjia |
| 343 | 曲子 | qǔzi | 344 | 圈子 | quānzi |
| 345 | 拳头 | quántou | 346 | 裙子 | qúnzi |
| 347 | 热闹 | rènao | 348 | 人家 | rénjia |
| 349 | 人们 | rénmen | 350 | 认识 | rènshi |
| 351 | 日子 | rìzi | 352 | 褥子 | rùzi |
| 353 | 塞子 | sāizi | 354 | 嗓子 | sǎngzi |
| 355 | 嫂子 | sǎozi | 356 | 扫帚 | sàozhou |
| 357 | 沙子 | shāzi | 358 | 傻子 | shǎzi |
| 359 | 扇子 | shànzi | 360 | 商量 | shāngliang |
| 361 | 晌午 | shǎngwu | 362 | 上司 | shàngsi |
| 363 | 上头 | shàngtou | 364 | 烧饼 | shāobing |
| 365 | 勺子 | sháozi | 366 | 少爷 | shàoye |
| 367 | 哨子 | shàozi | 368 | 舌头 | shétou |
| 369 | 身子 | shēnzi | 370 | 什么 | shénme |
| 371 | 婶子 | shěnzi | 372 | 生意 | shēngyi |
| 373 | 牲口 | shēngkou | 374 | 绳子 | shéngzi |
| 375 | 师父 | shīfu | 376 | 师傅 | shīfu |
| 377 | 虱子 | shīzi | 378 | 狮子 | shīzi |
| 379 | 石匠 | shíjiang | 380 | 石榴 | shíliu |
| 381 | 石头 | shítou | 382 | 时候 | shíhou |
| 383 | 实在 | shízai | 384 | 拾掇 | shíduo |

| 385 | 使唤 | shǐhuan | 386 | 世故 | shìgu |
|---|---|---|---|---|---|
| 387 | 似的 | shìde | 388 | 事情 | shìqing |
| 389 | 柿子 | shìzi | 390 | 收成 | shōucheng |
| 391 | 收拾 | shōushi | 392 | 首饰 | shǒushi |
| 393 | 叔叔 | shūshu | 394 | 梳子 | shūzi |
| 395 | 舒服 | shūfu | 396 | 舒坦 | shūtan |
| 397 | 疏忽 | shūhu | 398 | 爽快 | shuǎngkuai |
| 399 | 思量 | sīliang | 400 | 算计 | suànji |
| 401 | 岁数 | suìshu | 402 | 孙子 | sūnzi |
| 403 | 他们 | tāmen | 404 | 它们 | tāmen |
| 405 | 她们 | tāmen | 406 | 台子 | táizi |
| 407 | 太太 | tàitai | 408 | 摊子 | tānzi |
| 409 | 坛子 | tánzi | 410 | 毯子 | tǎnzi |
| 411 | 桃子 | táozi | 412 | 特务 | tèwu |
| 413 | 梯子 | tīzi | 414 | 蹄子 | tízi |
| 415 | 挑剔 | tiāoti | 416 | 挑子 | tiāozi |
| 417 | 条子 | tiáozi | 418 | 跳蚤 | tiàozao |
| 419 | 铁匠 | tiějiang | 420 | 亭子 | tíngzi |
| 421 | 头发 | tóufa | 422 | 头子 | tóuzi |
| 423 | 兔子 | tùzi | 424 | 妥当 | tuǒdang |
| 425 | 唾沫 | tuòmo | 426 | 挖苦 | wāku |
| 427 | 娃娃 | wáwa | 428 | 袜子 | wàzi |
| 429 | 晚上 | wǎnshang | 430 | 尾巴 | wěiba |
| 431 | 委屈 | wěiqu | 432 | 为了 | wèile |
| 433 | 位置 | wèizhi | 434 | 位子 | wèizi |
| 435 | 蚊子 | wénzi | 436 | 稳当 | wěndang |
| 437 | 我们 | wǒmen | 438 | 屋子 | wūzi |
| 439 | 稀罕 | xīhan | 440 | 席子 | xízi |
| 441 | 媳妇 | xífu | 442 | 喜欢 | xǐhuan |
| 443 | 瞎子 | xiāzi | 444 | 匣子 | xiázi |
| 445 | 下巴 | xiàba | 446 | 吓唬 | xiàhu |
| 447 | 先生 | xiānsheng | 448 | 乡下 | xiāngxia |
| 449 | 箱子 | xiāngzi | 450 | 相声 | xiàngsheng |
| 451 | 消息 | xiāoxi | 452 | 小伙子 | xiǎohuǒzi |
| 453 | 小气 | xiǎoqi | 454 | 小子 | xiǎozi |

| 455 | 笑话 | xiàohua | 456 | 谢谢 | xièxie |
| --- | --- | --- | --- | --- | --- |
| 457 | 心思 | xīnsi | 458 | 星星 | xīngxing |
| 459 | 猩猩 | xīngxing | 460 | 行李 | xíngli |
| 461 | 性子 | xìngzi | 462 | 兄弟 | xiōngdi |
| 463 | 休息 | xiūxi | 464 | 秀才 | xiùcai |
| 465 | 秀气 | xiùqi | 466 | 袖子 | xiùzi |
| 467 | 靴子 | xuēzi | 468 | 学生 | xuésheng |
| 469 | 学问 | xuéwen | 470 | 丫头 | yātou |
| 471 | 鸭子 | yāzi | 472 | 衙门 | yámen |
| 473 | 哑巴 | yǎba | 474 | 胭脂 | yānzhi |
| 475 | 烟筒 | yāntong | 476 | 眼睛 | yǎnjing |
| 477 | 燕子 | yànzi | 478 | 秧歌 | yāngge |
| 479 | 养活 | yǎnghuo | 480 | 样子 | yàngzi |
| 481 | 吆喝 | yāohe | 482 | 妖精 | yāojing |
| 483 | 钥匙 | yàoshi | 484 | 椰子 | yēzi |
| 485 | 爷爷 | yéye | 486 | 叶子 | yèzi |
| 487 | 一辈子 | yībèizi | 488 | 衣服 | yīfu |
| 489 | 衣裳 | yīshang | 490 | 椅子 | yǐzi |
| 491 | 意思 | yìsi | 492 | 银子 | yínzi |
| 493 | 影子 | yǐngzi | 494 | 应酬 | yìngchou |
| 495 | 柚子 | yòuzi | 496 | 冤枉 | yuānwang |
| 497 | 院子 | yuànzi | 498 | 月饼 | yuèbing |
| 499 | 月亮 | yuèliang | 500 | 云彩 | yúncai |
| 501 | 运气 | yùnqi | 502 | 在乎 | zàihu |
| 503 | 咱们 | zánmen | 504 | 早上 | zǎoshang |
| 505 | 怎么 | zěnme | 506 | 扎实 | zhāshi |
| 507 | 眨巴 | zhǎba | 508 | 栅栏 | zhàlan |
| 509 | 宅子 | zháizi | 510 | 寨子 | zhàizi |
| 511 | 张罗 | zhāngluo | 512 | 丈夫 | zhàngfu |
| 513 | 帐篷 | zhàngpeng | 514 | 丈人 | zhàngren |
| 515 | 帐子 | zhàngzi | 516 | 招呼 | zhāohu |
| 517 | 招牌 | zhāopai | 518 | 折腾 | zhēteng |
| 519 | 这个 | zhège | 520 | 这么 | zhème |
| 521 | 枕头 | zhěntou | 522 | 镇子 | zhènzi |
| 523 | 芝麻 | zhīma | 524 | 知识 | zhīshi |

| 525 | 侄子 | zhízi | 526 | 指甲 | zhǐjia(zhījia) |
| --- | --- | --- | --- | --- | --- |
| 527 | 指头 | zhǐtou(zhítou) | 528 | 种子 | zhǒngzi |
| 529 | 珠子 | zhūzi | 530 | 竹子 | zhúzi |
| 531 | 主意 | zhǔyi(zhúyi) | 532 | 主子 | zhǔzi |
| 533 | 柱子 | zhùzi | 534 | 爪子 | zhuǎzi |
| 535 | 转悠 | zhuànyou | 536 | 庄稼 | zhuāngjia |
| 537 | 庄子 | zhuāngzi | 538 | 壮实 | zhuàngshi |
| 539 | 状元 | zhuàngyuan | 540 | 锥子 | zhuīzi |
| 541 | 桌子 | zhuōzi | 542 | 字号 | zìhao |
| 543 | 自在 | zìzai | 544 | 粽子 | zòngzi |
| 545 | 祖宗 | zǔzong | 546 | 嘴巴 | zuǐba |
| 547 | 作坊 | zuōfang | 548 | 琢磨 | zuómo |

# B 普通话水平测试儿化词语表

本表仅供普通话水平测试第二项——多音节词语测试使用。本表儿化音节在书面上一律加"儿",但并不表示所列词语在任何语用场合都必须儿化。

本表共收词 189 条,按儿化韵母的汉语拼音顺序排列。

本表列出原形韵母和所对应的儿化韵,用＞表示条目中儿化音节的注音,只在基本形式后面加 r,如"一会儿 yīhuìr",不标语音上的实际变化。

## 一

| | | |
|---|---|---|
| a ＞ ar | 刀把儿 dāobàr | 号码儿 hàomǎr |
| | 戏法儿 xìfǎr | 在哪儿 zàinǎr |
| | 找碴儿 zhǎochár | 打杂儿 dǎzár |
| | 板擦儿 bǎncār | |
| ai ＞ ar | 名牌儿 míngpáir | 鞋带儿 xiédàir |
| | 壶盖儿 húgàir | 小孩儿 xiǎoháir |
| | 加塞儿 jiāsāir | |
| an ＞ ar | 快板儿 kuàibǎnr | 老伴儿 lǎobànr |
| | 蒜瓣儿 suànbànr | 脸盘儿 liǎnpánr |
| | 脸蛋儿 liǎndànr | 收摊儿 shōutānr |
| | 栅栏儿 zhàlanr | 包干儿 bāogānr |
| | 笔杆儿 bǐgǎnr | 门槛儿 ménkǎnr |

## 二

| | | |
|---|---|---|
| ang ＞ ar(鼻化) | 药方儿 yàofāngr | 赶趟儿 gǎntàngr |
| | 香肠儿 xiāngchángr | 瓜瓤儿 guārángr |

## 三

| | | |
|---|---|---|
| ia ＞ iar | 掉价儿 diàojiàr | 一下儿 yīxiàr |
| | 豆芽儿 dòuyár | |
| ian ＞ iar | 小辫儿 xiǎobiànr | 照片儿 zhàopiānr |
| | 扇面儿 shànmiànr | 差点儿 chàdiǎnr |
| | 一点儿 yīdiǎnr | 雨点儿 yǔdiǎnr |
| | 聊天儿 liáotiānr | 拉链儿 lāliànr |

冒尖儿 màojiānr　　坎肩儿 kǎnjiānr
牙签儿 yáqiānr　　露馅儿 lòuxiànr
心眼儿 xīnyǎnr

## 四

iang ＞ iar（鼻化）　　鼻梁儿 bíliángr　　透亮儿 tòuliàngr
花样儿 huāyàngr

## 五

ua ＞ uar　　脑瓜儿 nǎoguār　　大褂儿 dàguàr
麻花儿 máhuār　　笑话儿 xiàohuar
牙刷儿 yáshuār
uai ＞ uar　　一块儿 yīkuàir
uan ＞ uar　　茶馆儿 cháguǎnr　　饭馆儿 fànguǎnr
火罐儿 huǒguànr　　落款儿 luòkuǎnr
打转儿 dǎzhuànr　　拐弯儿 guǎiwānr
好玩儿 hǎowánr　　大腕儿 dàwànr

## 六

uang ＞ uar（鼻化）　　蛋黄儿 dànhuángr　　打晃儿 dǎhuàngr
天窗儿 tiānchuāngr

## 七

üan ＞ üar　　烟卷儿 yānjuǎnr　　手绢儿 shǒujuànr
出圈儿 chūquānr　　包圆儿 bāoyuánr
人缘儿 rényuánr　　绕远儿 ràoyuǎnr
杂院儿 záyuànr

## 八

ei ＞ er　　刀背儿 dāobèir　　摸黑儿 mōhēir
en ＞ er　　老本儿 lǎoběnr　　花盆儿 huāpénr

附录

嗓门儿 sǎngménr　　把门儿 bǎménr
哥们儿 gēmenr　　纳闷儿 nàmènr
后跟儿 hòugēnr　　高跟儿鞋 gāogēnrxié
别针儿 biézhēnr　　一阵儿 yīzhènr
走神儿 zǒushénr　　大婶儿 dàshěnr
小人儿书 xiǎorénrshū　　杏仁儿 xìngrénr
刀刃儿 dāorènr

## 九

eng ＞ er（鼻化）　　钢镚儿 gāngbèngr　　夹缝儿 jiāfèngr
　　　　　　　　　　脖颈儿 bógěngr　　提成儿 tíchéngr

## 十

ie ＞ ier　　半截儿 bànjiér　　小鞋儿 xiǎoxiér
üe ＞ üer　　旦角儿 dànjuér　　主角儿 zhǔjuér

## 十一

uei ＞ uer　　跑腿儿 pǎotuǐr　　一会儿 yīhuìr
　　　　　　　耳垂儿 ěrchuír　　墨水儿 mòshuǐr
　　　　　　　围嘴儿 wéizuǐr　　走味儿 zǒuwèir
uen ＞ uer（鼻化）　　打盹儿 dǎdǔnr　　胖墩儿 pàngdūnr
　　　　　　　　　　砂轮儿 shālúnr　　冰棍儿 bīnggùnr
　　　　　　　　　　没准儿 méizhǔnr　　开春儿 kāichūnr
ueng ＞ uer　　小瓮儿 xiǎowèngr

## 十二

-i（前）＞ er　　瓜子儿 guāzǐr　　石子儿 shízǐr
　　　　　　　　没词儿 méicír　　挑刺儿 tiāocìr
-i（后）＞ er　　墨汁儿 mòzhīr　　锯齿儿 jùchǐr
　　　　　　　　记事儿 jìshìr

· 113 ·

## 十三

| | | |
|---|---|---|
| i ＞ i:er | 针鼻儿 zhēnbír | 垫底儿 diàndǐr |
| | 肚脐儿 dùqír | 玩意儿 wányìr |
| in ＞ i:er | 有劲儿 yǒujìnr | 送信儿 sòngxìnr |
| | 脚印儿 jiǎoyìnr | |

## 十四

| | | |
|---|---|---|
| ing ＞ i:er（鼻化） | 花瓶儿 huāpíngr | 打鸣儿 dǎmíngr |
| | 图钉儿 túdīngr | 门铃儿 ménlíngr |
| | 眼镜儿 yǎnjìngr | 蛋清儿 dànqīngr |
| | 火星儿 huǒxīngr | 人影儿 rényǐngr |

## 十五

| | | |
|---|---|---|
| ü ＞ ü:er | 毛驴儿 máolǘr | 小曲儿 xiǎoqǔr |
| | 痰盂儿 tányúr | |
| üe ＞ ü:er | 合群儿 héqúnr | |

## 十六

| | | |
|---|---|---|
| e ＞ er | 模特儿 mótèr | 逗乐儿 dòulèr |
| | 唱歌儿 chànggēr | 挨个儿 āigèr |
| | 打嗝儿 dǎgér | 饭盒儿 fànhér |
| | 在这儿 zàizhèr | |

## 十七

| | | |
|---|---|---|
| u ＞ ur | 碎步儿 suìbùr | 没谱儿 méipǔr |
| | 儿媳妇儿 érxífur | 梨核儿 líhúr |
| | 泪珠儿 lèizhūr | 有数儿 yǒushùr |

## 十八

| | | |
|---|---|---|
| ong ＞ or（鼻化） | 果冻儿 guǒdòngr | 门洞儿 méndòngr |

附录

| | 胡同儿 hútòngr | 抽空儿 chōukòngr |
| --- | --- | --- |
| | 酒盅儿 jiǔzhōngr | 小葱儿 xiǎocōngr |
| iong ＞ ior（鼻化） | 小熊儿 xiǎoxióngr | |

## 十九

| ao ＞ aor | 红包儿 hóngbāor | 灯泡儿 dēngpàor |
| --- | --- | --- |
| | 半道儿 bàndàor | 手套儿 shǒutàor |
| | 跳高儿 tiàogāor | 叫好儿 jiàohǎor |
| | 口罩儿 kǒuzhàor | 绝着儿 juézhāor |
| | 口哨儿 kǒushàor | 蜜枣儿 mìzǎor |

## 二十

| iao ＞ iaor | 鱼漂儿 yúpiāor | 火苗儿 huǒmiáor |
| --- | --- | --- |
| | 跑调儿 pǎodiàor | 面条儿 miàntiáor |
| | 豆角儿 dòujiǎor | 开窍儿 kāiqiàor |

## 二十一

| ou ＞ our | 衣兜儿 yīdōur | 老头儿 lǎotóur |
| --- | --- | --- |
| | 年头儿 niántóur | 小偷儿 xiǎotōur |
| | 门口儿 ménkǒur | 纽扣儿 niǔkòur |
| | 线轴儿 xiànzhóur | 小丑儿 xiǎochǒur |

## 二十二

| iou ＞ iour | 顶牛儿 dǐngniúr | 抓阄儿 zhuājiūr |
| --- | --- | --- |
| | 棉球儿 miánqiúr | 加油儿 jiāyóur |

## 二十三

| uo ＞ uor | 火锅儿 huǒguōr | 做活儿 zuòhuór |
| --- | --- | --- |
| | 大伙儿 dàhuǒr | 邮戳儿 yóuchuōr |
| | 小说儿 xiǎoshuōr | 被窝儿 bèiwōr |
| （o） ＞ or | 耳膜儿 ěrmór | 粉末儿 fěnmòr |

# C  普通话朗读作品 60 篇

## 作品 1 号

　　那是力争上游的一种树,笔直的干,笔直的枝。它的干呢,通常是丈把高,像是加以人工似的,一丈以内,绝无旁枝;它所有的丫枝呢,一律向上,而且紧紧靠拢,也像是加以人工似的,成为一束,绝无横斜逸出;它的宽大的叶子也是片片向上,几乎没有斜生的,更不用说倒垂了;它的皮,光滑而有银色的晕圈,微微泛出淡青色。这是虽在北方的风雪的压迫下却保持着倔强挺立的一种树!哪怕只有碗来粗细罢,它却努力向上发展,高到丈许,两丈,参天耸立,不折不挠,对抗着西北风。

　　这就是白杨树,西北极普通的一种树,然而决不是平凡的树!

　　它没有婆娑的姿态,没有屈曲盘旋的虬枝,也许你要说它不美丽,——如果美是专指"婆娑"或"横斜逸出"之类而言,那么,白杨树算不得树中的好女子;但是它却是伟岸,正直,朴质,严肃,也不缺乏温和,更不用提它的坚强不屈与挺拔,它是树中的伟丈夫!当你在积雪初融的高原上走过,看见平坦的大地上傲然挺立这么一株或一排白杨树,难道你就只觉得树只是树,难道你就不想到它的朴质,严肃,坚强不屈,至少也象征了北方的农民;难道你竟一点儿也不联想到,在敌后的广大 // 土地上,到处有坚强不屈,就像这白杨树一样傲然挺立的守卫他们家乡的哨兵!难道你又不更远一点想到这样枝枝叶叶靠紧团结,力求上进的白杨树,宛然象征了今天在华北平原纵横决荡用血写出新中国历史的那种精神和意志。

节选自茅盾《白杨礼赞》

# Zuòpǐn 1 Hào

  Nà shì lìzhēng shàngyóu de yī zhǒng shù, bǐzhí de gàn, bǐzhí de zhī. Tā de gàn ne, tōngcháng shì zhàng bǎ gāo, xiàngshì jiāyǐ réngōng shìde, yī zhàng yǐnèi, juéwú pángzhī; tā suǒyǒu de yāzhī ne, yīlǜ xiàngshàng, érqiě jǐnjǐn kàolǒng, yě xiàngshì jiāyǐ réngōng shìde, chéngwéi yī shù, juéwú héng xié yì chū; tā de kuāndà de yèzi yě shì piànpiàn xiàngshàng, jīhū méi·yǒu xié shēng de, gèng bùyòng shuō dàochuí le; tā de pí, guānghuá ér yǒu yínsè de yùnquān, wēiwēi fànchū dànqīngsè. Zhè shì suī zài běifāng de fēngxuě de yāpò xià què bǎochízhe juéjiàng tǐnglì de yī zhǒng shù! Nǎpà zhǐyǒu wǎn lái cūxì ba, tā què nǔlì xiàngshàng fāzhǎn, gāo dào zhàng xǔ, liǎng zhàng, cāntiān sǒnglì, bùzhébùnáo, duìkàngzhe xīběifēng.

  Zhè jiùshì báiyángshù, xīběi jí pǔtōng de yī zhǒng shù, rán'ér jué bù shì píngfán de shù!

  Tā méi·yǒu pósuō de zītài, méi·yǒu qūqū pánxuán de qiúzhī. yěxǔ nǐ yào shuō tā bù měilì, —— rúguǒ měi shì zhuān zhǐ "pósuō" huò "héng xié yì chū" zhīlèi ér yán, nàme, báiyángshù suàn·bù·dé shù zhōng de hǎo nǚzǐ; dànshì tā què shì wěi'àn, zhèngzhí, pǔzhì, yánsù, yě bù quēfá wēnhé, gèng bùyòng tí tā de jiānqiáng bùqū yǔ tǐngbá, tā shì shù zhōng de wěizhàngfū! Dāng nǐ zài jīxuě chū róng de gāoyuán·shàng zǒuguò, kàn·jiàn píngtǎn de dàdì·shàng àorán tǐnglì zhème yī zhū huò yī pái báiyángshù, nándào nǐ jiù zhǐ jué·dé shù zhǐshì shù, nándào nǐ jiù bù xiǎngdào tā de pǔzhì, yánsù, jiānqiáng bùqū. Zhìshǎo yě xiàngzhēngle běifāng de nóngmín; nándào nǐ jìng yīdiǎnr yě bù liánxiǎng dào, zài díhòu de guǎngdà tǔdì·shàng, dàochù yǒu jiānqiáng bùqū, jiù xiàng zhè báiyángshù yīyàng àorán tǐnglì de shǒuwèi tāmen jiāxiāng de shàobīng! Nándào nǐ yòu bù gèng yuǎn yīdiǎnr xiǎngdào zhèyàng zhīzhī-yèyè kàojǐn tuánjié, lìqiú shàngjìn de báiyángshù, wǎnrán xiàngzhēngle jīntiān zài Huáběi Píngyuán zònghéng juédàng yòng xuè xiěchū xīn Zhōngguó lìshǐ de nà zhǒng jīngshén hé yìzhì.

Jiéxuǎn zì Máo Dùn 《Báiyáng Lǐzàn》

## 作品2号

  两个同龄的年轻人同时受雇于一家店铺,并且拿同样的薪水。

  可是一段时间后,叫阿诺德的那个小伙子青云直上,而那个叫布鲁诺的小伙子却仍在原地踏步。布鲁诺很不满意老板的不公正待遇。终于有一天他到老板那儿发牢骚了。老板一边耐心地听着他的抱怨,一边在心里盘算着怎样向他解释清楚他和阿诺德之间的差别。

  "布鲁诺先生",老板开口说话了,"您现在到集市上去一下,看看今天早上有什么卖的。"

  布鲁诺从集市上回来向老板汇报说,今早集市上只有一个农民拉了一车土豆在卖。

  "有多少?"老板问。

  布鲁诺赶快戴上帽子又跑到集上,然后回来告诉老板一共四十袋土豆。

  "价格是多少?"

  布鲁诺又第三次跑到集上问来了价格。

  "好吧,"老板对他说,"现在请您坐到这把椅子上一句话也不要说,看看阿诺德怎么说。"

  阿诺德很快就从集市上回来了。向老板汇报说到现在为止只有一个农民在卖土豆,一共四十口袋,价格是多少多少;土豆质量很不错,他带回来一个让老板看看。这个农民一个钟头以后还会弄来几箱西红柿,据他看价格非常公道。昨天他们铺子的西红柿卖得很快,库存已经不//多了。他想这么便宜的西红柿,老板肯定会要进一些的,所以他不仅带回了一个西红柿做样品,而且把那个农民也带来了,他现在正在外面等回话呢。

  此时老板转向了布鲁诺,说:"现在您肯定知道为什么阿诺德的薪水比您高了吧!"

节选自张健鹏、胡足青主编《故事时代》中《差别》

# Zuòpǐn 2 Hào

  Liǎng gè tónglíng de niánqīngrén tóngshí shòugù yú yī jiā diànpù, bìngqiě ná tóngyàng de xīn·shuǐ.

  Kěshì yī duàn shíjiān hòu, jiào Ānuòdé de nàge xiǎohuǒzi qīngyún zhíshàng, ér nàge jiào Bùlǔnuò de xiǎohuǒzi què réng zài yuándì tàbù. Bùlǔnuò hěn bù mǎnyì lǎobǎn de bù gōngzhèng dàiyù. Zhōngyú yǒu yī tiān tā dào lǎobǎn nàr fā láo·sāo le. Lǎobǎn yībiān nàixīn de tīngzhe tā de bào·yuàn, yībiān zài xīn·lǐ pánsuanzhe zěnyàng xiàng tā jiěshì qīngchu tā hé Ānuòdé zhījiān de chābié.

  "Bùlǔnuò xiānsheng," Lǎobǎn kāikǒu shuōhuà le, "Nín xiànzài dào jíshì·shàng qù yīxià, kànkan jīntiān zǎoshang yǒu shénme mài de."

  Bùlǔnuò cóng jíshì·shàng huí·lái xiàng lǎobǎn huìbào shuō, jīnzǎo jíshì·shàng zhǐyǒu yī gè nóngmín lāle yī chē tǔdòu zài mài.

  "Yǒu duō·shǎo?" Lǎobǎn wèn.

  Bùlǔnuò gǎnkuài dài·shàng màozi yòu pǎodào jí·shàng, ránhòu huí·lái gàosu lǎobǎn yīgòng sìshí dài tǔdòu.

  "Jiàgé shì duō·shǎo?"

  Bùlǔnuò yòu dì-sān cì pǎodào jí·shàng wènláile jiàgé.

  "Hǎo ba," Lǎobǎn duì tā shuō, "Xiànzài qǐng nín zuòdào zhè bǎ yǐzi·shàng yī jù huà yě bùyào shuō, kànkan Ānuòdé zěnme shuō."

  Ānuòdé hěn kuài jiù cóng jíshì·shàng huí·lái le. Xiàng lǎobǎn huìbào shuō dào xiànzài wéizhǐ zhǐyǒu yī gè nóngmín zài mài tǔdòu, yīgòng sìshí kǒudai, jiàgé shì duō·shǎo duō·shǎo; tǔdòu zhìliàng hěn bùcuò, tā dài huí·lái yī gè ràng lǎobǎn kànkan. Zhège nóngmín yī gè zhōngtóu yǐhòu hái huì nònglái jǐ xiāng xīhóngshì, jù tā kàn jiàgé fēicháng gōng·dào. Zuótiān tāmen pùzi de xīhóngshì mài de hěn kuài, kùcún yǐ·jīng bù duō le. Tā xiǎng zhème piányi de xīhóngshì lǎobǎn kěndìng huì yào jìn yīxiē de, suǒyǐ tā bùjǐn dàihuíle yī gè xīhóngshì zuò yàngpǐn, érqiě bǎ nàge nóngmín yě dài·lái le, tā xiànzài zhèngzài wài·miàn děng huíhuà ne.

  Cǐshí lǎobǎn zhuǎnxiàngle Bùlǔnuò, shuō: "Xiànzài nín kěndìng zhī·dào wèishénme Ānuòdé de xīn·shuǐ bǐ nín gāo le ba!"

---

Jiéxuǎn zì Zhāng Jiànpéng、Hú Zúqīng zhǔbiān《Gùshi Shídài》zhōng《Chābié》

## 作品 3 号

　　我常常遗憾我家门前那块丑石：它黑黝黝地卧在那里，牛似的模样；谁也不知道是什么时候留在这里，谁也不去理会它。只是麦收时节，门前摊了麦子，奶奶总是说：这块丑石，多占地面呀，抽空把它搬走吧。

　　它不像汉白玉那样的细腻，可以刻字雕花，也不像大青石那样的光滑，可以供来浣纱捶布。它静静地卧在那里，院边的槐阴没有庇覆它，花儿也不再在它身边生长。荒草便繁衍出来，枝蔓上下，慢慢地，它竟锈上了绿苔、黑斑。我们这些做孩子的，也讨厌起它来，曾合伙要搬走它，但力气又不足；虽时时咒骂它，嫌弃它，也无可奈何，只好任它留在那里了。

　　终有一日，村子里来了一个天文学家。他在我家门前路过，突然发现了这块石头，眼光立即就拉直了。他再没有离开，就住了下来；以后又来了好些人，都说这是一块陨石，从天上落下来已经有二三百年了，是一件了不起的东西。不久便来了车，小心翼翼地将它运走了。

　　这使我们都很惊奇，这又怪又丑的石头，原来是天上的啊！它补过天，在天上发过热、闪过光，我们的先祖或许仰望过它，它给了他们光明、向往、憧憬；而它落下来了，在污土里，荒草里，一躺就 // 是几百年了！

　　我感到自己的无知，也感到了丑石的伟大，我甚至怨恨它这么多年竟会默默地忍受着这一切！而我又立即深深地感到它那种不屈于误解、寂寞的生存的伟大。

节选自贾平凹《丑石》

# Zuòpǐn 3 Hào

　　Wǒ chángcháng yíhàn wǒ jiā mén qián nà kuài chǒu shí: Tā hēiyǒuyǒu de wò zài nà·lǐ, niú shìde múyàng; shéi yě bù zhī·dào shì shénme shíhou liú zài zhè·lǐ de, shéi yě bù qù lǐhuì tā. Zhǐshì màishōu shíjié, mén qián tānle màizi, nǎinai zǒngshì shuō: Zhè kuàichǒu shí, duō zhàn dìmiàn ya, chōukòng bǎ tā bānzǒu ba.

　　Tā bù xiàng hànbáiyù nàyàng de xìnì, kěyǐ kèzì diāohuā, yě bù xiàng dà qīngshí nàyàng de guānghuá, kěyǐ gōng lái huànshā chuíbù. Tā jìngjìng de wò zài nà·lǐ, yuàn biān de huáiyīn méi·yǒu bìfù tā, huā'ér yě búzài zài tā shēnbiān shēngzhǎng. Huángcǎo biànfányǎn chū·lái, zhīmàn shàngxià, mànmàn de, tā jìng xiùshàngle lùtái、hēibān. Wǒmen zhèxiē zuò háizi de, yě tǎoyàn·qǐ tā·lái, céng héhuǒ yào bānzǒu tā, dànlìqi yòu bùzú; suī shíshí zhòumà tā, xiánqì tā, yě wúkěnàihé, zhǐhǎo rèn tā liú zài nà·lǐ le.

　　Zhōng yǒu yī rì, cūnzi·lǐ láile yī gè tiānwénxuéjiā. Tā zài wǒ jiā mén qián lùguò, tūrán fāxiànle zhè kuài shítou, yǎnguāng lìjí jiù lāzhí le. Tā zài méi·yǒu líkāi, jiù zhùle xià·lái; yǐhòu yòu láile hǎoxiē rén, dōu shuō zhè shì yī kuài yǔnshí, cóng tiān·shàng luò xià·lái yǐ·jīng yǒu èr-sānbǎi nián le, shì yī jiàn liǎo·bùqǐ de dōngxi. Bùjiǔ biàn láile chē, xiǎoxīn-yìyì de jiāng tā yùnzǒu le.

　　Zhè shǐ wǒmen dōu hěn jīngqí, zhè yòu guài yòu chǒu de shítou, yuánlái shì tiān·shàng de a! Tā bǔguo tiān, zài tiān·shàng fāguo rè、shǎnguo guāng, wǒmen de xiānzǔ huòxǔ yǎngwàngguo tā, tā gěile tāmen guāngmíng、xiàngwǎng、chōngjǐng; ér tā luò xià·lái le, zài wūtǔ·lǐ, huāngcǎo·lǐ, yī tǎng jiùshì jǐbǎinián le!

　　Wǒ gǎndào zìjǐ de wúzhī, yě gǎndàole chǒu shí de wěidà, wǒ shènzhì yuànhèn tā zhème duō nián jìng huì mòmò de rěnshòuzhe zhè yīqiè! Ér wǒ yòu lìjí shēnshēn de gǎndào tā nà zhǒng bùqū yú wùjiě、jìmò de shēngcún de wěidà.

Jiéxuǎn zì Jiǎ Píngwā 《Chǒu Shí》

## 作品4号

在达瑞八岁的时候,有一天他想去看电影。因为没有钱,他想是向爸妈要钱,还是自己挣钱。最后他选择了后者。他自己调制了一种汽水,向过路的行人出售。可那时正是寒冷的冬天,没有人买,只有两个人例外——他的爸爸和妈妈。

他偶然有一个和非常成功的商人谈话的机会。当他对商人讲述了自己的"破产史"后,商人给了他两个重要的建议:一是尝试为别人解决一个难题;二是把精力集中在你知道的、你会的和你拥有的东西上。

这两个建议很关键。因为对于一个八岁的孩子而言,他不会做的事情很多。于是他穿过大街小巷,不停地思考:人们会有什么难题,他又如何利用这个机会?

一天,吃早饭时父亲让达瑞去取报纸。美国的送报员总是把报纸从花园篱笆的一个特制的管子里塞进来。假如你想穿着睡衣舒舒服服地吃早饭和看报纸,就必须离开温暖的房间,冒着寒风,到花园去取。虽然路短,但十分麻烦。

当达瑞为父亲取报纸的时候,一个主意诞生了。当天他就按响邻居的门铃,对他们说,每个月只需付给他一美元,他就每天早上把报纸塞到他们的房门底下。大多数人都同意了,很快他有//了七十多个顾客。一个月后,当他拿到自己赚的钱时,觉得自己简直是飞上了天。

很快他又有了新的机会,他让他的顾客每天把垃圾袋放在门前,然后由他早上运到垃圾桶里,每个月加一美元。之后他还想出了许多孩子赚钱的办法,并把它集结成书,书名为《儿童挣钱的二百五十个主意》。为此,达瑞十二岁时就成了畅销书作家,十五岁有了自己的谈话节目,十七岁就拥有了几百万美元。

节选自〔德〕博多·舍费尔《达瑞的故事》,刘志明译

# ZuòPǐn 4 Hào

　　Zài Dáruì bā suì de shíhou, yǒu yī tiān tā xiǎng qù kàn diànyǐng. Yīn·wèi méi·yǒu qián, tā xiǎng shì xiàng bà mā yào qián, háishì zìjǐ zhèngqián. Zuìhòu tā xuǎnzéle hòuzhě. Tā zìjǐ tiáozhìle yī zhǒng qìshuǐr, xiàng guòlù de xíngrén chūshòu. Kě nàshí zhèngshì hánlěng de dōngtiān, méi·yǒu rén mǎi, zhǐyǒu liǎng gè rén lìwài——tā de bàba hé māma.

　　Tā ǒurán yǒu yī gè hé fēicháng chénggōng de shāngrén tánhuà de jī·huì. Dāng tā duì shāngrén jiǎngshùle zìjǐ de "pòchǎnshǐ" hòu, shāngrén gěile tā liǎng gè zhòngyào de jiànyì: yī shì chángshì wèi bié·rén jiějué yī gè nántí; èr shì bǎ jīnglì jízhōng zài nǐ zhī·dào de、nǐ huì de hé nǐ yōngyǒu de dōngxi·shàng.

　　Zhè liǎng gè jiànyì hěn guānjiàn. Yīn·wèi duìyú yī gè bā suì de háizi ér yán, tā bù huì zuò de shìqing hěn duō. Yúshì tā chuānguo dàjiē xiǎoxiàng, bùtíng de sīkǎo: rénmen huì yǒu shénme nántí, tā yòu rúhé lìyòng zhège jī·huì?

　　Yī tiān, chī zǎofàn shí fù·qīn ràng Dáruì qù qǔ bàozhǐ. Měiguó de sòngbàoyuán zǒngshì bǎ bàozhǐ cóng huāyuán líba de yī gè tèzhì de guǎnzi·lǐ sāi jìn·lái. Jiǎrú nǐ xiǎng chuānzhe shuìyī shūshū-fúfú de chī zǎofàn hé kàn bàozhǐ, jiù bìxū líkāi wēnnuǎn de fángjiān, màozhe hánfēng, dào huāyuán qù qǔ. Suīrán lù duǎn, dàn shífēn máfan.

　　Dāng Dáruì wèi fù·qīn qǔ bàozhǐ de shíhou, yī gè zhǔyi dànshēng le. Dàngtiān tā jiù ànxiǎng lín·jū de ménlíng, duì tāmen shuō, měi gè yuè zhī xū fùgěi tā yī měiyuán, tā jiù měitiān zǎoshang bǎ bàozhǐ sāidào tāmen de fángmén dǐ·xià. Dàduōshù rén dōu tóngyìle, hěn kuài tā yǒule qīshí duō gè gùkè. Yī gè yuè hòu, dāng tā nádào zìjǐ zhuàn de qián shí, jué·dé zìjǐ jiǎnzhí shì fēi·shàngle tiān.

　　Hěn kuài tā yòu yǒule xīn de jī·huì, tā ràng tā de gùkè měitiān bǎ lājīdài fàng zài mén qián, ránhòu yóu tā zǎoshang yùndào lājītǒng·lǐ, měi gè yuè jiā yī měiyuán. Zhīhòu tā hái xiǎngchūle xǔduō háizi zhuànqián de bànfǎ, bìng bǎ tā jíjié chéng shū, shūmíng wéi 《Értóng Zhèngqián de Èrbǎi Wǔshí gè Zhǔyi》. Wèicǐ, Dáruì shí'èr suì shí jiù chéngle chàngxiāoshū zuòjiā, shíwǔ suì yǒule zìjǐ de tánhuà jiémù, shíqī suì jiù yōngyǒule jǐ bǎiwàn měiyuán.

Jiéxuǎn zì [Dé] Bóduō Shěfèi'ěr 《Dáruì de gùshi》　Liú Zhìmíng yì

## 作品5号

　　这是入冬以来，胶东半岛上第一场雪。

　　雪纷纷扬扬，下得很大。开始还伴着一阵儿小雨，不久就只见大片大片的雪花，从彤云密布的天空中飘落下来。地面上一会儿就白了。冬天的山村，到了夜里就万籁俱寂，只听得雪花簌簌地不断往下落，树木的枯枝被雪压断了，偶尔咯吱一声响。

　　大雪整整下了一夜。今天早晨，天放晴了，太阳出来了。推开门一看，嗬！好大的雪啊！山川、河流、树木、房屋，全都罩上了一层厚厚的雪，万里江山，变成了粉妆玉砌的世界。落光了叶子的柳树上挂满了毛茸茸亮晶晶的银条儿；而那些冬夏常青的松树和柏树上，则挂满了蓬松松沉甸甸的雪球儿。一阵风吹来，树枝轻轻地摇晃，美丽的银条儿和雪球儿簌簌地落下来，玉屑似的雪末儿随风飘扬，映着清晨的阳光，显出一道道五光十色的彩虹。

　　大街上的积雪足有一尺多深，人踩上去，脚底下发出咯吱咯吱的响声。一群群孩子在雪地里堆雪人，掷雪球儿。那欢乐的叫喊声，把树枝上的雪都震落下来了。

　　俗话说，"瑞雪兆丰年"。这个话有充分的科学根据，并不是一句迷信的成语。寒冬大雪，可以冻死一部分越冬的害虫；融化了的水渗进土层深处，又能供应//庄稼生长的需要。我相信这一场十分及时的大雪，一定会促进明年春季作物，尤其是小麦的丰收。有经验的老农把雪比做是"麦子的棉被"。冬天"棉被"盖得越厚，明春麦子就长得越好，所以又有这样一句谚语："冬天麦盖三层被，来年枕着馒头睡"。

　　我想，这就是人们为什么把及时的大雪称为"瑞雪"的道理吧。

节选自峻青《第一场雪》

# Zuò Pǐn 5 Hào

　　Zhè shì rùdōng yǐlái, Jiāodōng Bàndǎo•shàng dì-yī cháng xuě.
　　Xuě fēnfēn-yángyáng, xià de hěn dà. Kāishǐ hái bànzhe yīzhènr xiǎoyǔ, bùjiǔ jiù zhǐ jiàn dàpiàn dàpiàn de xuěhuā, cóng tóngyún-mìbù de tiānkōng zhōng piāoluò xià•lái. Dìmiàn•shàng yīhuìr jiù bái le. Dōngtiān de shāncūn, dàole yè•lǐ jiù wànlài-jùjì, zhǐ tīng de xuěhuā sùsù de bùduàn wǎngxià luò, shùmù de kūzhī bèi xuě yāduàn le, ǒu'ěr gēzhī yī shēng xiǎng.
　　Dàxuě zhěngzhěng xiàle yīyè. Jīntiān zǎo•chén, tiān fàngqíng le, tài•yáng chū•lái le. Tuīkāi mén yī kàn, hē! Hǎo dà de xuě a! Shānchuān、héliú、shùmù、fángwū, quán dōu zhào•shàngle yī céng hòuhòu de xuě, wànlǐ jiāngshān, biànchéngle fěnzhuāng-yùqì de shìjiè. Luòguāngle yèzi de liǔshù•shàng guàmǎnle máoróngróng liàngjīngjīng de yíntiáor; ér nàxiē dōng-xià chángqīng de sōngshù hé bǎishù•shàng, zé guàmǎnle péngsōngsōng chéndiàndiàn de xuěqiúr. Yī zhèn fēng chuīlái, shùzhī qīngqīng de yáo•huàng, měilì de yíntiáor hé xuěqiúr sùsù de luò xià•lái, yùxiè shìde xuěmòr suí fēng piāoyáng, yìngzhe qīngchén de yángguāng, xiǎnchū yī dàodào wǔguāng-shísè de cǎihóng.
　　Dàjiē•shàng de jīxuě zú yǒu yī chǐ duō shēn, rén cǎi shàng•qù, jiǎo dǐ•xià fāchū gēzhī gēzhī de xiǎngshēng. Yī qúnqún háizi zài xuědì•lǐ duī xuěrén, zhì xuěqiúr. Nà huānlè de jiàohǎnshēng, bǎ shùzhī•shàng de xuě dōu zhènluò xià•lái le.
　　Súhuà shuō, "Ruìxuě zhào fēngnián". Zhège huà yǒu chōngfèn de kēxué gēnjù, bìng bù shì yī jù míxìn de chéngyǔ. Hándōng dàxuě, kěyǐ dòngsǐ yī bùfen yuèdōng de hàichóng; rónghuàle de shuǐ shènjìn tǔcéng shēnchù, yòu néng gōngyìng zhuāngjia shēngzhǎng de xūyào. Wǒ xiāngxìn zhè yī cháng shífēn jíshí de dàxuě, yīdìng huì cùjìn míngnián chūnjì zuòwù, yóuqí shì xiǎomài de fēngshōu. Yǒu jīngyàn de lǎonóng bǎ xuě bǐzuò shì "màizi de miánbèi". Dōngtiān "miánbèi" gài de yuè hòu, míngchūn màizi jiù zhǎng de yuè hǎo, suǒyǐ yòu yǒu zhèyàng yī jù yànyǔ: "Dōngtiān mài gài sān céng bèi, láinián zhěnzhe mántou shuì".
　　Wǒ xiǎng, zhè jiùshì rénmen wèishénme bǎ jíshí de dàxuě chēngwéi "ruìxuě" de dào•lǐ ba.

*Jiéxuǎn zì Jùn Qīng《Dì-yī Cháng Xuě》*

# 作品6号

　　我常想读书人是世间幸福人,因为他除了拥有现实的世界之外,还拥有另一个更为浩瀚也更为丰富的世界。现实的世界是人人都有的,而后一个世界却为读书人所独有。由此我想,那些失去或不能阅读的人是多么的不幸,他们的丧失是不可补偿的。世间有诸多的不平等,财富的不平等,权力的不平等,而阅读能力的拥有或丧失却体现为精神的不平等。

　　一个人的一生,只能经历自己拥有的那一份欣悦,那一份苦难,也许再加上他亲自闻知的那一些关于自身以外的经历和经验。然而,人们通过阅读,却能进入不同时空的诸多他人的世界。这样,具有阅读能力的人,无形间获得了超越有限生命的无限可能性。阅读不仅使他多识了草木虫鱼之名,而且可以上溯远古下及未来,饱览存在的与非存在的奇风异俗。

　　更为重要的是,读书加惠于人们的不仅是知识的增广,而且还在于精神的感化与陶冶。人们从读书学做人,从那些往哲先贤以及当代才俊的著述中学得他们的人格。人们从《论语》中学得智慧的思考,从《史记》中学得严肃的历史精神,从《正气歌》中学得人格的刚烈,从马克思学得人世//的激情,从鲁迅学得批判精神,从托尔斯泰学得道德的执着。歌德的诗句刻写着睿智的人生,拜伦的诗句呼唤着奋斗的热情。一个读书人,一个有机会拥有超乎个人生命体验的幸运人。

节选自谢冕《读书人是幸福人》

# Zuòpǐn 6 Hào

Wǒ cháng xiǎng dúshūrén shì shìjiān xìngfú rén, yīn·wèi tā chúle yōngyǒu xiànshí de shìjiè zhīwài, hái yōngyǒu lìng yī gè gèng wéi hàohàn yě gèng wéi fēngfù de shìjiè. Xiànshí de shìjiè shì rénrén dōu yǒu de, ér hòu yī gè shìjiè què wéi dúshūrén suǒ dúyǒu. Yóu cǐ wǒ xiǎng, nàxiē shīqù huò bùnéng yuèdú de rén shì duōme de bùxìng, tāmen de sàngshī shì bùkě bǔcháng de. Shìjiān yǒu zhūduō de bù píngděng, cáifù de bù píngděng, quánlì de bù píngděng, ér yuèdú nénglì de yōngyǒu huò sàngshī què tǐxiàn wéi jīngshén de bù píngděng.

Yī gè rén de yīshēng, zhǐnéng jīnglì zìjǐ yōngyǒu de nà yī fèn xīnyuè, nà yī fèn kǔnàn, yěxǔ zài jiā·shàng tā qīnzì wén zhī de nà yīxiē guānyú zìshēn yǐwài de jīnglì hé jīngyàn. Rán'ér, rénmen tōngguò yuèdú, què néng jìnrù bùtóng shíkōng de zhūduō tārén de shìjiè. Zhèyàng, jùyǒu yuèdú nénglì de rén, wúxíng jiān huòdéle chāoyuè yǒuxiàn shēngmìng de wúxiàn kěnéngxìng. Yuèdú bùjǐn shǐ tā duō shíle cǎo-mù-chóng-yú zhīmíng, érqiě kěyǐ shàngsù yuǎngǔ xià jí wèilái, bǎolǎn cúnzài de yǔ fēicúnzài de qífēng-yìsú.

gèng wéi zhòngyào de shì, dúshū jiāhuì yú rénmen de bùjǐn shì zhīshi de zēngguǎng, érqiě hái zàiyú jīngshén de gǎnhuà yǔ táoyě. Rénmen cóng dúshū xué zuò rén, cóng nàxiē wǎngzhě xiānxián yǐjí dāngdài cáijùn de zhùshù zhōng xuédé tāmen de réngé. Rénmen cóng 《Lúnyǔ》 zhōng xuédé zhìhuì de sīkǎo, cóng 《Shǐjì》 zhōng xuédé yánsù de lìshǐ jīngshén, cóng 《Zhèngqìgē》 zhōng xuédé réngé de gāngliè, cóng Mǎkèsī xuédé rénshì de jīqíng, cóng Lǔ Xùn xuédé pīpàn jīngshén, cóng Tuō'ěrsītài xuédé dàodé de zhízhuó. gēdé de shījù kèxiězhe ruìzhì de rénshēng, Bàilún de shījù hūhuànzhe fèndòu de rèqíng. Yī gè dúshūrén, yī gè yǒu jī·huì yōngyǒu chāohū gèrén shēngmìng tǐyàn de xìngyùn rén.

Jiéxuǎn zì Xiè Miǎn 《Dúshūrén Shì Xìngfú Rén》

## 作品 7 号

  一天，爸爸下班回到家已经很晚了，他很累也有点儿烦，他发现五岁的儿子靠在门旁正等着他。

  "爸，我可以问您一个问题吗？"

  "什么问题？""爸，您一小时可以赚多少钱？""这与你无关，你为什么问这个问题？"父亲生气地说。

  "我只是想知道，请告诉我，您一小时赚多少钱？"小孩儿哀求道。"假如你一定要知道的话，我一小时赚二十美金。"

  "哦，"小孩儿低下了头，接着又说，"爸，可以借我十美金吗？"父亲发怒了："如果你只是要借钱去买毫无意义的玩具的话，给我回到你的房间睡觉去。好好想想为什么你会那么自私。我每天辛苦工作，没时间和你玩儿小孩子的游戏。"

  小孩儿默默地回到自己的房间关上门。

  父亲坐下来还在生气。后来他平静下来了。心想他可能对孩子太凶了——或许孩子真的很想买什么东西，再说他平时很少要过钱。

  父亲走进孩子的房间："你睡了吗？""爸，还没有，我还醒着。"孩子回答。

  "我刚才可能对你太凶了，"父亲说，"我不应该发那么大的火儿——这是你要的十美金。""爸，谢谢您。"孩子高兴地从枕头下拿出一些被弄皱的钞票，慢慢地数着。

  "为什么你已经有钱了还要？"父亲不解地问。

  "因为原来不够，但现在凑够了。"孩子回答："爸，我现在有 // 二十美金了，我可以向您买一小时的时间吗？明天请早一点儿回家——我想和您一起吃晚餐。"

节选自唐继柳编译《二十美金的价值》

# Zuòpǐn 7 Hào

Yī tiān, bàba xiàbān huídào jiā yǐ·jīng hěn wǎn le, tā hěn lèi yě yǒu diǎnr fán, tā fāxiàn wǔ suì de érzi kào zài mén páng zhèng děngzhe tā.

"Bà, wǒ kěyǐ wèn nín yī gè wèntí ma?"

"Shénme wèntí?" "Bà, nín yī xiǎoshí kěyǐ zhuàn duō·shǎo qián?" "Zhè yǔ nǐ wúguān, nǐ wèishénme wèn zhège wèntí?" Fù·qīn shēngqì de shuō.

"Wǒ zhǐshì xiǎng zhī·dào, qǐng gàosu wǒ, nín yī xiǎoshí zhuàn duō·shǎo qián?" Xiǎoháir āiqiú dào. "Jiǎrú nǐ yīdìng yào zhī·dào de huà, wǒ yī xiǎoshí zhuàn èrshí měijīn."

"Ò," Xiǎoháir dīxiàle tóu, jiēzhe yòu shuō, "Bà, kěyǐ jiè wǒ shí měijīn ma?" Fù·qīn fānù le: "Rúguǒ nǐ zhǐshì yào jiè qián qù mǎi háowú yìyì de wánjù de huà, gěi wǒ huídào nǐ de fángjiān shuìjiào·qù. Hǎohǎo xiǎngxiang wèishénme nǐ huì nàme zìsī. Wǒ měitiān xīnkǔ gōngzuò, méi shíjiān hé nǐ wánr xiǎoháizi de yóuxì."

Xiǎoháir mòmò de huídào zìjǐ de fángjiān guān·shàng mén.

Fù·qīn zuò xià·lái hái zài shēngqì. Hòulái, tā píngjìng xià·lái le. Xīnxiǎng tā kěnéng duì háizi tài xiōng le——huòxǔ háizi zhēnde hěn xiǎng mǎi shénme dōngxi, zài shuō tā píngshí hěn shǎo yàoguo qián.

Fù·qīn zǒujìn háizi de fángjiān: "Nǐ shuìle ma?" "Bà, hái méi·yǒu, wǒ hái xǐngzhe." Háizi huídá.

"Wǒ gāngcái kěnéng duì nǐ tài xiōng le." Fù·qīn shuō, "Wǒ bù yīnggāi fā nàme dà de huǒr——zhè shì nǐ yào de shí měijīn." "Bà, xièxie nín." Háizi gāoxìng de cóng zhěntou·xià náchū yīxiē bèi nòngzhòu de chāopiào, mànmàn de shǔzhe.

"Wèishénme nǐ yǐ·jīng yǒu qián le hái yào?" Fù·qīn bùjiě de wèn.

"Yīn·wèi yuánlái bùgòu, dàn xiànzài còugòu le." Háizi huídá: "Bà, wǒ xiànzài yǒu èrshí měijīn le, wǒ kěyǐ xiàng nín mǎi yī gè xiǎoshí de shíjiān ma? Míngtiān qǐng zǎo yīdiǎnr huíjiā——wǒ xiǎng hé nín yīqǐ chī wǎncān."

Jiéxuǎn zì Táng Jìliǔ biānyì 《Èrshí Měijīn de Jiàzhí》

## 作品8号

　　我爱月夜，但我也爱星天。从前在家乡七八月的夜晚在庭院里纳凉的时候，我最爱看天上密密麻麻的繁星。望着星天，我就会忘记一切，仿佛回到了母亲的怀里似的。

　　三年前在南京我住的地方有一道后门，每晚我打开后门，便看见一个静寂的夜。下面是一片菜园，上面是星群密布的蓝天。星光在我们的肉眼里虽然微小，然而它使我们觉得光明无处不在。那时候我正在读一些天文学的书，也认得一些星星，好像它们就是我的朋友，它们常常在和我谈话一样。

　　如今在海上，每晚和繁星相对，我把它们认得很熟了。我躺在舱面上，仰望天空。深蓝色的天空里悬着无数半明半昧的星。船在动，星也在动，它们是这样低，真是摇摇欲坠呢！渐渐地我的眼睛模糊了，我好像看见无数萤火虫在我的周围飞舞。海上的夜是柔和的，是静寂的，是梦幻的。我望着许多认识的星，我仿佛看见它们在对我眨眼，我仿佛听见它们在小声说话。这时我忘记了一切。在星的怀抱中我微笑着，我沉睡着。我觉得自己是一个小孩子，现在睡在母亲的怀里了。

　　有一夜，那个在哥伦波上船的英国人指给我看天上的巨人。他用手指着：// 那四颗明亮的星是头，下面的几颗是身子，这几颗是手，那几颗是腿和脚，还有三颗星算是腰带。经他这一番指点，我果然看清楚了那个天上的巨人。看，那个巨人还在跑呢！

节选自巴金《繁星》

# Zuòpǐn 8 Hào

　　Wǒ ài yuèyè, dàn wǒ yě ài xīngtiān. Cóngqián zài jiāxiāng qī-bāyuè de yèwǎn zài tíngyuàn·lǐ nàliáng de shíhou, wǒ zuì ài kàn tiān·shàng mìmì-mámá de fánxīng. Wàngzhe xīngtiān, Wǒ jiù huì wàngjì yīqiè, fǎngfú huídàole mǔ·qīn de huái·lǐ shìde.

　　Sān nián qián zài Nánjīng wǒ zhù de dìfang yǒu yī dào hòumén, měi wǎn wǒ dǎkāi hòumén, biàn kàn·jiàn yī gè jìngjì de yè. Xià·miàn shì yī piàn càiyuán, shàng·miàn shì xīngqún mìbù de lántiān. Xīngguāng zài wǒmen de ròuyǎn·lǐ suīrán wēixiǎo, rán'ér tā shǐ wǒmen jué·dé guāngmíng wúchù-bùzài. Nà shíhou wǒ zhèngzài dú yīxiē tiānwénxué de shū, yě rènde yīxiē xīngxing, hǎoxiàng tāmen jiùshì wǒ de péngyou, tāmen chángcháng zài hé wǒ tánhuà yīyàng.

　　Rújīn zài hǎi·shàng, měi wǎn hé fánxīng xiāngduì, wǒ bǎ tāmen rènde hěn shú le. Wǒ tǎng zài cāngmiàn·shàng, yǎngwàng tiānkōng. Shēnlánsè de tiānkōng·lǐ xuánzhe wúshù bànmíng-bànmèi de xīng. Chuán zài dòng, xīng yě zài dòng, tāmen shì zhèyàng dī, zhēn shì yáoyáo-yùzhuì ne! Jiànjiàn de wǒ de yǎnjing móhu le, wǒ hǎoxiàng kàn·jiàn wúshù yínghuǒchóng zài wǒ de zhōuwéi fēiwǔ. Hǎi·shàng de yè shì róuhé de, shì jìngjì de, shì mènghuàn de. Wǒ wàngzhe xǔduō rènshi de xīng, wǒ fǎngfú kàn·jiàn tāmen zài duì wǒ zhǎyǎn, wǒ fǎngfú tīng·jiàn tāmen zài xiǎoshēng shuōhuà. Zhèshí wǒ wàngjìle yīqiè. Zài xīng de huáibào zhōng wǒ wēixiàozhe, wǒ chénshuìzhe. Wǒ jué·dé zìjǐ shì yī gè xiǎoháizi, xiànzài shuì zài mǔ·qīn de huái·lǐ le.

　　Yǒu yī yè, nàge zài gēlúnbō shàng chuán de Yīngguórén zhǐ gěi wǒ kàn tiān·shàng de jùrén. Tā yòng shǒu zhǐzhe: Nà sì kē míngliàng de xīng shì tóu, xià·miàn de jǐ kē shì shēnzi, zhè jǐ kē shì shǒu, nà jǐ kē shì tuǐ hé jiǎo, háiyǒu sān kē xīng suàn shì yāodài. Jīng tā zhè yīfān zhǐdiǎn, wǒ guǒrán kàn qīngchule nàge tiān·shàng de jùrén. Kàn, nàge jùrén hái zài pǎo ne!

*Jiéxuǎn zì Bā Jīn 《Fánxīng》*

## 作品9号

　　假日到河滩上转转，看见许多孩子在放风筝。一根根长长的引线，一头系在天上，一头系在地上，孩子同风筝都在天与地之间悠荡，连心也被悠荡得恍恍惚惚了，好像又回到了童年。

　　儿时放的风筝，大多是自己的长辈或家人编扎的，几根削得很薄的篾，用细纱线扎成各种鸟兽的造型，糊上雪白的纸片，再用彩笔勾勒出面孔与翅膀的图案。通常扎得最多的是"老雕""美人儿""花蝴蝶"等。

　　我们家前院就有位叔叔，擅扎风筝，远近闻名。他扎的风筝不只体型好看，色彩艳丽，放飞得高远，还在风筝上绷一叶用蒲苇削成的膜片，经风一吹，发出"嗡嗡"的声响，仿佛是风筝的歌唱，在蓝天下播扬，给开阔的天地增添了无尽的韵味，给驰荡的童心带来几分疯狂。

　　我们那条胡同的左邻右舍的孩子们放的风筝几乎都是叔叔编扎的。他的风筝不卖钱，谁上门去要，就给谁，他乐意自己贴钱买材料。

　　后来，这位叔叔去了海外，放风筝也渐与孩子们远离了。不过年年叔叔给家乡写信，总不忘提起儿时的放风筝。香港回归之后，他在家信中说到，他这只被故乡放飞到海外的风筝，尽管飘荡游弋，经沐风雨，可那线头儿一直在故乡和亲人手中牵着，如今飘得太累了，也该要回归到家乡和 // 亲人身边来了。

　　是的。我想，不光是叔叔，我们每个人都是风筝，在妈妈手中牵着，从小放到大，再从家乡放到祖国最需要的地方去啊！

节选自李恒瑞《风筝畅想曲》

# Zuòpǐn 9 Hào

　　Jiàrì dào hétān·shàng zhuànzhuan, kàn·jiàn xǔduō háizi zài fàng fēngzheng. Yīgēngēn chángcháng de yǐnxiàn, yītóur jì zài tiān·shàng, yī tóur jì zài dì·shàng, háizi tóng fēngzheng dōu zài tiān yǔ dì zhījiān yōudàng, lián xīn yě bèi yōudàng de huǎnghuǎng-hūhū le, hǎoxiàng yòu huídàole tóngnián.

　　Érshí fàng de fēngzheng, dàduō shì zìjǐ de zhǎngbèi huò jiārén biānzā de, jǐ gēn xiāo de hěn báo de miè, yòng xì shāxiàn zāchéng gè zhǒng niǎo shòu de zàoxíng, hú·shàng xuěbái de zhǐpiàn, zài yòng cǎibǐ gōulè chū miànkǒng yǔ chìbǎng de tú'àn. Tōngcháng zā de zuì duō de shì "lǎodiāo" "měirénr" "huāhúdié" děng.

　　Wǒmen jiā qiányuàn jiù yǒu wèi shūshu, shàn zā fēngzheng, yuǎn-jìn wénmíng. Tā zā de fēngzheng bùzhǐ tǐxíng hǎokàn, sècǎi yànlì, fàngfēi de gāo yuǎn, hái zài fēngzheng·shàng bēng yī yè yòng púwěi xiāochéng de mópiàn, jīng fēng yī chuī, fāchū "wēngwēng" de shēngxiǎng, fǎngfú shì fēngzheng de gēchàng, zài lántiān·xià bō yáng, gěi kāikuò de tiāndì zēngtiānle wújìn de yùnwèi, gěi chídàng de tóngxīn dàilái jǐ fēn fēngkuáng.

　　Wǒmen nà tiáo hútòngr de zuǒlín-yòushè de háizimen fàng de fēngzheng jīhū dōu shì shūshu biānzā de. Tā de fēngzheng bù mài qián, shéi shàngmén qù yào, jiù gěi shéi, tā lèyì zìjǐ tiē qián mǎi cáiliào.

　　Hòulái, zhèwèi shūshu qùle hǎiwài, fàng fēngzheng yě jiàn yǔ háizimen yuǎnlí le. Bùguò niánnián shūshu gěi jiāxiāng xiě xìn, zǒng bù wàng tíqǐ érshí de fàng fēngzheng. Xiānggǎng huíguī zhīhòu, tā zài jiāxìn zhōng shuōdào, tā zhè zhī bèi gùxiāng fàngfēi dào hǎiwài de fēngzheng, jǐnguǎn piāodàng yóuyì, jīng mù fēngyǔ, kě nà xiàntóur yīzhí zài gùxiāng hé qīnrén shǒu zhōng qiānzhe, rújīn piāo de tài lèi le, yě gāi yào huíguī dào jiāxiāng hé qīnrén shēnbiān lái le.

　　Shìde. Wǒ xiǎng, bùguāng shì shūshu, wǒmen měi gè rén dōu shì fēngzheng, zài māma shǒu zhōng qiānzhe, cóngxiǎo fàngdào dà, zài cóng jiāxiāng fàngdào zǔguó zuì xūyào de dìfang qù a!

Jiéxuǎn zì Lǐ Héngruì《Fēngzheng Chàngxiǎngqǔ》

## 作品 10 号

爸不懂得怎样表达爱,使我们一家人融洽相处的是我妈。他只是每天上班下班,而妈则把我们做过的错事开列清单,然后由他来责骂我们。

有一次我偷了一块糖果,他要我把它送回去,告诉卖糖的说是我偷来的,说我愿意替他拆箱卸货作为赔偿。但妈妈却明白我只是个孩子。

我在运动场打秋千跌断了腿,在前往医院途中一直抱着我的,是我妈。爸把汽车停在急诊室门口,他们叫他驶开,说那空位是留给紧急车辆停放的。爸听了便叫嚷道:"你以为这是什么车?旅游车?"

在我生日会上,爸总是显得有些不大相称。他只是忙于吹气球,布置餐桌,做杂务。把插着蜡烛的蛋糕推过来让我吹的,是我妈。

我翻阅照相册时,人们总是问:"你爸爸是什么样子的?"天晓得!他老是忙着替别人拍照。妈和我笑容可掬地一起拍的照片,多得不可胜数。

我记得妈有一次叫他教我骑自行车。我叫他别放手,但他却说是应该放手的时候了。我摔倒之后,妈跑过来扶我,爸却挥手要她走开。我当时生气极了,决心要给他点儿颜色看。于是我马上爬上自行车,而且自己骑给他看。他只是微笑。

我念大学时,所有的家信都是妈写的。他//除了寄支票外,还寄过一封短柬给我,说因为我不在草坪上踢足球了,所以他的草坪长得很美。

每次我打电话回家,他似乎都想跟我说话,但结果总是说:"我叫你妈来接。"

我结婚时,掉眼泪的是我妈。他只是大声擤了一下鼻子,便走出房间。

我从小到大都听他说:"你到哪里去?什么时候回家?汽车有没有汽油?不,不准去。"爸完全不知道怎样表达爱。除非……

会不会是他已经表达了,而我却未能察觉?

节选自 [美] 艾尔玛·邦贝克《父亲的爱》

# Zuòpǐn 10 Hào

　　Bà bù dǒng·dé zěnyàng biǎodá ài, shǐ wǒmen yī jiā rén róngqià xiāngchǔ de shì wǒ mā. Tā zhǐshì měi tiān shàngbān xiàbān, ér mā zé bǎ wǒmen zuòguo de cuòshì kāiliè qīngdān, ránhòu yóu tā lái zémà wǒmen.

　　Yǒu yī cì wǒ tōule yī kuài tángguǒ, tā yào wǒ bǎ tā sòng huí·qù, gàosu mài táng de shuō shì wǒ tōu·lái de, shuō wǒ yuàn·yì tì tā chāi xiāng xiè huò zuòwéi péicháng. Dàn māma què míngbai wǒ zhǐshì gè háizi.

　　Wǒ zài yùndòngchǎng dǎ qiūqiān diēduànle tuǐ, zài qiánwǎng yīyuàn túzhōng yīzhí bàozhe wǒ de, shì wǒ mā. Bà bǎ qìchē tíng zài jízhěnshì ménkǒu, tāmen jiào tā shǐkāi, shuō nà kòngwèi shì liúgěi jǐnjí chēliàng tíngfàng de. Bà tīngle biàn jiàorǎng dào: "Nǐ yǐwéi zhè shì shénme chē? Lǚyóuchē?"

　　Zài wǒ shēngrì huì·shàng, bà zǒngshì xiǎn·dé yǒuxiē bùdà xiāngchèn. Tā zhǐshì máng yú chuī qìqiú, bùzhī cānzhuō, zuò záwù. Bǎ chāzhe làzhú de dàngāo tuī guò·lái ràng wǒ chuī de, shì wǒ mā.

　　Wǒ fānyuè zhàoxiàngcè shí, rénmen zǒngshì wèn: "Nǐ bàba shì shénme yàngzi de?" Tiān xiǎo·dé! Tā lǎoshi mángzhe tì bié·rén pāizhào. Mā hé wǒ xiàoróng-kějū de yīqǐ pāi de zhàopiàn duō de bùkě-shèngshǔ.

　　Wǒ jì·dé mā yǒu yī cì jiào tā jiāo wǒ qí zìxíngchē. Wǒ jiào tā bié fàngshǒu, dàn tā què shuō shì yīnggāi fàngshǒu de shíhou le. Wǒ shuāidǎo zhīhòu, mā pǎo guò·lái fú wǒ, bà què huīshǒu yào tā zǒukāi. Wǒ dāngshí shēngqì jí le, juéxīn yào gěi tā diǎnr yánsè kàn. Yúshì wǒ mǎshàng pá·shàng zìxíngchē, érqiě zìjǐ qí gěi tā kàn. Tā zhǐshì wēixiào.

　　Wǒ niàn dàxué shí, suǒyǒu de jiāxìn dōu shì mā xiě de. Tā chúle jì zhīpiào wài, hái jìguo yī fēng duǎn jiǎn gěi wǒ, shuō yīn·wèi wǒ bù zài cǎopíng·shàng tī zúqiú le, suǒyǐ tā de cǎopíng zhǎng de hěn měi.

　　Měi cì wǒ dǎ diànhuà huíjiā, tā sìhū dōu xiǎng gēn wǒ shuōhuà, dàn jiéguǒ zǒngshì shuō: "Wǒ jiào nǐ mā lái jiē."

　　Wǒ jiéhūn shí, diào yǎnlèi de shì wǒ mā. Tā zhǐshì dàshēng xǐngle yīxià bízi, biàn zǒuchū fángjiān.

　　Wǒ cóng xiǎo dào dà dōu tīng tā shuō: "Nǐ dào nǎ·lǐ qù? Shénme shíhou huíjiā? Qìchē yǒu méi·yǒu qìyóu? Bù, bù zhǔn qù." Bà wánquán bù zhī·dào zěnyàng biǎodá ài. Chúfēi……

　　Huì bù huì shì tā yǐ·jīng biǎodá le, ér wǒ què wèi néng chájué?

*Jiéxuǎn zì [Měi] Ài'ěrmǎ Bāngbèikè 《Fù·qīn de Ài》*

## 作品 11 号

一个大问题一直盘踞在我脑袋里：

世界杯怎么会有如此巨大的吸引力？除去足球本身的魅力之外，还有什么超乎其上而更伟大的东西？

近来观看世界杯，忽然从中得到了答案：是由于一种无上崇高的精神情感——国家荣誉感！

地球上的人都会有国家的概念，但未必时时都有国家的感情。往往人到异国，思念家乡，心怀故国，这国家概念就变得有血有肉，爱国之情来得非常具体。而现代社会，科技昌达，信息快捷，事事上网，世界真是太小太小，国家的界限似乎也不那么清晰了。再说足球正在快速世界化，平日里各国球员频繁转会，往来随意，致使越来越多的国家联赛都具有国际的因素。球员们不论国籍，只效力于自己的俱乐部，他们比赛时的激情中完全没有爱国主义的因子。

然而，到了世界杯大赛，天下大变。各国球员都回国效力，穿上与光荣的国旗同样色彩的服装。在每一场比赛前，还高唱国歌以宣誓对自己祖国的挚爱与忠诚。一种血缘情感开始在全身的血管里燃烧起来，而且立刻热血沸腾。

在历史时代，国家间经常发生对抗，好男儿戎装卫国。国家的荣誉往往需要以自己的生命去换 // 取。但在和平时代，唯有这种国家之间大规模对抗性的大赛，才可以唤起那种遥远而神圣的情感，那就是：为祖国而战！

节选自冯骥才《国家荣誉感》

# Zuòpǐn 11 Hào

Yī gè dà wèntí yīzhí pánjù zài wǒ nǎodai•lǐ:

Shìjièbēi zěnme huì yǒu rúcǐ jùdà de xīyǐnlì？Chúqù zúqiú běnshēn de mèilì zhīwài, hái yǒu shénme chāohūqíshàng ér gèng wěidà de dōngxi？

Jìnlái guānkàn shìjièbēi, hūrán cóngzhōng dédàole dá'àn: Shì yóuyú yī zhǒng wúshàng chónggāo de jīngshén qínggǎn——guójiā róngyùgǎn！

Dìqiú•shàng de rén dōu huì yǒu guójiā de gàiniàn, dàn wèibì shíshí dōu yǒu guójiā de gǎnqíng. Wǎngwǎng rén dào yìguó, sīniàn jiāxiāng, xīn huái gùguó, zhè guójiā gàiniàn jiù biànde yǒu xiě yǒu ròu, àiguó zhī qíng lái de fēicháng jùtǐ. Ér xiàndài shèhuì, kējì chāngdá, xìnxī kuàijié, shìshì shàngwǎng, shìjiè zhēn shì tài xiǎo tài xiǎo, guójiā de jièxiàn sìhū yě bù nàme qīngxī le. Zàishuō zúqiú zhèngzài kuàisù shìjièhuà, píngrì•lǐ gè guó qiúyuán pínfán zhuǎn huì, wǎnglái suíyì, zhǐshì yuèláiyuèduō de guójiā liánsài dōu jùyǒu guójì de yīnsù. Qiúyuánmen bùlùn guójí, zhǐ xiàolì yú zìjǐ de jùlèbù, tāmen bǐsài shí de jīqíng zhōng wánquán méi•yǒu àiguózhǔyì de yīnzǐ.

Rán'ér, dàole shìjièbēi dàsài, tiānxià dàbiàn. Gè guó qiúyuán dōu huíguó xiàolì, chuān•shàng yǔ guāngróng de guóqí tóngyàng sècǎi de fúzhuāng. Zài měi yī chǎng bǐsài qián, hái gāochàng guógē yǐ xuānshì duì zìjǐ zǔguó de zhì'ài yǔ zhōngchéng. Yī zhǒng xuèyuán qínggǎn kāishǐ zài quánshēn de xuèguǎn•lǐ ránshāo qǐ•lái, érqiě lìkè rèxuè fèiténg.

Zài lìshǐ shídài, guójiā jiān jīngcháng fāshēng duìkàng, hǎo nán'ér róngzhuāng wèiguó. guójiā de róngyù wǎngwǎng xūyào yǐ zìjǐ de shēngmìng qù huànqǔ. Dàn zài hépíng shídài, wéiyǒu zhè zhǒng guójiā zhījiān dàguīmó duìkàngxìng de dàsài, cái kěyǐ huànqǐ nà zhǒng yáoyuǎn ér shénshèng de qínggǎn, nà jiùshì: Wèizǔguó ér zhàn！

*Jiéxuǎn zì Féng Jìcái 《guójiā Róngyùgǎn》*

## 作品 12 号

夕阳落山不久,西方的天空,还燃烧着一片橘红色的晚霞。大海,也被这霞光染成了红色,而且比天空的景色更要壮观。因为它是活动的,每当一排排波浪涌起的时候,那映照在浪峰上的霞光又红又亮,简直就像一片片霍霍燃烧着的火焰,闪烁着,消失了。而后面的一排,又闪烁着,滚动着,涌了过来。

天空的霞光渐渐地淡下去了,深红的颜色变成了绯红,绯红又变为浅红。最后,当这一切红光都消失了的时候,那突然显得高而远了的天空,则呈现出一片肃穆的神色。最早出现的启明星,在这蓝色的天幕上闪烁起来了。它是那么大,那么亮,整个广漠的天幕上只有它在那里放射着令人注目的光辉,活像一盏悬挂在高空的明灯。

夜色加浓,苍空中的"明灯"越来越多了。而城市各处的真的灯火也次第亮了起来,尤其是围绕在海港周围山坡上的那一片灯光,从半空倒映在乌蓝的海面上,随着波浪,晃动着,闪烁着,像一串流动着的珍珠,和那一片片密布在苍穹里的星斗互相辉映,煞是好看。

在这幽美的夜色中,我踏着软绵绵的沙滩,沿着海边,慢慢地向前走去。海水,轻轻地抚摸着细软的沙滩,发出温柔的 // 刷刷声。晚来的海风,清新而又凉爽。我的心里,有着说不出的兴奋和愉快。

夜风轻飘飘地吹拂着,空气中飘荡着一种大海和田禾相混合的香味儿,柔软的沙滩上还残留着白天太阳炙晒的余温。那些在各个工作岗位上劳动了一天的人们,三三两两地来到这软绵绵的沙滩上,他们浴着凉爽的海风,望着那缀满了星星的夜空,尽情地说笑,尽情地休憩。

节选自峻青《海滨仲夏夜》

# Zuòpǐn 12 Hào

Xīyáng luòshān bùjiǔ, xīfāng de tiānkōng, hái ránshāozhe yī piàn júhóngsè de wǎnxiá. Dàhǎi, yě bèi zhè xiáguāng rǎnchéngle hóngsè, érqiě bǐ tiānkōng de jǐngsè gèng yào zhuàngguān. Yīn·wèi tā shì huó·dòngde, měidāng yīpáipái bōlàng yǒngqǐ de shíhou, nà yìngzhào zài làngfēng·shàng de xiáguāng, yòu hóng yòu liàng, jiǎnzhí jiù xiàng yīpiànpiàn huòhuò ránshāozhe de huǒyàn, shǎnshuòzhe, xiāoshī le. Ér hòu·miàn de yī pái, yòu shǎnshuòzhe, gǔndòngzhe, yǒngle guò·lái.

Tiānkōng de xiáguāng jiànjiàn de dàn xià·qù le, shēnhóng de yánsè biànchéngle fēihóng, fēihóng yòu biànwéi qiǎnhóng. Zuìhòu, dāng zhè yīqiè hóngguāng dōu xiāoshīle de shíhou, nà tūrán xiǎn·dé gāo ér yuǎn le de tiānkōng, zé chéngxiàn chū yī piàn sùmù de shénsè. Zuì zǎo chūxiàn de qǐmíngxīng, zài zhè lánsè de tiānmù·shàng shǎnshuò qǐ·lái le. Tā shì nàme dà, nàme liàng, zhěnggè guǎngmò de tiānmù·shàng zhǐyǒu tā zài nà·lǐ fàngshèzhe lìng rén zhùmù de guānghuī, huóxiàng yī zhǎn xuánguà zài gāokōng de míngdēng.

Yèsè jiā nóng, cāngkōng zhōng de "míngdēng" yuèláiyuè duō le. Ér chéngshì gè chù de zhēn de dēnghuǒ yě cìdì liàngle qǐ·lái, yóuqí shì wéirào zài hǎigǎng zhōuwéi shānpō·shàng de nà yī piàn dēngguāng, cóng bànkōng dàoyìng zài wūlán de hǎimiàn·shàng, suízhe bōlàng, huàngdòngzhe, shǎnshuòzhe, xiàng yī chuàn liúdòngzhe de zhēnzhū, hé nà yīpiànpiàn mìbù zài cāngqióng·lǐ de xīngdǒu hùxiāng huīyìng, shà shì hǎokàn.

Zài zhè yōuměi de yèsè zhōng, wǒ tàzhe ruǎnmiánmián de shātān, yánzhe hǎibiān, mànmàn de xiàngqián zǒu·qù. Hǎishuǐ, qīngqīng de fǔmōzhe xìruǎn de shātān, fāchū wēnróu de shuāshuā shēng. Wǎnlái de hǎifēng, qīngxīn ér yòu liángshuǎng. Wǒ de xīn·lǐ, yǒuzhe shuō·bùchū de xīngfèn hé yúkuài.

Yèfēng qīngpiāopiāo de chuīfúzhe, kōngqì zhōng piāodàngzhe yī zhǒng dàhǎi hé tiánhé xiāng hùnhé de xiāngwèir, róuruǎn de shātān·shàng hái cánliúzhe bái·tiān tài·yáng zhìshài de yúwēn. Nàxiē zài gè gè gōngzuò gǎngwèi·shàng láodòngle yītiān de rénmen, sānsān-liǎngliǎng de láidào zhè ruǎnmiánmián de shātān·shàng, tāmen yùzhe liángshuǎng de hǎifēng, wàngzhe nà zhuìmǎnle xīngxing de yèkōng, jìnqíng de shuōxiào, jìnqíng de xiūqì.

*Jiéxuǎn zì Jùn Qīng 《Hǎibīn Zhòngxià Yè》*

## 作品 13 号

　　生命在海洋里诞生绝不是偶然的,海洋的物理和化学性质,使它成为孕育原始生命的摇篮。
　　我们知道,水是生物的重要组成部分,许多动物组织的含水量在百分之八十以上,而一些海洋生物的含水量高达百分之九十五。水是新陈代谢的重要媒介,没有它,体内的一系列生理和生物化学反应就无法进行,生命也就停止。因此,在短时间内动物缺水要比缺少食物更加危险。水对今天的生命是如此重要,它对脆弱的原始生命,更是举足轻重了。生命在海洋里诞生,就不会有缺水之忧。
　　水是一种良好的溶剂。海洋中含有生命所必需的无机盐,如氯化钠、氯化钾、碳酸盐、磷酸盐,还有溶解氧,原始生命可以毫不费力地从中吸取它所需要的元素。
　　水具有很高的热容量,加之海洋浩大,任凭夏季烈日曝晒,冬季寒风扫荡,它的温度变化却比较小。因此,巨大的海洋就像是天然的"温箱",是孕育原始生命的温床。
　　阳光虽然为生命所必需,但是阳光中的紫外线却有扼杀原始生命的危险。水能有效地吸收紫外线,因而又为原始生命提供了天然的"屏障"。
　　这一切都是原始生命得以产生和发展的必要条件。//

节选自童裳亮《海洋与生命》

## Zuòpǐn 13 Hào

　　Shēngmìng zài hǎiyáng·lǐ dànshēng jué bù shì ǒurán de, hǎiyáng de wùlǐ hé huàxué xìngzhì, shǐ tā chéngwéi yùnyù yuánshǐ shēngmìng de yáolán.

　　Wǒmen zhī·dào, shuǐ shì shēngwù de zhòngyào zǔchéng bùfen, xǔduō dòngwù zǔzhī de hánshuǐliàng zài bǎi fēn zhī bāshí yǐshàng, ér yīxiē hǎiyáng shēngwù de hánshuǐliàng gāodá bǎi fēn zhī jiǔshíwǔ. Shuǐ shì xīnchén-dàixiè de zhòngyào méijiè, méi·yǒu tā, tǐnèi de yīxìliè shēnglǐ hé shēngwù huàxué fǎnyìng jiù wúfǎ jìnxíng, shēngmìng yě jiù tíngzhǐ. Yīncǐ, zài duǎn shíqī nèi dòngwù quē shuǐ yào bǐ quēshǎo shíwù gèngjiā wēixiǎn. Shuǐ duì jīntiān de shēngmìng shì rúcǐ zhòngyào, tā duì cuìruò de yuánshǐ shēngmìng, gèng shì jǔzú-qīngzhòng le. Shēngmìng zài hǎiyáng·lǐ dànshēng, jiù bù huì yǒu quē shuǐ zhī yōu.

　　Shuǐ shì yī zhǒng liánghǎo de róngjì. Hǎiyáng zhōng hányǒu xǔduō shēngmìng suǒ bìxū de wújīyán, rú lǜhuànà, lǜhuàjiǎ, tànsuānyán, línsuānyán, háiyǒu róngjiěyǎng, yuánshǐ shēngmìng kěyǐ háobù fèilì de cóngzhōng xīqǔ tā suǒ xūyào de yuánsù.

　　Shuǐ jùyǒu hěn gāo de rè róngliàng, jiāzhī hǎiyáng hàodà, rènpíng xiàjì lièrì pùshài, dōngjì hánfēng sǎodàng, tā de wēndù biànhuà què bǐjiào xiǎo. Yīncǐ, jùdà de hǎiyáng jiù xiàng shì tiānrán de "wēnxiāng", shì yùnyù yuánshǐ shēngmìng de wēnchuáng.

　　Yángguāng suīrán wéi shēngmìng suǒ bìxū, dànshì yángguāng zhōng de zǐwàixiàn què yǒu èshā yuánshǐ shēngmìng de wēixiǎn. Shuǐ néng yǒuxiào de xīshōu zǐwàixiàn, yīn'ér yòu wèi yuánshǐ shēngmìng tígōngle tiānrán de "píngzhàng".

　　Zhè yīqiè dōu shì yuánshǐ shēngmìng déyǐ chǎnshēng hé fāzhǎn de bìyào tiáojiàn.

Jiéxuǎn zì Tóng Chángliàng 《Hǎiyáng yǔ Shēngmìng》

## 作品 14 号

读小学的时候，我的外祖母去世了。外祖母生前最疼爱我，我无法排除自己的忧伤，每天在学校的操场上一圈儿又一圈儿地跑着，跑得累倒在地上，扑在草坪上痛哭。

那哀痛的日子，断断续续地持续了很久，爸爸妈妈也不知道如何安慰我。他们知道与其骗我说外祖母睡着了，还不如对我说实话：外祖母永远不会回来了。

"什么是永远不会回来呢？"我问着。

"所有时间里的事物，都永远不会回来。你的昨天过去，它就永远变成昨天，你不能再回到昨天。爸爸以前也和你一样小，现在也不能回到你这么小的童年了；有一天你会长大，你会像外祖母一样老；有一天你度过了你的时间，就永远不会回来了。"爸爸说。

爸爸等于给我一个谜语，这谜语比课本上的"日历挂在墙壁，一天撕去一页，使我心里着急"和"一寸光阴一寸金，寸金难买寸光阴"还让我感到可怕；也比作文本上的"光阴似箭，日月如梭"更让我觉得有一种说不出的滋味。

时间过得那么飞快，使我的小心眼儿里不只是着急，还有悲伤。有一天我放学回家，看到太阳快落山了，就下决心说："我要比太阳更快地回家。"我狂奔回去，站在庭院前喘气的时候，看到太阳 // 还露着半边脸，我高兴地跳跃起来，那一天我跑赢了太阳。以后我就时常做那样的游戏，有时和太阳赛跑，有时和西北风比快，有时一个暑假才能做完的作业，我十天就做完了；那时我三年级，常常把哥哥五年级的作业拿来做。每一次比赛胜过时间，我就快乐得不知道怎么形容。

如果将来我有什么要教给我的孩子，我会告诉他：假若你一直和时间比赛，你就可以成功！

节选自（台湾）林清玄《和时间赛跑》

# Zuòpǐn 14 Hào

　　Dú xiǎoxué de shíhou, wǒ de wàizǔmǔ qùshì le. Wàizǔmǔ shēngqián zuì téng'ài wǒ, wǒ wúfǎ páichú zìjǐ de yōushāng, měi tiān zài xuéxiào de cāochǎng·shàng yī quānr yòu yī quānr de pǎozhe, pǎo de lèidǎo zài dì·shàng, pū zài cǎopíng·shàng tòngkū.

　　Nà āitòng de rìzi, duànduàn-xùxù de chíxùle hěn jiǔ, bàba māma yě bù zhī·dào rúhé ānwèi wǒ. Tāmen zhī·dào yǔqí piàn wǒ shuō wàizǔmǔ shuìzháole, hái bùrú duì wǒ shuō shíhuà: Wàizǔmǔ yǒngyuǎn bù huì huí·lái le.

　　"Shénme shì yǒngyuǎn bù huì huí·lái ne?" Wǒ wènzhe.

　　"Suǒyǒu shíjiān·lǐ de shìwù, dōu yǒngyuǎn bù huì huí·lái. Nǐ de zuótiān guò·qù, tā jiù yǒngyuǎn biànchéng zuótiān, nǐ bùnéng zài huídào zuótiān. Bàba yǐqián yě hé nǐ yīyàng xiǎo, xiànzài yě bùnéng huídào nǐ zhème xiǎo de tóngnián le; yǒu yī tiān nǐ huì zhǎngdà, nǐ huì xiàng wàizǔmǔ yīyàng lǎo; yǒu yītiān nǐ dùguòle nǐ de shíjiān, jiù yǒngyuǎn bù huì huí·lái le." Bàba shuō.

　　Bàba děngyú gěi wǒ yī gè míyǔ, zhè míyǔ bǐ kèběn·shàng de "Rìlì guà zài qiángbì, yī tiān sī·qù yī yè, shǐ wǒ xīn·lǐ zháojí" hé "Yīcùn guāngyīn yī cùn jīn, cùn jīn nán mǎi cùn guāngyīn" hái ràng wǒ gǎndào kěpà; yě bǐ zuòwénběn·shàng de "guāngyīn sì jiàn, rìyuè rú suō" gèng ràng wǒ jué·dé yǒu yī zhǒng shuō·bùchū de zīwèi.

　　Shíjiān guò de nàme fēikuài, shǐ wǒ de xiǎo xīnyǎnr·lǐ bù zhǐshì zháojí, háiyǒu bēishāng. Yǒu yī tiān wǒ fàngxué huíjiā, kàndào tài·yáng kuài luòshān le, jiù xià juéxīn shuō: "Wǒ yào bǐ tài·yáng gèng kuài de huíjiā." Wǒ kuángbēn huí·qù, zhàn zài tíngyuàn qián chuǎnqì de shíhou, kàndào tài·yáng hái lòuzhe bànbiān liǎn, wǒ gāoxìng de tiàoyuè qǐ·lái, nàyī tiān wǒ pǎoyíngle tài·yáng. Yǐhòu wǒ jiù shícháng zuò nàyàng de yóuxì, yǒushí hé tài·yáng sàipǎo, yǒushí hé xīběifēng bǐ kuài, yǒushí yī gè shǔjià cáinéng zuòwán de zuòyè, wǒ shí tiān jiù zuòwán le; nà shí wǒ sān niánjí, chángcháng bǎ gēge wǔ niánjí de zuòyè ná·lái zuò. Měi yī cì bǐsài shèngguo shíjiān, wǒ jiù kuàilè de bù zhī·dào zěnme xíngróng.

　　Rúguǒ jiānglái wǒ yǒu shénme yào jiāogěi wǒ de háizi, wǒ huì gàosu tā: Jiǎruò nǐ yīzhí hé shíjiān bǐsài, nǐ jiù kěyǐ chénggōng!

*Jiéxuǎn zì (Táiwān) Lín Qīngxuán 《Hé Shíjiān Sàipǎo》*

## 作品15号

　　三十年代初,胡适在北京大学任教授。讲课时他常常对白话文大加称赞,引起一些只喜欢文言文而不喜欢白话文的学生的不满。

　　一次,胡适正讲得得意的时候,一位姓魏的学生突然站了起来,生气地问:"胡先生,难道说白话文就毫无缺点吗?"胡适微笑着回答说:"没有"。那位学生更加激动了:"肯定有!白话文废话太多,打电报用字多,花钱多。"胡适的目光顿时变亮了,轻声地解释说:"不一定吧!前几天有位朋友给我打来电报,请我去政府部门工作,我决定不去,就回电拒绝了。复电是用白话写的,看来也很省字。请同学们根据我这个意思,用文言文写一个回电,看看究竟是白话文省字,还是文言文省字?"胡教授刚说完,同学们立刻认真地写了起来。

　　十五分钟过去了,胡适让同学举手,报告用字的数目,然后挑了一份用字最少的文言电报稿,电文是这样写的:

　　"才疏学浅,恐难胜任,不堪从命。"白话文的意思是:学问不深,恐怕很难担任这个工作,不能服从安排。

　　胡适说,这份写得确实不错,仅用了十二个字。但我的白话电报却只用了五个字:

　　"干不了,谢谢!"

　　胡适又解释说:"干不了"就有才疏学浅、恐难胜任的意思;"谢谢"既//对朋友的介绍表示感谢,又有拒绝的意思。所以,废话多不多,并不看它是文言文还是白话文,只要注意选用字词,白话文是可以比文言文更省字的。

节选自陈灼主编的《使用汉语中级教程》(上)中《胡适的白话电报》

# Zuòpǐn 15 Hào

　　Sānshí niándài chū, Hú Shì zài Běijīng Dàxué rèn jiàoshòu. Jiǎngkè shí tā chángcháng duì báihuàwén dàjiā chēngzàn, yǐnqǐ yīxiē zhǐ xǐhuan wényánwén ér bù xǐhuan báihuàwén de xuésheng de bùmǎn.

　　Yī cì, Hú Shì zhèng jiǎng de déyì de shíhou, yī wèi xìng Wèi de xuésheng tūrán zhànle qǐ·lái, shēngqì de wèn: "Hú xiānsheng, nándào shuō báihuàwén jiù háowú quēdiǎn ma?" Hú Shì wēixiàozhe huídá shuō: "Méi·yǒu." Nà wèi xuésheng gèngjiā jīdòng le: "Kěndìng yǒu! Báihuàwén fèihuà tài duō, dǎ diànbào yòng zì duō, huāqián duō." Hú Shì de mùguāng dùnshí biànliàng le. Qīngshēng de jiěshì shuō: "Bù yīdìng ba! Qián jǐ tiān yǒu wèi péngyou gěi wǒ dǎ·lái diànbào, qǐng wǒ qù zhèngfǔ bùmén gōngzuò, wǒ juédìng bù qù, jiù huídiàn jùjué le. Fùdiàn shì yòng báihuà xiě de, kànlái yě hěn shěng zì. Qǐng tóngxuémen gēnjù wǒ zhège yìsi, yòng wényánwén xiě yī gè huídiàn, kànkan jiūjìng shì báihuàwén shěng zì, háishì wényánwén shěng zì?" Hú jiàoshòu gāng shuōwán, tóngxuémen lìkè rènzhēn de xiěle qǐ·lái.

　　Shíwǔ fēnzhōng guò·qù, Hú Shì ràng tóngxué jǔshǒu, bàogào yòng zì de shùmù, ránhòu tiāole yī fèn yòng zì zuì shǎo de wényán diànbàogǎo, diànwén shì zhèyàng xiě de:

　　"Cáishū-xuéqiǎn, kǒng nán shèngrèn, bùkān cóngmìng." Báihuàwén de yìsi shì: Xuéwen bù shēn, kǒngpà hěn nán dānrèn zhège gōngzuò, bùnéng fúcóng ānpái.

　　Hú Shì shuō, zhè fèn xiě de quèshí bùcuò, jǐn yòngle shí'èr gè zì. Dàn wǒ de báihuà diànbào què zhǐ yòngle wǔ gè zì:

　　"gàn·bùliǎo, xièxie!"

　　Hú Shì yòu jiěshì shuō: "gàn·bùliǎo" jiù yǒu cáishū-xuéqiǎn、kǒng nán shèngrèn de yìsi; "Xièxie" jì duì péngyou de jièshào biǎoshì gǎnxiè, yòu yǒu jùjué de yìsi. Suǒyǐ, fèihuà duō·bù duō, bìng bù kàn tā shì wényánwén háishì báihuàwén, zhǐyào zhùyì xuǎnyòng zìcí, báihuàwén shì kěyǐ bǐ wényánwén gèng shěng zì de.

Jiéxuǎn zì Chén Zhuó Zhǔbiān 《Shíyòng Hànyǔ Zhōngjí Jiàochéng》(shàng) zhōng 《Hú Shì de Báihuà Diànbào》

## 作品 16 号

很久以前,在一个漆黑的秋天的夜晚,我泛舟在西伯利亚一条阴森森的河上。船到一个转弯处,只见前面黑黢黢的山峰下面一星火光蓦地一闪。

火光又明又亮,好像就在眼前……

"好啦,谢天谢地!"我高兴地说,"马上就到过夜的地方啦!"

船夫扭头朝身后的火光望了一眼,又不以为然地划起桨来。

"远着呢!"

我不相信他的话,因为火光冲破朦胧的夜色,明明在那儿闪烁。不过船夫是对的,事实上,火光的确还远着呢。

这些黑夜的火光的特点是:驱散黑暗,闪闪发亮,近在眼前,令人神往。乍一看,再划几下就到了……其实却还远着呢!……

我们在漆黑如墨的河上又划了很久。一个个峡谷和悬崖,迎面驶来,又向后移去,仿佛消失在茫茫的远方,而火光却依然停在前头,闪闪发亮,令人神往——依然是这么近,又依然是那么远……

现在,无论是这条被悬崖峭壁的阴影笼罩的漆黑的河流,还是那一星明亮的火光,都经常浮现在我的脑际,在这以前和在这以后,曾有许多火光,似乎近在咫尺,不只使我一人心驰神往。可是生活之河却仍然在那阴森森的两岸之间流着,而火光也依旧非常遥远。因此,必须加劲划桨……

然而,火光啊……毕竟……毕竟就 // 在前头!……

节选自 [俄] 柯罗连科《火光》,张铁夫译

# Zuòpǐn 16 Hào

　　Hěn jiǔ yǐqián, zài yī gè qīhēi de qiūtiān de yèwǎn, wǒ fàn zhōu zài Xībólìyà yī tiáo yīnsēnsēn de hé·shàng. Chuán dào yī gè zhuǎnwān chù, zhǐ jiàn qián·miàn hēiqūqū de shānfēng xià·miàn yī xīng huǒguāng mòdì yī shǎn.

　　Huǒguāng yòu míng yòu liàng, hǎoxiàng jiù zài yǎnqián……

　　"Hǎo la, xiètiān-xièdì!" Wǒ gāoxìng de shuō, "Mǎshàng jiù dào guòyè de dìfang la!"

　　Chuánfū niǔtóu cháo shēnhòu de huǒguāng wàng le yī yǎn, yòu bùyǐwéirán de huá·qǐ jiǎng·lái.

　　"Yuǎnzhe ne!"

　　Wǒ bù xiāngxìn tā de huà, yīn·wèi huǒguāng chōngpò ménglóng de yèsè, míngmíng zài nàr shǎnshuò. Bùguò chuánfū shì duì de, shìshí·shàng, huǒguāng díquè hái yuǎnzhe ne.

　　Zhèxiē hēiyè de huǒguāng de tèdiǎn shì: Qūsàn hēi'àn, shǎnshǎn fāliàng, jìn zài yǎnqián, lìng rén shénwǎng. Zhà yī kàn, zài huá jǐ xià jiù dào le……Qíshí què hái yuǎnzhe ne!……

　　Wǒmen zài qīhēi rú mò de hé·shàng yòu huále hěn jiǔ. Yīgègè xiágǔ hé xuányá, yíngmiàn shǐ·lái, yòu xiàng hòu yí·qù, fǎngfú xiāoshī zài mángmáng de yuǎnfāng, ér huǒguāng què yīrán tíng zài qiántou, shǎnshǎn fāliàng, lìng rén shénwǎng——yīrán shì zhème jìn, yòu yīrán shì nàme yuǎn……

　　Xiànzài, wúlùn shì zhè tiáo bèi xuányá-qiàobì de yīnyǐng lǒngzhào de qīhēi de héliú, háishì nà yī xīng míngliàng de huǒguāng, dōu jīngcháng fúxiàn zài wǒ de nǎojì, zài zhè yǐqián hé zài zhè yǐhòu, céng yǒu xǔduō huǒguāng, sìhū jìn zài zhǐchǐ, bùzhǐ shǐ wǒ yī rén xīnchí-shénwǎng. Kěshì shēnghuó zhī hé què réngrán zài nà yīnsēnsēn de liǎng'àn zhījiān liúzhe, ér huǒguāng yě yījiù fēicháng yáoyuǎn. Yīncǐ, bìxū jiājìn huá jiǎng……

　　Rán'ér, huǒguāng a……bìjìng……bìjìng jiù zài qiántou!……

Jiéxuǎn zì [É] Kēluóliánkē 《Huǒguāng》, Zhāng Tiěfū yì

# 作品 17 号

  对于一个在北平住惯的人,像我,冬天要是不刮风,便觉得是奇迹;济南的冬天是没有风声的。对于一个刚由伦敦回来的人,像我,冬天要能看得见日光,便觉得是怪事;济南的冬天是响晴的。自然,在热带的地方,日光永远是那么毒,响亮的天气,反有点儿叫人害怕。可是,在北方的冬天,而能有温晴的天气,济南真得算个宝地。

  设若单单是有阳光,那也算不了出奇。请闭上眼睛想:一个老城,有山有水,全在天底下晒着阳光,暖和安适地睡着,只等春风来把它们唤醒,这是不是理想的境界?小山整把济南围了个圈儿,只有北边缺着点口儿。这一圈小山在冬天特别可爱,好像是把济南放在一个小摇篮里,它们安静不动地低声地说:"你们放心吧,这儿准保暖和。"真的,济南的人们在冬天是面上含笑的。他们一看那些小山,心中便觉得有了着落,有了依靠。他们由天上看到山上,便不知不觉地想起:"明天也许就是春天了吧?这样的温暖,今天夜里山草也许就绿起来了吧?"就是这点儿幻想不能一时实现,他们也并不着急,因为这样慈善的冬天,干什么还希望别的呢!

  最妙的是下点儿小雪呀。看吧,山上的矮松越发的青黑,树尖儿上 // 顶着一髻儿白花,好像日本看护妇。山尖儿全白了,给蓝天镶上一道银边。山坡上,有的地方雪厚点儿,有的地方草色还露着;这样,一道儿白,一道儿暗黄,给山们穿上一件带水纹儿的花衣;看着看着,这件花衣好像被风儿吹动,叫你希望看见一点儿更美的山的肌肤。等到快日落的时候,微黄的阳光斜射在山腰上,那点儿薄雪好像忽然害羞,微微露出点儿粉色。就是下小雪吧,济南是受不住大雪的,那些小山太秀气。

节选自老舍《济南的冬天》

# Zuòpǐn 17 Hào

　　Duìyú yī gè zài Běipíng zhùguàn de rén, xiàng wǒ, dōngtiān yàoshì bù guāfēng, biàn jué•dé shì qíjì; Jǐnán de dōngtiān shì méi•yǒu fēngshēng de. Duìyú yī gè gāng yóu Lúndūn huí•lái de rén, xiàng wǒ, dōngtiān yào néng kàn de jiàn rìguāng, biàn jué•dé shì guàishì; Jǐnán de dōngtiān shì xiǎngqíng de. Zìrán, zài rèdài de dìfang, rìguāng yǒngyuǎn shì nàme dú, xiǎngliàng de tiānqì, fǎn yǒudiǎnr jiào rén hàipà. Kěshì, zài běifāng de dōngtiān, ér néng yǒu wēnqíng de tiānqì, Jǐnán zhēn děi suàn gè bǎodì.

　　Shèruò dāndān shì yǒu yángguāng, nà yě suàn•bùliǎo chūqí. Qǐng bì•shàng yǎnjing xiǎng: Yī gè lǎochéng, yǒu shān yǒu shuǐ, quán zài tiān dǐ•xià shàizhe yángguāng, nuǎnhuo ānshì de shuì zhe, zhǐ děng chūnfēng lái bǎ tāmen huànxǐng, zhè shì•bùshì lǐxiǎng de jìngjiè? Xiǎoshān zhěng bǎ Jǐnán wéile gè quānr, zhǐyǒu běi•biān quēzhe diǎnr kǒur. Zhè yī quān xiǎoshān zài dōngtiān tèbié kě'ài, hǎoxiàng shì bǎ Jǐnán fàng zài yī gè xiǎo yáolán•lǐ, tāmen ānjìng bù dòng de dīshēng de shuō: "Nǐmen fàngxīn ba, zhèr zhǔnbǎo nuǎnhuo." Zhēn de, Jǐnán de rénmen zài dōngtiān shì miàn•shàng hánxiào de. Tāmen yī kàn nàxiē xiǎoshān, xīnzhōng biàn jué•dé yǒule zhuóluò, yǒule yīkào. Tāmen yóu tiān•shàng kàndào shān•shàng, biàn bùzhī-bùjué de xiǎngqǐ: Míngtiān yěxǔ jiùshì chūntiān le ba? Zhèyàng de wēnnuǎn, jīntiān yè•lǐ shāncǎo yěxǔ jiù lǜqǐ•lái le ba? Jiùshì zhè diǎnr huànxiǎng bùnéng yīshí shíxiàn, tāmen yě bìng bù zháojí, yīn•wèi zhèyàng císhàn de dōngtiān, gànshénme hái xīwàng biéde ne!

　　Zuì miào de shì xià diǎnr xiǎoxuě ya. Kàn ba, shān•shàng de ǎisōng yuèfā de qīnghēi, shùjiānr•shàng dǐngzhe yī jìr báihuā, hǎoxiàng Rìběn kānhùfù. Shānjiānr quán bái le, gěi lántiān xiāng•shàng yī dào yínbiānr. Shānpō•shàng, yǒude dìfang xuě hòu diǎnr, yǒude dìfang cǎosè hái lòuzhe; zhèyàng, yī dàor bái, yī dàor ànhuáng, gěi shānmen chuān•shàng yī jiàn dài shuǐwénr de huāyī; kànzhe kànzhe, zhè jiàn huāyī hǎoxiàng bèi fēng'ér chuīdòng, jiào nǐ xīwàng kàn•jiàn yīdiǎnr gèng měi de shān de jīfū. Děngdào kuài rìluò de shíhou, wēihuáng de yángguāng xié shè zài shānyāo•shàng, nà diǎnr báo xuě hǎoxiàng hūrán hàixiū, wēiwēi lòuchū diǎnr fěnsè. Jiùshì xià xiǎoxuě ba, Jǐnán shì shòu•bùzhù dàxuě de, nàxiē xiǎoshān tài xiùqi.

*Jiéxuǎn zì Lǎo Shě 《Jǐnán de Dōngtiān》*

## 作品 18 号

纯朴的家乡村边有一条河,曲曲弯弯,河中架一弯石桥,弓样的小桥横跨两岸。

每天,不管是鸡鸣晓月、日丽中天,还是月华泻地,小桥都印下串串足迹,洒落串串汗珠。那是乡亲为了追求多棱的希望,兑现美好的遐想。弯弯小桥,不时荡过轻吟低唱,不时露出舒心的笑容。

因而,我稚小的心灵,曾将心声献给小桥:你是一弯银色的新月,给人间普照光辉;你是一把闪亮的镰刀,割刈着欢笑的花果;你是一根晃悠悠的扁担,挑起了彩色的明天!哦,小桥走进我的梦中。

我在漂泊他乡的岁月,心中总涌动着故乡的河水,梦中总看到弓样的小桥,当我访南疆探北国,眼帘闯进座座雄伟的长桥时,我的梦变得丰满了,增添了赤橙黄绿青蓝紫。

三十多年过去,我带着满头霜花回到故乡,第一紧要的便是去看望小桥。

啊!小桥呢?它躲起来了?河中一道长虹,浴着朝霞熠熠闪光。哦,雄浑的大桥敞开胸怀,汽车的呼啸、摩托的笛音、自行车的丁零,合奏着进行交响乐;南来的钢筋、花布、北往的柑橙、家禽,绘出交流欢悦图……

啊!蜕变的桥,传递了家乡进步的消息,透露了家乡富裕的声音。时代的春风,美好的追求,我蓦地记起儿时唱//给小桥的歌,哦,明艳艳的太阳照耀了,芳香甜蜜的花果捧来了,五彩斑斓的岁月拉开了!

我心中涌动的河水,激荡起甜美的浪花。我仰望一碧蓝天,心底轻声呼喊:家乡的桥啊,我梦中的桥!

节选自郑莹《家乡的桥》

# Zuòpǐn 18 Hào

  Chúnpǔ de jiāxiāng cūnbiān yǒu yī tiáo hé, qūqū-wānwān, hé zhōng jià yī wān shíqiáo, gōng yàng de xiǎoqiáo héngkuà liǎng'àn.

  Měi tiān, bùguǎn shì jī míng xiǎo yuè, rì lì zhōng tiān, háishì yuèhuá xiè dì, xiǎoqiáo dōu yìnxià chuànchuàn zújì, sǎluò chuànchuàn hànzhū. Nà shì xiāngqīn wèile zhuīqiú duōléng de xīwàng, duìxiàn měihǎo de xiáxiǎng. Wānwān xiǎoqiáo, bùshí dàngguò qīngyín-dīchàng, bùshí lùchū shūxīn de xiàoróng.

  Yīn'ér, wǒ zhìxiǎo de xīnlíng, céng jiāng xīnshēng xiànggěi Xiǎoqiáo: Nǐ shì yī wān yínsè de xīnyuè, gěi rénjiān pǔzhào guānghuī; nǐ shì yī bǎ shǎnliàng de liándāo, gēyìzhe huānxiào de huāguǒ; nǐ shì yī gēn huàngyōuyōu de biǎndan, tiāoqǐle cǎisè de míngtiān! Ò, xiǎoqiáo zǒujìn wǒ de mèng zhōng.

  Wǒ zài piāobó tāxiāng de suìyuè, xīnzhōng zǒng yǒngdòngzhe gùxiāng de héshuǐ, mèng zhōng zǒng kàndào gōng yàng de xiǎoqiáo. Dāng wǒ fǎng nánjiāng tàn běiguó, yǎnlián chuǎngjìn zuòzuò xióngwěi de chángqiáo shí, wǒ de mèng biàn de fēngmǎn le, zēngtiānle chì-chéng-huáng-lǜ-qīng-lán-zǐ.

  Sānshí duō nián guò·qù, wǒ dàizhe mǎntóu shuānghuā huídào gùxiāng, dì-yī jǐnyào de biànshì qù kànwàng xiǎoqiáo.

  À! Xiǎoqiáo ne? Tā duǒ qǐ·lái le? Hé zhōng yī dào chánghóng, yùzhe zhāoxiá yìyì shǎnguāng. Ò, xiónghún de dàqiáo chǎngkāi xiōnghuái, qìchē de hūxiào、mótuō de díyīn、zìxíngchē de dīnglíng, hézòuzhe jìnxíng jiāoxiǎngyuè; nán lái de gāngjīn、huàbù, běi wǎng de gān chéng、jiāqín, huìchū jiāoliú huānyuètú……

  À! Tuìbiàn de qiáo, chuándìle jiāxiāng jìnbù de xiāoxi, tòulùle jiāxiāng fùyù de shēngyīn. Shídài de chūnfēng, měihǎo de zhuīqiú, wǒ mòdì jìqǐ érshí chàng gěi xiǎoqiáo de gē, ò, míngyànyàn de tài·yáng zhàoyào le, fāngxiāng tiánmì de huāguǒ pénglái le, wǔcǎi bānlán de suìyuè lākāi le!

  Wǒ xīnzhōng yǒngdòng de héshuǐ, jīdàng qǐ tiánměi de lànghuā. Wǒ yǎngwàng yī bì lántiān, xīndǐ qīngshēng hūhǎn: Jiāxiāng de qiáo a, wǒ mèng zhōng de qiáo!

Jiéxuǎn zì Zhèng Yīng 《Jiāxiāng de Qiáo》

## 作品 19 号

三百多年前,建筑设计师莱伊恩受命设计了英国温泽市政府大厅。他运用工程力学的知识,依据自己多年的实践,巧妙地设计了只用一根柱子支撑的大厅天花板。一年以后,市政府权威人士进行工程验收时,却说只用一根柱子支撑天花板太危险,要求莱伊恩再多加几根柱子。

莱伊恩自信只要一根坚固的柱子足以保证大厅安全,他的"固执"惹恼了市政官员,险些被送上法庭。他非常苦恼,坚持自己原先的主张吧,市政官员肯定会另找人修改设计;不坚持吧,又有悖自己为人的准则。矛盾了很长一段时间,莱伊恩终于想出了一条妙计,他在大厅里增加了四根柱子,不过这些柱子并未与天花板接触,只不过是装装样子。

三百多年过去了,这个秘密始终没有被人发现。直到前两年,市政府准备修缮大厅的天花板,才发现莱伊恩当年的"弄虚作假"。消息传出后,世界各国的建筑专家和游客云集,当地政府对此也不加掩饰,在新世纪到来之际,特意将大厅作为一个旅游景点对外开放,旨在引导人们崇尚和相信科学。

作为一名建筑师,莱伊恩并不是最出色的。但作为一个人,他无疑非常伟大,这种//伟大表现在他始终恪守着自己的原则,给高贵的心灵一个美丽的住所:哪怕是遭遇到最大的阻力,也要想办法抵达胜利。

节选自游宇明《坚守你的高贵》

# Zuòpǐn 19 Hào

　　Sānbǎi duō nián qián, jiànzhù shèjìshī Láiyī'ēn shòumìng shèjìle Yīngguó Wēnzé shìzhèngfǔ dàtīng. Tā yùnyòng gōngchéng lìxué de zhīshi, yījù zìjǐ duōnián de shíjiàn, qiǎomiào de shèjìle zhǐ yòng yī gēn zhùzi zhīchēng de dàtīng tiānhuābǎn. Yī nián yǐhòu, shìzhèngfǔ quánwēi rénshì jìnxíng gōngchéng yànshōu shí, què shuō zhǐ yòng yī gēn zhùzi zhīchēng tiānhuābǎn tài wēixiǎn, yāoqiú Láiyī'ēn zài duō jiā jǐ gēn zhùzi.

　　Láiyī'ēn zìxìn zhǐyào yī gēn jiāngù de zhùzi zúyǐ bǎozhèng dàtīng ānquán, tā de "gù•zhí" rěnǎole shìzhèng guānyuán, xiǎnxiē bèi sòng•shàng fǎtíng. Tā fēicháng kǔnǎo, jiānchí zìjǐ yuánxiān de zhǔzhāng ba, shìzhèng guānyuán kěndìng huì lìng zhǎo rén xiūgǎi shèjì; bù jiānchí ba, yòu yǒu bèi zìjǐ wéirén de zhǔnzé. Máodùnle hěn cháng yīduàn shíjiān, Láiyī'ēn zhōngyú xiǎngchūle yī tiáo miàojì, tā zài dàtīng•lǐ zēngjiāle sì gēn zhùzi, bùguò zhèxiē zhùzi bìng wèi yǔ tiānhuābǎn jiēchù, zhǐ•bùguò shì zhuāngzhuang yàngzi.

　　Sānbǎi duō nián guò•qùle, zhège mìmì shǐzhōng méi•yǒu bèi rén fāxiàn. Zhídào qián liǎng nián, shìzhèngfǔ zhǔnbèi xiūshàn dàtīng de tiānhuābǎn, cái fāxiàn Láiyī'ēn dāngnián de "nòngxū-zuòjiǎ". Xiāoxi chuánchū hòu, shìjiè gè guó de jiànzhù zhuānjiā hé yóukè yúnjí, dāngdì zhèngfǔ duìcǐ yě bù jiā yǎnshì, zài xīn shìjì dàolái zhī jì, tèyì jiāng dàtīng zuòwéi yī gè lǚyóu jǐngdiǎn duìwài kāifàng, zhǐ zài yǐndǎo rénmen chóngshàng hé xiāngxìn kēxué.

　　Zuòwéi yī míng jiànzhùshī, Láiyī'ēn bìng bù shì zuì chūsè de. Dàn zuòwéi yī gè rén, tā wúyí fēicháng wěidà, Zhè zhǒng wěidà biǎoxiàn zài tā shǐzhōng kèshǒuzhe zìjǐ de yuánzé, gěi gāoguì de xīnlíng yī gè měilì de zhùsuǒ, nǎpà shì zāoyù dào zuì dà de zǔlì, yěyào xiǎng bànfǎ dǐdá shènglì.

*Jiéxuǎn zì Yóu Yǔmíng 《Jiānshǒu Nǐ de gāoguì》*

## 作品 20 号

　　自从传言有人在萨文河畔散步时无意发现了金子后,这里便常有来自四面八方的淘金者。他们都想成为富翁,于是寻遍了整个河床,还在河床上挖出很多大坑,希望借助它们找到更多的金子。的确,有一些人找到了,但另外一些人因为一无所得而只好扫兴归去。

　　也有不甘心落空的,便驻扎在这里,继续寻找。彼得·弗雷特就是其中一员。他在河床附近买了一块没人要的土地,一个人默默地工作。他为了找金子,已把所有的钱都押在这块土地上。他埋头苦干了几个月,直到土地全变成了坑坑洼洼,他失望了——他翻遍了整块土地,但连一丁点儿金子都没看见。

　　六个月后,他连买面包的钱都没有了。于是他准备离开这儿到别处去谋生。

　　就在他即将离去的前一个晚上,天下起了倾盆大雨,并且一下就是三天三夜。雨终于停了,彼得走出小木屋,发现眼前的土地看上去好像和以前不一样:坑坑洼洼已被大水冲刷平整,松软的土地上长出一层绿茸茸的小草。

　　"这里没找到金子,"彼得忽有所悟地说,"但这土地很肥沃,我可以用来种花,并且拿到镇上去卖给那些富人,他们一定会买些花装扮他们华丽的客厅。// 如果真是这样的话,那么我一定会赚许多钱,有朝一日我也会成为富人……"

　　于是他留了下来,彼得花了不少精力培育花苗,不久田地里长满了美丽娇艳的各色鲜花。

　　五年以后,彼得终于实现了他的梦想——成了一个富翁。"我是唯一的一个找到真金的人!"他时常不无骄傲地告诉别人,"别人在这儿找不到金子后便远远地离开,而我的'金子'是在这块土地里,只有诚实的人用勤劳才能采集到。"

节选自陶猛译《金子》

# Zuòpǐn 20 Hào

Zìcóng chuányán yǒu rén zài Sàwén hépàn sànbù shí wúyì fāxiànle jīnzi hòu, zhè·lǐ biàn cháng yǒu láizì sìmiàn-bāfāng de táojīnzhě. Tāmen dōu xiǎng chéngwéi fùwēng, yúshì xúnbiànle zhěnggè héchuáng, hái zài héchuáng·shàng wāchū hěnduō dàkēng, xīwàng jièzhù tāmen zhǎodào gèng duō de jīnzi. Díquè, yǒu yīxiē rén zhǎodàole, dàn lìngwài yīxiē rén yīn·wèi yīwú-suǒdé ér zhǐhǎo sǎoxìng guīqù.

Yě yǒu bù gānxīn luòkōng de, biàn zhùzhā zài zhè·lǐ, jìxù Xúnzhǎo. Bǐdé Fúléitè jiùshì qízhōng yī yuán. Tā zài héchuáng fùjìn mǎile yī kuài méi rén yào de tǔdì, yī gè rén mòmò de gōngzuò. Tā wèile zhǎo jīnzi, yī bǎ suǒyǒu de qián dōu yā zài zhè kuài tǔdì·shàng. Tā máitóu-kǔgànle jǐ gè yuè, zhídào tǔdì quán biànchéngle kēngkeng-wāwā, tā shīwàngle——tā fānbiànle zhěng kuài tǔdì, dàn lián yīdīngdiǎnr jīnzi dōu méi kàn·jiàn.

Liù gè yuè hòu, tā lián mǎi miànbāo de qián dōu méi·yǒu le. Yúshì tā zhǔnbèi líkāi zhèr dào biéchù qù móushēng.

Jiù zài tā jíjiāng líqù de qián yī gè wǎnshang, tiān xiàqǐle qīngpén-dàyǔ, bìngqiě yīxià jiùshì sān tiān sān yè. Yǔ zhōngyú tíng le, Bǐdé zǒuchū xiǎo mùwū, fāxiàn yǎnqián de tǔdì kàn shàng·qù hǎoxiàng hé yǐqián bù yīyàng: kēngkeng-wāwā yǐ bèi dàshuǐ chōngshuā píngzhěng, sōngruǎn de tǔdì·shàng zhǎngchū yī céng lǜróngróng de xiǎocǎo.

"Zhè·lǐ méi zhǎodào jīnzi," Bǐdé hū yǒu suǒ wù de shuō, "dàn zhè tǔdì hěn féiwò, wǒ kěyǐ yònglái zhòng huā, bìngqiě nádào zhèn·shàng qù màigěi nàxiē fùrén, tāmen yīdìng huì mǎi xiē huā zhuāngbàn tāmen huálì de kètīng. Rúguǒ zhēn shì zhèyàng de huà, nàme wǒ yīdìng huì zhuàn xǔduō qián, yǒuzhāo- yīrì wǒ yě huì chéngwéi fùrén……"

Yúshì tā liúle xià·lái. Bǐdé huāle bù shǎo jīnglì péiyù huāmiáo, bùjiǔ tiándì·lǐ zhǎngmǎnle měilì jiāoyàn de gè sè xiānhuā.

Wǔ nián yǐhòu, Bǐdé zhōngyú shíxiànle tā de mèngxiǎng——chéngle yī gè fùwēng. "Wǒ shì wéiyī de yī gè zhǎodào zhēnjīn de rén!" Tā shícháng bùwú jiāo'ào de gàosu bié·rén, "Bié·rén zài zhèr zhǎo·bùdào jīnzi hòu biàn yuǎnyuǎn de líkāi, ér wǒ de 'jīnzi' shì zài zhè kuài tǔdì·lǐ, zhǐyǒu chéng·shí de rén yòng qínláo cáinéng cǎijí dào."

*Jiéxuǎn zì Táo Měng yì 《Jīnzi》*

## 作品 21 号

  我在加拿大学习期间遇到过两次募捐，那情景至今使我难以忘怀。

  一天，我在渥太华的街上被两个男孩子拦住去路。他们十来岁，穿得整整齐齐，每人头上戴着个做工精巧、色彩鲜艳的纸帽，上面写着"为帮助患小儿麻痹的伙伴募捐"。其中的一个，不由分说就坐在小凳上给我擦起皮鞋来，另一个则彬彬有礼地发问："小姐，您是哪国人？喜欢渥太华吗？""小姐，在你们国家有没有小孩儿患小儿麻痹？谁给他们医疗费？"一连串的问题，使我这个有生以来头一次在众目睽睽之下让别人擦鞋的异乡人，从近乎狼狈的窘态中解脱出来。我们像朋友一样聊起天儿来……

  几个月之后，也是在街上。一些十字路口处或车站坐着几位老人。他们满头银发，身穿各种老式军装，上面布满了大大小小形形色色的徽章、奖章，每人手捧一大束鲜花，有水仙、石竹、玫瑰及叫不出名字的，一色雪白。匆匆过往的行人纷纷止步，把钱投进这些老人身旁的白色木箱内，然后向他们微微鞠躬，从他们手中接过一朵花。我看了一会儿，有人投一两元，有人投几百元，还有人掏出支票填好后投进木箱。那些老军人毫不注意人们捐多少钱，一直不//停地向人们低声道谢。同行的朋友告诉我，这是为纪念二次大战中参战的勇士，募捐救济残废军人和烈士遗孀，每年一次；认捐的人可谓踊跃，而且秩序井然，气氛庄严。有些地方，人们还耐心地排着队。我想，这是因为他们都知道：正是这些老人们的流血牺牲换来了包括他们信仰自由在内的许许多多。

  我两次把那微不足道的一点儿钱捧给他们，只想对他们说声"谢谢"。

节选自青白《捐诚》

# Zuòpǐn 21 Hào

　　Wǒ zài Jiānádà xuéxí qījiān yùdàoguo liǎng cì mùjuān, nà qíngjǐng zhìjīn shǐ wǒ nányǐ-wànghuái.

　　Yī tiān, wǒ zài Wòtàihuá de jiē•shàng bèi liǎng gè nánháizi lánzhù qùlù. Tāmen shí lái suì, chuān de zhěngzhěng-qíqí, měi rén tóu•shàng dàizhe gè zuògōng jīngqiǎo、sècǎi xiānyàn de zhǐ mào, shàng•miàn xiězhe "Wèi bāngzhù huàn xiǎo'ér mábì de huǒbàn mùjuān." Qízhōng de yī gè, bùyóu-fēnshuō jiù zuò zài xiǎodèng•shàng gěi wǒ cā•qǐ píxié•lái, lìng yī gè zé bīnbīn-yǒulǐ de fāwèn: "Xiǎo•jiě, nín shì nǎ guó rén? Xǐhuan Wòtàihuá ma?" "Xiǎo•jiě, zài nǐmen guójiā yǒu méi•yǒu xiǎoháir huàn xiǎo'ér mábì? Shéi gěi tāmen yīliáofèi?" Yīliánchuàn de wèntí, shǐ wǒ zhège yǒushēng-yǐlái tóu yī cì zài zhòngmù-kuíkuí zhīxià ràng bié•rén cā xié de yìxiāng rén, cóng jìnhū lángbèi de jiǒngtài zhōng jiětuō chū•lái. Wǒmen xiàng péngyou yīyàng liáo•qǐ tiānr•lái……

　　Jǐ gè yuè zhīhòu, yě shì zài jiē•shàng. Yīxiē shízì lùkǒuchù huò chēzhàn zuòzhe jǐ wèi lǎorén. Tāmen mǎntóu yínfà, shēn chuān gè zhǒng lǎoshì jūnzhuāng, shàng•miàn bùmǎnle dàdà-xiǎoxiǎo xíngxíng-sèsè de huīzhāng、jiǎngzhāng, měi rén shǒu pěng yī dà shù xiānhuā, yǒu shuǐxiān、shízhú、méi•guī jí jiào•bùchū míngzi de, yīsè xuěbái. Cōngcōng guòwǎng de xíngrén fēnfēn zhǐbù, bǎ qián tóujìn zhèxiē lǎorén shēnpáng de báisè mùxiāng nèi, ránhòu xiàng tāmen wēiwēi jūgōng, cóng tāmen shǒu zhōng jiēguo yī duǒ huā. Wǒ kànle yīhuìr, yǒu rén tóu yī-liǎng yuán, yǒu rén tóu jǐbǎi yuán, hái yǒu rén tāochū zhīpiào tiánhǎo hòu tóujìn mùxiāng. Nàxiē lǎojūnrén háobù zhùyì rénmen juān duō•shǎo qián, yīzhí bù tíng de xiàng rénmen dīshēng dàoxiè. Tóngxíng de péngyou gàosu wǒ, zhè shì wèi jìniàn Èr Cì Dàzhàn zhōng cānzhàn de yǒngshì, mùjuān jiùjì cánfèi jūnrén hé lièshì yíshuāng, měinián yī cì; rèn juān de rén kěwèi yǒngyuè, érqiě zhìxù jǐngrán, qì•fēn zhuāngyán. Yǒuxiē dìfang, rénmen hái nàixīn de páizhe duì. Wǒ xiǎng, zhè shì yīn•wèi tāmen dōu zhī•dào: Zhèng shì zhèxiē lǎorénmen de liúxuè xīshēng huànláile bāokuò tāmen xìnyǎng zìyóu zài nèi de xǔxǔ-duōduō.

　　Wǒ liǎng cì bǎ nà wēibùzúdào de yīdiǎnr qián pěnggěi tāmen, zhǐ xiǎng duì tāmen shuō shēng "xièxie".

Jiéxuǎn zì Qīng Bái《Juān Chéng》

## 作品 22 号

没有一片绿叶,没有一缕炊烟,没有一粒泥土,没有一丝花香,只有水的世界,云的海洋。一阵台风袭过,一只孤单的小鸟无家可归,落到被卷到洋里的木板上,乘流而下,姗姗而来,近了,近了!……

忽然,小鸟张开翅膀,在人们头顶盘旋了几圈儿,"噗啦"一声落到了船上。许是累了?还是发现了"新大陆"?水手撵它它不走,抓它,它乖乖地落在掌心。可爱的小鸟和善良的水手结成了朋友。

瞧,它多美丽,娇巧的小嘴,啄理着绿色的羽毛,鸭子样的扁脚,呈现出春草的鹅黄。水手们把它带到舱里,给它"搭铺",让它在船上安家落户,每天,把分到的一塑料筒淡水匀给它喝,把从祖国带来的鲜美的鱼肉分给它吃,天长日久,小鸟和水手的感情日趋笃厚。清晨,当第一束阳光射进舷窗时,它便敞开美丽的歌喉,唱啊唱,嘤嘤有韵,宛如春水淙淙。人类给它以生命,它毫不悭吝地把自己的艺术青春奉献给了哺育它的人。可能都是这样?艺术家们的青春只会献给尊敬他们的人。

小鸟给远航生活蒙上了一层浪漫色调。返航时,人们爱不释手,恋恋不舍地想把它带到异乡。可小鸟憔悴了,给水,不喝!喂肉,不吃!油亮的羽毛失去了光泽。是啊,我//们有自己的祖国,小鸟也有它的归宿,人和动物都是一样啊,哪儿也不如故乡好!

慈爱的水手们决定放开它,让它回到大海的摇篮去,回到蓝色的故乡去。离别前,这个大自然的朋友与水手们留影纪念。它站在许多人的头上,肩上,掌上,胳膊上,与喂养过它的人们,一起融进那蓝色的画面……

*节选自王文杰《可爱的小鸟》*

# Zuòpǐn 22 Hào

　　Méi·yǒu yī piàn lǜyè, méi·yǒu yī lǚ chuīyān, méi·yǒu yī lì nítǔ, méi·yǒu yī sī huāxiāng, zhǐyǒu shuǐ de shìjiè, yún de hǎiyáng.

　　Yī zhèn táifēng xíguò, yī zhī gūdān de xiǎoniǎo wújiā-kěguī, luòdào bèi juǎndào yáng·lǐ de mùbǎn·shàng, chéng liú ér xià, shānshān ér lái, jìn le, jìn le! ……

　　Hūrán, xiǎoniǎo zhāngkāi chìbǎng, zài rénmen tóudǐng pánxuánle jǐ quānr, "pūlā" yī shēng luòdàole chuán·shàng. Xǔ shì lèi le? Háishì fāxiànle "xīn dàlù"? Shuǐshǒu niǎn tā tā bù zǒu, zhuā tā, tā guāiguāi de luò zài zhǎngxīn. Kě'ài de xiǎoniǎo hé shànliáng de shuǐshǒu jiéchéngle péngyou.

　　Qiáo, tā duō měilì, jiāoqiǎo de xiǎozuǐ, zhuólìzhe lǜsè de yǔmáo, yāzi yàng de biǎnjiǎo, chéngxiàn chū chūncǎo de éhuáng. Shuǐshǒumen bǎ tā dàidào cāng·lǐ, gěi tā "dā pù", ràng tā zài chuán·shàng ānjiā-luòhù, měi tiān, bǎ fēndào de yī sùliàotǒng dànshuǐ yúngěi tā hē, bǎ cóng zǔguó dài·lái de xiānměi de yúròu fēngěi tā chī, tiāncháng-rìjiǔ, xiǎoniǎo hé shuǐshǒu de gǎnqíng rìqū dǔhòu. Qīngchén, dāng dì-yī shù yángguāng shèjìn xiánchuāng shí, tā biàn chǎngkāi měilì de gēhóu, chàng a chàng, yīngyīng-yǒuyùn, wǎnrú chūnshuǐ cóngcóng. Rénlèi gěi tā yǐ shēngmìng, tā háobù qiānlìn de bǎ zìjǐ de yìshù qīngchūn fèngxiàn gěile bǔyù tā de rén. Kěnéng dōu shì zhèyàng? Yìshùjiāmen de qīngchūn zhǐ huì xiànggěi zūnjìng tāmen de rén.

　　Xiǎoniǎo gěi yuǎnháng shēnghuó méng·shàngle yī céng làngmàn sèdiào. Fǎnháng shí, rénmen àibùshìshǒu, liànliàn-bùshě de xiǎng bǎ tā dàidào yìxiāng. Kě xiǎoniǎo qiáocuì le, gěi shuǐ, bù hē! Wèi ròu, bù chī! Yóuliàng de yǔmáo shīqùle guāngzé. Shì a, wǒmen yǒu zìjǐ de zǔguó, xiǎoniǎo yě yǒu tā de guīsù, rén hé dòngwù dōu shì yīyàng a, nǎr yě bùrú gùxiāng hǎo!

　　Cí'ài de shuǐshǒumen juédìng fàngkāi tā, ràng tā huídào dàhǎi de yáolán·qù, huídào lánsè de gùxiāng·qù. Líbié qián, zhège dàzìrán de péngyou yǔ shuǐshǒumen liúyǐng jìniàn. Tā zhàn zài xǔduō rén de tóu·shàng, jiān·shàng, zhǎng·shàng, gēbo·shàng, yǔ wèiyǎngguo tā de rénmen, yīqǐ róngjìn nà lánsè de huàmiàn……

*Jiéxuǎn zì Wáng Wénjié 《Kě'ài de Xiǎoniǎo》*

## 作品 23 号

纽约的冬天常有大风雪,扑面的雪花不但令人难以睁开眼睛,甚至呼吸都会吸入冰冷的雪花。有时前一天晚上还是一片晴朗,第二天拉开窗帘,却已经积雪盈尺,连门都推不开了。

遇到这样的情况,公司、商店常会停止上班,学校也通过广播,宣布停课。但令人不解的是,唯有公立小学,仍然开放。只见黄色的校车,艰难地在路边接孩子,老师则一大早就口中喷着热气,铲去车子前后的积雪,小心翼翼地开车去学校。

据统计,十年来纽约的公立小学只因为超级暴风雪停过七次课。这是多么令人惊讶的事。犯得着在大人都无须上班的时候让孩子去学校吗?小学的老师也太倒霉了吧?

于是,每逢大雪而小学不停课时,都有家长打电话去骂。妙的是,每个打电话的人,反应全一样——先是怒气冲冲地责问,然后满口道歉,最后笑容满面地挂上电话。原因是,学校告诉家长:

在纽约有许多百万富翁,但也有不少贫困的家庭。后者白天开不起暖气,供不起午餐,孩子的营养全靠学校里免费的中饭,甚至可以多拿些回家当晚餐。学校停课一天,穷孩子就受一天冻,挨一天饿,所以老师们宁愿自己苦一点儿,也不能停//课。

或许有家长会说:何不让富裕的孩子在家里,让贫穷的孩子去学校享受暖气和营养午餐呢?

学校的答复是:我们不愿让那些穷苦的孩子感到他们是在接受救济,因为施舍的最高原则是保持受施者的尊严。

节选自(台湾)刘墉《课不能停》

# Zuòpǐn 23 Hào

  Niǔyuē de dōngtiān cháng yǒu dà fēngxuě, pūmiàn de xuěhuā bùdàn lìng rén nányǐ zhēngkāi yǎnjing, shènzhì hūxī dōu huì xīrù bīnglěng de xuěhuā. Yǒushí qián yī tiān wǎnshang háishì yī piàn qínglǎng, dì-èr tiān lākāi chuānglián, què yǐ•jīng jīxuě yíng chǐ, lián mén dōu tuī•bùkāi le.

  Yùdào zhèyàng de qíngkuàng, gōngsī、shāngdiàn cháng huì tíngzhǐ shàngbān, xuéxiào yě tōngguò guǎngbō, xuānbù tíngkè. Dàn lìng rén bùjiě de shì, wéiyǒu gōnglì xiǎoxué, réngrán kāifàng. Zhǐ jiàn huángsè de xiàochē, jiānnán de zài lùbiān jiē háizi, lǎoshī zé yīdàzǎo jiù kǒuzhōng pēnzhe rèqì, chǎnqù chēzi qiánhòu de jīxuě, xiǎoxīn-yìyì de kāichē qù xuéxiào.

  Jù tǒngjì, shí nián lái Niǔyuē de gōnglì xiǎoxué zhǐ yīn•wèi chāojí bàofēngxuě tíngguo qī cì kè. Zhè shì duōme lìng rén jīngyà de shì. Fàndezháo zài dà•rén dōu wúxū shàngbān de shíhou ràng háizi qù xuéxiào ma? Xiǎoxué de lǎoshī yě tài dǎoméile ba?

  Yúshì, měiféng dàxuě ér xiǎoxué bù tíngkè shí, dōu yǒu jiāzhǎng dǎ diànhuà qù mà. Miào de shì, měi gè dǎ diànhuà de rén fǎnyìng quán yīyàng——xiān shì nùqì-chōngchōng de zéwèn, ránhòu mǎnkǒu dàoqiàn, zuìhòu xiàoróng mǎnmiàn de guà•shàng diànhuà. Yuányīn shì, xuéxiào gàosu jiāzhǎng:

  Zài Niǔyuē yǒu xǔduō bǎiwàn fùwēng, dàn yě yǒu bùshǎo pínkùn de jiātíng. Hòuzhě bái•tiān kāi•bùqǐ nuǎnqì, gōng•bùqǐ wǔcān, háizi de yíngyǎng quán kào xuéxiào•lǐ miǎnfèi de zhōngfàn, shènzhì kěyǐ duō ná xiē huíjiā dàng wǎncān. Xuéxiào tíngkè yī tiān, qióng háizi jiù shòu yī tiān dòng, ái yī tiān è, suǒyǐ lǎoshīmen nìngyuàn zìjǐ kǔ yīdiǎnr, yě bù néng tíng kè.

  Huòxǔ yǒu jiāzhǎng huì shuō: Hé bù ràng fùyù de háizi zài jiā•lǐ, ràng pínqióng de háizi qù xuéxiào xiǎngshòu nuǎnqì hé yíngyǎng wǔcān ne?

  Xuéxiào de dá•fù shì: Wǒmen bùyuàn ràng nàxiē qióngkǔ de háizi gǎndào tāmen shì zài jiēshòu jiùjì, yīn•wèi shīshě de zuìgāo yuánzé shì bǎochí shòushīzhě de zūnyán.

Jiéxuǎn zì (Táiwān) Liú Yōng《Kè Bùnéng Tíng》

## 作品 24 号

十年,在历史上不过是一瞬间。只要稍加注意,人们就会发现:在这一瞬间里,各种事情都悄悄经历了自己的千变万化。

这次重新访日,我处处感到亲切和熟悉,也在许多方面发觉了日本的变化。就拿奈良的一个角落来说吧,我重游了为之感受很深的唐招提寺,在寺内各处匆匆走了一遍,庭院依旧,但意想不到还看到了一些新的东西。其中之一,就是近几年从中国移植来的"友谊之莲"。

在存放鉴真遗像的那个院子里,几株中国莲昂然挺立,翠绿的宽大荷叶正迎风而舞,显得十分愉快。开花的季节已过,荷花朵朵已变为莲蓬累累。莲子的颜色正在由青转紫,看来已经成熟了。

我禁不住想:"因"已转化为"果"。

中国的莲花开在日本,日本的樱花开在中国,这不是偶然。我希望这样一种盛况延续不衰。可能有人不欣赏花,但决不会有人欣赏落在自己面前的炮弹。

在这些日子里,我看到了不少多年不见的老朋友,又结识了一些新朋友。大家喜欢涉及的话题之一,就是古长安和古奈良。那还用得着问吗,朋友们缅怀过去,正是瞩望未来。瞩目于未来的人们必将获得未来。

我不例外,也希望一个美好的未来。

为//了中日人民之间的友谊,我将不浪费今后生命的每一瞬间。

节选自严文井《莲花和樱花》

# Zuòpǐn 24 Hào

  Shí nián, zài lìshǐ·shàng bùguò shì yī shùnjiān. Zhǐyào shāo jiā zhùyì, rénmen jiù huì fāxiàn: Zài zhè yī shùnjiān·lǐ, gè zhǒng shìwù dōu qiāoqiāo jīnglìle zìjǐ de qiānbiàn-wànhuà.

  Zhè cì chóngxīn fǎng Rì, wǒ chùchù gǎndào qīnqiè hé shú·xī, yě zài xǔduō fāngmiàn fājuéle Rìběn de biànhuà. Jiù ná Nàiliáng de yī gè jiǎoluò lái shuō ba, wǒ chóngyóule wèi zhī gǎnshòu hěn shēn de Táng Zhāotísì, zài sìnèi gè chù cōngcōng zǒule yī biàn, tíngyuàn yījiù, dàn yìxiǎngbùdào hái kàndàole yīxiē xīn de dōngxi. Qízhōng zhīyī, jiùshì jìn jǐ nián cóng Zhōngguó yízhí lái de "yǒuyì zhī lián".

  Zài cúnfàng Jiànzhēn yíxiàng de nàge yuànzi·lǐ, jǐ zhū Zhōngguó lián ángrán tǐnglì, cuìlǜ de kuāndà héyè zhèng yíngfēng ér wǔ, xiǎn·dé shífēn yúkuài. Kāihuā de jìjié yǐ guò, héhuā duǒduǒ yǐ biànwéi liánpeng léiléi. Liánzǐ de yánsè zhèngzài yóu qīng zhuǎn zǐ, kàn·lái yǐ·jīng chéngshú le.

  Wǒ jīn·bùzhù xiǎng: "Yīn" yǐ zhuǎnhuà wéi "guǒ".

  Zhōngguó de liánhuā kāi zài Rìběn, Rìběn de yīnghuā kāi zài Zhōngguó, zhè bù shì ǒurán. Wǒ xīwàng zhèyàng yī zhǒng shèngkuàng yánxù bù shuāi. Kěnéng yǒu rén bù xīnshǎng huā, dàn jué bùhuì yǒu rén xīnshǎng luò zài zìjǐ miànqián de pàodàn.

  Zài zhèxiē rìzi·lǐ, wǒ kàndàole bùshǎo duō nián bù jiàn de lǎopéngyou, yòu jiéshíle yīxiē xīn péngyou. Dàjiā xǐhuan shèjí de huàtí zhīyī, jiùshì gǔ Cháng'ān hé gǔ Nàiliáng. Nà hái yòngdezháo wèn ma, péngyoumen miǎnhuái guòqù, zhèngshì zhǔwàng wèilái. Zhǔmù yú wèilái de rénmen bìjiāng huòdé wèilái.

  Wǒ bù lìwài, yě xīwàng yī gè měihǎo de wèilái.

  Wèi le Zhōng-Rì rénmín zhījiān de yǒuyì, wǒ jiāng bù làngfèi jīnhòu shēngmìng de měi yī shùnjiān.

Jiéxuǎn zì Yán Wénjǐng《Liánhuā hé Yīnghuā》

## 作品 25 号

　　梅雨潭闪闪的绿色招引着我们,我们开始追捉她那离合的神光了。揪着草,攀着乱石,小心探身下去,又鞠躬过了一个石穹门,便到了汪汪一碧的潭边了。

　　瀑布在襟袖之间,但是我的心中已没有瀑布了。我的心随潭水的绿而摇荡。那醉人的绿呀!仿佛一张极大极大的荷叶铺着,满是奇异的绿呀。我想张开两臂抱住她,但这是怎样一个妄想啊。

　　站在水边,望到那里,居然觉着有些远呢!这平铺着、厚积着的绿,着实可爱。她松松地皱缬着,像少妇拖着的裙幅;她滑滑的明亮着,像涂了"明油"一般,有鸡蛋清那样软,那样嫩;她又不杂些尘滓,宛然一块温润的碧玉,只清清的一色——但你却看不透她!

　　我曾见过北京什刹海拂地的绿杨,脱不了鹅黄的底子,似乎太淡了。我又曾见过杭州虎跑寺近旁高峻而深密的"绿壁",丛叠着无穷的碧草与绿叶的,那又似乎太浓了。其余呢,西湖的波太明了,秦淮河的也太暗了。可爱的,我将什么来比拟你呢?我怎么比拟得出呢?大约潭是很深的,故能蕴蓄着这样奇异的绿;仿佛蔚蓝的天融了一块在里面似的,这才这般的鲜润啊。

　　那醉人的绿呀!我若能裁你以为带,我将赠给那轻盈的 // 舞女,她必能临风飘举了。我若能挹你以为眼,我将赠给那善歌的盲妹,她必能明眸善睐了。我舍不得你,我怎舍得你呢?我用手拍着你,抚摩着你,如同一个十二三岁的小姑娘。我又掬你入口,便是吻着她了。我送你一个名字,我从此叫你"女儿绿",好吗?

　　第二次到仙岩的时候,我不禁惊诧于梅雨潭的绿了。

节选自朱自清《绿》

# Zuòpǐn 25 Hào

　　Méiyǔtán shǎnshǎn de lǜsè zhāoyǐnzhe wǒmen, wǒmen kāishǐ zhuīzhuō tā nà líhé de shénguāng le. Jiūzhe cǎo, pānzhe luànshí, xiǎo·xīn tànshēn xià·qù, yòu jūgōng guòle yī gè shíqióngmén, biàn dàole wāngwāng yī bì de tán biān le.

　　Pùbù zài jǐnxiù zhījiān, dànshì wǒ de xīnzhōng yǐ méi·yǒu pùbù le. Wǒ de xīn suí tánshuǐ de lǜ ér yáodàng. Nà zuìrén de lǜ ya! Fǎngfú yī zhāng jí dà jí dà de héyè pūzhe, mǎnshì qíyì de lǜ ya. Wǒ xiǎng zhāngkāi liǎngbì bàozhù tā, dàn zhè shì zěnyàng yī gè wàngxiǎng a.

　　Zhàn zài shuǐbiān, wàngdào nà·miàn, jūrán juézhe yǒu xiē yuǎn ne! Zhè píngpūzhe、hòujīzhe de lǜ, zhuóshí kě'ài. Tā sōngsōng de zhòuxiézhe, xiàng shàofù tuōzhe de qúnfú; tā huáhuá de míngliàngzhe, xiàng túle "míngyóu" yībān, yǒu jīdànqīng nàyàng ruǎn, nàyàng nèn; tā yòu bù zá xiē chénzǐ, wǎnrán yī kuài wēnrùn de bìyù, zhǐ qīngqīng de yī sè——dàn nǐ què kàn·bùtòu tā!

　　Wǒ céng jiànguo Běijīng Shíchàhǎi fúdì de lǜyáng, tuō·bùliǎo éhuáng de dǐzi, sìhū tài dàn le. Wǒ yòu céng jiànguo Hángzhōu Hǔpáosì jìnpáng gāojùn ér shēnmì de "lǜbì", cóngdié zhe wúqióng de bìcǎo yǔ lǜyè de, nà yòu sìhū tài nóng le. Qíyú ne, Xīhú de bō tài míng le, Qínhuái Hé de yě tài àn le. Kě'ài de, wǒ jiāngshénme lái bǐnǐ nǐ ne? Wǒ zěnme bǐnǐ de chū ne? Dàyuē tán shì hěn shēn de, gù néng yùnxùzhe zhèyàng qíyì de lǜ; fǎngfú wèilán de tiān róngle yī kuài zài lǐ·miàn shìde, zhè cái zhèbān de xiānrùn a.

　　Nà zuìrén de lǜ ya! Wǒ ruò néng cái nǐ yǐ wéi dài, wǒ jiāng zènggěi nà qīngyíng de wǔnǚ, tā bìnéng línfēng piāojǔ Le. Wǒ ruò néng yì nǐ yǐ wéi yǎn, wǒ jiāng zènggěi nà shàn gē de mángmèi, tā bì míngmóu-shànlài le. Wǒ shě·bù·dé nǐ, wǒ zěn shě·dé nǐ ne? Wǒ yòng shǒu pāizhe nǐ, fǔmózhe nǐ, rútóng yī gè shí'èr-sān suì de xiǎogūniang. Wǒ yòu jū nǐ rùkǒu, biàn shì wěnzhe tā le. Wǒ sòng nǐ yī gè míngzi, wǒ cóngcǐ jiào nǐ "nǚ'érlǜ", hǎo ma?

　　Dì-èr cì dào Xiānyán de shíhou, wǒ bùjīn jīngchà yú Méiyǔtán de lǜ le.

Jiéxuǎn zì Zhū Zìqīng 《Lǜ》

## 作品 26 号

我们家的后园有半亩空地,母亲说:"让它荒着怪可惜的,你们那么爱吃花生,就开辟出来种花生吧。"我们姐弟几个都很高兴。买种,翻地,播种,浇水,没过几个月,居然收获了。

母亲说:"今晚我们过一个收获节,请你们父亲也来尝尝我们的新花生,好不好?"我们都说好。母亲把花生做成了好几样食品,还吩咐就在后园的茅亭里过这个节。

晚上天色不太好,可是父亲也来了,实在很难得。

父亲说:"你们爱吃花生吗?"

我们争着答应:"爱!"

"谁能把花生的好处说出来?"

姐姐说:"花生的味美。"

哥哥说:"花生可以榨油。"

我说:"花生的价钱便宜,谁都可以买来吃,都喜欢吃。这就是它的好处。"

父亲说:"花生的好处很多,有一样最可贵:它的果实埋在地里,不像桃子、石榴、苹果那样,把鲜红嫩绿的果实高高地挂在枝头上,使人一见就生爱慕之心。你们看它矮矮地长在地上,等到成熟了,也不能立刻分辨出来它有没有果实,必须挖出来才知道。"

我们都说是,母亲也点点头。

父亲接下去说:"所以你们要像花生,它虽然不好看,可是很有用,不是外表好看而没有实用的东西。"

我说:"那么,人要做有用的人,不要做只讲体面,而对别人没有好处的人了。"//

父亲说:"对。这是我对你们的希望。"

我们谈到夜深才散。花生做的食品都吃完了,父亲的话却深深地印在我的心上。

节选自许地山《落花生》

# Zuòpǐn 26 Hào

　　Wǒmen jiā de hòuyuán yǒu bàn mǔ kòngdì, mǔ·qīn shuō: "Ràng tā huāngzhe guài kěxī de, nǐmen name ài chī huāshēng, jiù kāipì chū·lái zhòng huāshēng ba." Wǒmen jiě-dì jǐ gè dōu hěn gāoxìng, mǎizhǒng, fāndì, bōzhǒng, jiāoshuǐ, méi guò jǐ gè yuè, jūrán shōuhuò le.

　　Mǔ·qīn shuō: "Jīnwǎn wǒmen guò yī gè shōuhuòjié, qǐng nǐmen fù·qīn yě lái chángchang wǒmen de xīn huāshēng, hǎo·bù hǎo?" Wǒmen dōu shuō hǎo. Mǔ·qīn bǎ huāshēng zuòchéngle hǎo jǐ yàng shípǐn, hái fēn·fù jiù zài hòuyuán de máotíng·lǐ guò zhège jié.

　　Wǎnshang tiānsè bù tài hǎo, kěshì fù·qīn yě lái le, shízài hěn nándé.

　　Fù·qīn shuō: "Nǐmen ài chī huāshēng ma?"

　　Wǒmen zhēngzhe dāying: "Ài!"

　　"Shéi néng bǎ huāshēng de hǎo·chù shuō chū·lái?"

　　Jiějie shuō: "Huāshēng de wèir měi."

　　gēge shuō: "Huāshēng kěyǐ zhàyóu."

　　Wǒ shuō: "Huāshēng de jià·qián piányi, shéi dōu kěyǐ mǎi·lái chī, dōu xǐhuan chī. Zhè jiùshì tā de hǎo·chù."

　　Fù·qīn shuō: "Huāshēng de hǎo·chù hěn duō, yǒu yī yàng zuì kěguì: Tā de guǒshí mái zài dì·lǐ, bù xiàng táozi、shíliu、píngguǒ nàyàng, bǎ xiānhóng nènlǜ de guǒshí gāogāo de guà zài zhītóu·shàng, shǐ rén yī jiàn jiù shēng àimù zhī xīn. Nǐmen kàn tā ǎi'ǎi de zhǎng zài dì·shàng, děngdào chéngshú le, yě bùnéng lìkè fēnbiàn chū·lái tā yǒu méi·yǒu guǒshí, bìxū wā chū·lái cái zhī·dào."

　　Wǒmen dōu shuō shì, mǔ·qīn yě diǎndiǎn tóu.

　　Fù·qīn jiē xià·qù shuō: "Suǒyǐ nǐmen yào xiàng huāshēng, tā suīrán bù hǎokàn, kěshì hěn yǒuyòng, bù shì wàibiǎo hǎokàn ér méi·yǒu shíyòng de dōngxi."

　　Wǒ shuō: "Nàme, rén yào zuò yǒuyòng de rén, bùyào zuò zhǐ jiǎng tǐ·miàn, ér duì bié·rén méi·yǒu hǎo·chù de rén le."

　　Fù·qīn shuō: "Duì. Zhè shì wǒ duì nǐmen de xīwàng."

　　Wǒmen tándào yè shēn cái sàn. Huāshēng zuò de shípǐn dōu chīwán le, fù·qīn de huà què shēnshēn de yìn zài wǒ de xīn·shàng.

Jiéxuǎn zì Xǔ Dìshān《Luòhuāshēng》

## 作品 27 号

　　我打猎归来，沿着花园的林阴路走着。狗跑在我前边。

　　突然，狗放慢脚步，蹑足潜行，好像嗅到了前边有什么野物。

　　我顺着林阴路望去，看见了一只嘴边还带黄色，头上生着柔毛的小麻雀。风猛烈地吹打着林阴路上的白桦树，麻雀从巢里跌落下来，呆呆地伏在地上，孤立无援地张开两只羽毛还未丰满的小翅膀。

　　我的狗慢慢向它靠近。忽然，从附近一棵树上飞下一只黑胸脯的老麻雀，像一颗石子似的落到狗的跟前。老麻雀全身倒竖着羽毛，惊恐万状，发出绝望、凄惨的叫声，接着向露出牙齿、大张着的狗嘴扑去。

　　老麻雀是猛扑下来救护幼雀的。它用身体掩护着自己的幼儿……但它整个小小的身体因恐惧而战栗着，它小小的声音也变得粗暴嘶哑，它在牺牲自己！

　　在它看来，狗该是多么庞大的怪物啊！然而，它还是不能站在自己高高的、安全的树枝上……一种比它的理智更强烈的力量，使它从那儿扑下身来。

　　我的狗站住了，向后退了退……看来，它也感到了这种力量。

　　我赶紧唤住惊慌失措的狗，然后我怀着崇敬的心情，走开了。

　　是啊，请不要见笑。我崇敬那只小小的、英勇的鸟儿，我崇敬它那种爱的冲动和力量。

　　爱，我//想，比死和死的恐惧更强大。只有依靠它，依靠这种爱，生命才能维持下去，发展下去。

节选自 [俄] 屠格涅夫《麻雀》，巴金译

## Zuòpǐn 27 Hào

　　Wǒ dǎliè guīlái, yánzhe huāyuán de línyīnlù zǒuzhe. gǒu pǎo zài wǒ qián·biān.

　　Tūrán, gǒu fàngmàn jiǎobù, nièzú-qiánxíng, hǎoxiàng xiùdàole qián·biān yǒu shénme yěwù.

　　Wǒ shùnzhe línyīnlù wàng·qù, kàn·jiànle yī zhī zuǐ biān hái dài huángsè、tóu·shàng shēngzhe róumáo de xiǎo máquè. Fēng měngliè de chuīdǎzhe línyīnlù·shàng de báihuàshù, máquè cóng cháo·lǐ diēluò xià·lái, dāidāi de fú zài dì·shàng, gūlì wúyuán de zhāngkāi liǎng zhī yǔmáo hái wèi fēngmǎn de xiǎo chìbǎng.

　　Wǒ de gǒu mànmàn xiàng tā kàojìn. Hūrán, cóng fùjìn yī kē shù·shàng fēi·xià yī zhī hēi xiōngpú de lǎo máquè, xiàng yī kē shízǐ shìde luòdào gǒu de gēn·qián. Lǎo máquè quánshēn dàoshùzhe yǔmáo, jīngkǒng-wànzhuàng, fāchū juéwàng、qīcǎn de jiàoshēng, jiēzhe xiàng lòuchū yáchǐ、dà zhāngzhe de gǒuzuǐ pū·qù.

　　Lǎo máquè shì měng pū xià·lái jiùhù yòuquède. Tā yòng shēntǐ yǎnhùzhe zìjǐ de yòu'ér……Dàn tā zhěnggè xiǎoxiǎo de shēntǐ yīn kǒngbù ér zhànlìzhe, tā xiǎoxiǎo de shēngyīn yě biànde cūbào sīyǎ, tā zài xīshēng zìjǐ!

　　Zài tā kànlái, gǒu gāi shì duōme pángdà de guàiwu a! Ránér, tā háishì bùnéng zhàn zài zìjǐ gāogāo de、ānquán de shùzhī·shàng……Yī zhǒng bǐ tā de lǐzhì gèng qiángliè de lì·liàng, shǐ tā cóng nàr pū·xià shēn·lái.

　　Wǒ de gǒu zhànzhù le, xiàng hòu tuìle tuì……Kànlái, tā yě gǎndàole zhè zhǒng lì·liàng.

　　Wǒ gǎnjǐn huànzhù jīnghuāng-shīcuò de gǒu, ránhòu wǒ huáizhe chóngjìng de xīnqíng, zǒukāi le.

　　Shì a, qǐng bùyào jiànxiào. Wǒ chóngjìng nà zhī xiǎoxiǎo de、yīngyǒng de niǎo'ér, wǒ chóngjìng tā nà zhǒng ài de chōngdòng hé lì·liàng.

　　Ài, wǒ xiǎng bǐ sǐ hé sǐ de kǒngjù gèng qiángdà. Zhǐyǒu yīkào tā, yīkào zhè zhǒng ài, shēngmìng cái néng wéichí xià·qù, fāzhǎn xià·qù.

Jiéxuǎn zì [É] Túgénièfū《Máquè》, Bā Jīn yì

## 作品 28 号

  那年我六岁。离我家仅一箭之遥的小山坡旁,有一个早已被废弃的采石场,双亲从来不准我去那儿,其实那儿风景十分迷人。

  一个夏季的下午,我随着一群小伙伴偷偷上那儿去了。就在我们穿越了一条孤寂的小路后,他们却把我一个人留在原地,然后奔向"更危险的地带"了。

  等他们走后,我惊慌失措地发现,再也找不到要回家的那条孤寂的小道了。像只无头的苍蝇,我到处乱钻,衣裤上挂满了芒刺。太阳已经落山,而此时此刻,家里一定开始吃晚餐了,双亲正盼着我回家……想着想着,我不由得背靠着一棵树,伤心地呜呜大哭起来……

  突然,不远处传来了声声柳笛。我像找到了救星,急忙循声走去。一条小道边的树桩上坐着一位吹笛人,手里还正削着什么。走进细看,他不就是被大家称为"乡巴佬儿"的卡廷吗?

  "你好,小家伙儿,"卡廷说,"看天气多美,你是出来散步的吧?"

  我怯生生地点点头,答道:"我要回家了。"

  "请耐心等上几分钟,"卡廷说,"瞧,我正在削一支柳笛,差不多就要做好了,完工后就送给你吧!"

  卡廷边削边不时把尚未成形的柳笛放在嘴里试吹一下。没过多久,一支柳笛便递到我手中。我俩在一阵阵清脆悦耳的笛音//中,踏上了归途……

  当时,我心中只充满感激,而今天,当我自己也成了祖父时,却突然领悟到他用心之良苦!那天当他听到我的哭声时,便判定我一定迷了路,但他并不想在孩子面前扮演"救星"的角色,于是吹响柳笛以便让我能发现他,并跟着他走出困境!就这样,卡廷先生以乡下人的纯朴,保护了一个小男孩儿强烈的自尊。

节选自唐若水译《迷途笛音》

# Zuòpǐn 28 Hào

　　Nà nián wǒ liù suì. Lí wǒ jiā jǐn yī jiàn zhī yáo de xiǎo shānpō páng, yǒu yī gè zǎo yǐ bèi fèiqì de cǎishíchǎng, shuāngqīn cónglái bùzhǔn wǒ qù nàr, qíshí nàr fēngjǐng shífēn mírén.

　　Yī gè xiàjì de xiàwǔ, wǒ suízhe yī qún xiǎohuǒbànr tōutōu shàng nàr qù le. Jiù zài wǒmen chuānyuè le yī tiáo gūjì de xiǎolù hòu, tāmen què bǎ wǒ yī gè rén liú zài yuán dì, ránhòu bēnxiàng "gèng wēixiǎn de dìdài" le.

　　Děng tāmen zǒuhòu, wǒ jīnghuāng-shīcuò de fāxiàn, zài yě zhǎo·bùdào yào huí jiā de nà tiáo gūjì de xiǎodào le. Xiàng zhī wú tóu de cāngying, wǒ dàochù luàn zuān, yīkù·shàng guàmǎnle mángcì. Tài·yáng yǐ·jīng luòshān, ér cǐshí cǐkè, jiā·lǐ yīdìng kāishǐ chī wǎncān le, shuāngqīn zhèng pànzhe wǒ huíjiā……Xiǎngzhe xiǎngzhe, wǒ bùyóude bèi kàozhe yī kē shù, shāngxīn de wūwū dàkū qǐ·lái……

　　Tūrán, bù yuǎnchù chuán·láile shēngshēng liǔdí. Wǒ xiàng zhǎodàole jiùxīng, jímáng xúnshēng zǒuqù. Yī tiáo xiǎodào biān de shùzhuāng·shàng zuòzhe yī wèi chuīdí rén, shǒu·lǐ hái zhèng xiāozhe shénme. Zǒujìn xì kàn, tā bù jiùshì bèi dàjiā chēngwéi "xiāngbalǎor" de Kǎtíng ma?

　　"Nǐ hǎo, xiǎojiāhuor," Kǎtíng shuō, "kàn tiānqì duō měi, nǐ shì chū·lái sànbù de ba?"

　　Wǒ qièshēngshēng de diǎndiǎn tóu, dádào: "Wǒ yào huíjiā le."

　　"Qǐng nàixīn děng·shàng jǐ fēnzhōng," Kǎtíng shuō, "Qiáo, wǒ zhèngzài xiāo yī zhī liǔdí, chà·bùduō jiù yào zuòhǎo le, wángōng hòu jiù sònggěi nǐ ba!"

　　Kǎtíng biān xiāo biān bùshí bǎ shàng wèi chéngxíng de liǔdí fàng zài zuǐ·lǐ shìchuī yīxià. Méi guò duōjiǔ, yī zhī liǔdí biàn dìdào wǒ shǒu zhōng. Wǒ liǎ zài yī zhènzhèn qīngcuì yuè'ěr de díyīn zhōng, tà·shàngle guītú……

　　Dāngshí, wǒ xīnzhōng zhǐ chōngmǎn gǎn·jī, ér jīntiān, dāng wǒ zìjǐ yě chéngle zǔfù shí, què tūrán lǐngwù dào tā yòngxīn zhī liángkǔ! Nà tiān dāng tā tīngdào wǒ de kūshēng shí, biàn pàndìng wǒ yīdìng míle lù, dàn tā bìng bù xiǎng zài háizi miànqián bànyǎn "jiùxīng" de juésè, yúshì chuīxiǎng liǔdí yǐbiàn ràng wǒ néng fāxiàn tā, bìng gēnzhe tā zǒuchū kùnjìng! Jiù zhèyàng, Kǎtíng xiānsheng yǐ xiāngxiàrén de chúnpǔ, bǎohùle yī gè xiǎonánháir qiángliè de zìzūn.

*Jiéxuǎn zì Táng Ruòshuǐ yì 《Mítú Díyīn》*

## 作品 29 号

在浩瀚无垠的沙漠里，有一片美丽的绿洲，绿洲里藏着一颗闪光的珍珠。这颗珍珠就是敦煌莫高窟。它坐落在我国甘肃省敦煌市三危山和鸣沙山的怀抱中。

鸣沙山东麓是平均高度为十七米的崖壁。在一千六百多米长的崖壁上，凿有大小洞窟七百余个，形成了规模宏伟的石窟群。其中四百九十二个洞窟中，共有彩色塑像两千一百余尊，各种壁画共四万五千多平方米。莫高窟是我国古代无数艺术匠师留给人类的珍贵文化遗产。

莫高窟的彩塑，每一尊都是一件精美的艺术品。最大的有九层楼那么高，最小的还不如一个手掌大。这些彩塑个性鲜明，神态各异。有慈眉善目的菩萨，有威风凛凛的天王，还有强壮勇猛的力士……

莫高窟壁画的内容丰富多彩，有的是描绘古代劳动人民打猎、捕鱼、耕田、收割的情景，有的是描绘人们奏乐、舞蹈、演杂技的场面，还有的是描绘大自然的美丽风光。其中最引人注目的是飞天。壁画上的飞天，有的臂挎花篮，采摘鲜花；有的反弹琵琶，轻拨银弦；有的倒悬身子，自天而降；有的彩带飘拂，漫天遨游；有的舒展着双臂，翩翩起舞。看着这些精美动人的壁画，就像走进了 // 灿烂辉煌的艺术殿堂。

莫高窟里还有一个面积不大的洞窟——藏经洞。洞里曾藏有我国古代的各种经卷、文书、帛画、刺绣、铜像等共六万多件。由于清朝政府腐败无能，大量珍贵的文物被外国强盗掠走。仅存的部分经卷，现在陈列于北京故宫等处。

莫高窟是举世闻名的艺术宝库。这里的每一尊彩塑、每一幅壁画、每一件文物，都是中国古代人民智慧的结晶。

节选自小学《语文》第六册中《莫高窟》

# Zuòpǐn 29 Hào

　　Zài hàohàn wúyín de shāmò·lǐ, yǒu yī piàn měilìde lǜzhōu, lǜzhōu·lǐ cángzhe yī kē shǎnguāng de zhēnzhū. Zhè kē zhēnzhū jiùshì Dūnhuáng Mògāokū. Tā zuòluò zài wǒguó Gānsù Shěng Dūnhuáng Shì Sānwēi Shān hé Míngshā Shān de huáibào zhōng.

　　Míngshā Shān dōnglù shì píngjūn gāodù wéi shíqī mǐ de yábì. Zài yīqiān liùbǎi duō mǐ cháng de yábì·shàng, záo yǒu dàxiǎo dòngkū qībǎi yú gè, xíngchéngle guīmó hóngwěi de shíkūqún. Qízhōng sìbǎi jiǔshí'èr gè dòngkū zhōng, gòng yǒu cǎisè sùxiàng liǎngqiān yībǎi yú zūn, gè zhǒng bìhuà gòng sìwàn wǔqiān duō píngfāngmǐ. Mògāokū shì wǒguó gǔdài wúshù yìshù jiàngshī liúgěi rénlèi de zhēnguì wénhuà yíchǎn.

　　Mògāokū de cǎisù, měi yī zūn dōu shì yījiàn jīngměi de yìshùpǐn. Zuì dà de yǒu jiǔ céng lóu nàme gāo, zuì xiǎo de hái bùrú yī gè shǒuzhǎng dà. Zhèxiē cǎisù gèxìng xiānmíng, shéntài-gèyì. Yǒu címéi-shànmùde pú·sà, yǒu wēifēng-lǐnlǐn de tiānwáng, háiyǒu qiángzhuàng yǒngměng de lìshì……

　　Mògāokū bìhuà de nèiróng fēngfù-duōcǎi, yǒude shì miáohuì gǔdài láodòng rénmín dǎliè, bǔyú, gēngtián, shōugē de qíngjǐng, yǒude shì miáohuì rénmen zòuyuè, wǔdǎo, yǎn zájì de chǎngmiàn, háiyǒude shì miáohuì dàzìrán de měilì fēngguāng. Qízhōng zuì yǐnrén-zhùmù de shì fēitiān. Bìhuà·shàng de fēitiān, yǒu de bì kuà huālán, cǎizhāi xiānhuā; yǒude fǎn tán pí·pá, qīng bō yínxián; yǒude dào xuán shēnzi, zì tiān ér jiàng; yǒude cǎidài piāofú, màntiān áoyóu; yǒude shūzhǎnzhe shuāngbì, piānpiān-qǐwǔ. Kànzhe zhèxiē jīngměi dòngrén de bìhuà, jiù xiàng zǒujìnle cànlàn huīhuáng de yìshù diàntáng.

　　Mògāokū·lǐ háiyǒu yī gè miànjī bù dà de dòngkū——cángjīngdòng. Dòng·lǐ céng cángyǒu wǒguó gǔdài de gè zhǒng jīngjuàn, wénshū, bóhuà, cìxiù, tóngxiàng děng gòng liùwàn duō jiàn. Yóuyú Qīngcháo zhèngfǔ fǔbài wúnéng, dàliàng zhēnguì de wénwù bèi wàiguó qiángdào lüèzǒu. Jǐncún de bùfen jīngjuàn, xiànzài chénliè yú Běijīng gùgōng děng chù.

　　Mògāokū shì jǔshì-wénmíng de yìshù bǎokù. Zhè·lǐ de měi yī zūn cǎisù, měi yī fú bìhuà, měi yī jiàn wénwù, dōu shì Zhōngguó gǔdài rénmín zhìhuì de jiéjīng.

Jiéxuǎn zì Xiǎoxué《Yǔwén》dì-liù cè zhōng《Mògāokū》

## 作品 30 号

其实你在很久以前并不喜欢牡丹,因为它总是被人作为富贵膜拜。后来你目睹了一次牡丹的落花,你相信所有的人都会为之感动:一阵清风徐来,娇艳鲜嫩的盛期牡丹忽然整朵整朵地坠落,铺撒一地绚丽的花瓣。那花瓣落地时依然鲜艳夺目,如同一只奉上祭坛的大鸟脱落的羽毛,低吟着壮烈的悲歌离去。

牡丹没有花谢花败之时,要么烁于枝头,要么归于泥土,它跨越委顿和衰老,由青春而死亡,由美丽而消遁。它虽美却不吝惜生命,即使告别也要展示给人最后一次的惊心动魄。

所以在这阴冷的四月里,奇迹不会发生。任凭游人扫兴和诅咒,牡丹依然安之若素。它不苟且、不俯就、不妥协、不媚俗,甘愿自己冷落自己。它遵循自己的花期自己的规律,它有权利为自己选择每年一度的盛大节日。它为什么不拒绝寒冷?

天南海北的看花人,依然络绎不绝地涌入洛阳城。人们不会因牡丹的拒绝而拒绝它的美。如果它再被贬谪十次,也许它就会繁衍出十个洛阳牡丹城。

于是你在无言的遗憾中感悟到,富贵与高贵只是一字之差。同人一样,花儿也是有灵性的,更有品位之高低。品位这东西为气为魄为 // 筋骨为神韵,只可意会。你叹服牡丹卓尔不群之姿,方知品位是多么容易被世人忽略或是漠视的美。

节选自张抗抗《牡丹的拒绝》

# Zuòpǐn 30 Hào

  Qíshí nǐ zài hěn jiǔ yǐqián bìng bù xǐhuan mǔ‧dān, yīn‧wèi tā zǒng bèi rén zuòwéi fùguì móbài. Hòulái nǐ mùdǔle yī cì mǔ‧dān de luòhuā, nǐ xiāngxìn suǒyǒu de rén dōu huì wéi zhī gǎndòng: Yī zhèn qīngfēng xúlái, jiāoyàn xiānnèn de shèngqī mǔ‧dān hūrán zhěng duǒ zhěng duǒ de zhuìluò, pūsǎ yīdì xuànlì de huābàn. Nà huābàn luòdì shí yīrán xiānyàn duómù, rútóng yī zhī fèng‧shàng jìtán de dànniǎo tuōluò de yǔmáo, dīyínzhe zhuàngliè de bēigē líqù.

  Mǔ‧dān méi‧yǒu huāxiè-huābài zhī shí, yàome shuòyú zhītóu, yàome guīyú nítǔ, tā kuàyuè wěidùn hé shuāilǎo, yóu qīngchūn ér sǐwáng, yóu měilì ér xiāodùn. Tā suī měi què bù lìnxī shēngmìng, jíshǐ gàobié yě yào zhǎnshì gěi rén zuìhòu yī cì de jīngxīn-dòngpò.

  Suǒyǐ zài zhè yīnlěng de sìyuè‧lǐ, qíjì bù huì fāshēng. Rènpíng yóurén sǎoxìng hé zǔzhòu, mǔ‧dān yīrán ānzhī-ruòsù. Tā bù gǒuqiě、bù fǔjiù、bù tuǒxié、bù mèisú, gānyuàn zìjǐ lěngluò zìjǐ. Tā zūnxún zìjǐ de huāqī zìjǐ de guīlǜ, tā yǒu quánlì wèi zìjǐ xuǎnzé měinián yī dù de shèngdà jiérì. Tā wèishénme bù jùjué hánlěng?

  Tiānnán-hǎiběi de kàn huā rén, yīrán luòyì-bùjué de yǒngrù Luòyáng Chéng. Rénmen bù huì yīn mǔ‧dān de jùjué ér jùjué tā de měi. Rúguǒ tā zài bèi biǎnzhé shí cì, yěxǔ tā jiùhuì fányǎn chū shí gè Luòyáng mǔ‧dān chéng.

  Yúshì nǐ zài wúyán de yíhàn zhōng gǎnwù dào, fùguì yǔ gāoguì zhǐshì yī zì zhī chā. Tóng rén yīyàng, huā'ér yě shì yǒu língxìng de, gèng yǒu pǐnwèi zhī gāodī. Pǐnwèi zhè dōngxi wéi qì wéi hún wéi jīngǔ wéi shényùn, zhǐ kě yìhuì. Nǐ tànfú mǔ‧dān zhuó'ěr-bùqún zhī zī, fāng zhī pǐnwèi shì duōme róng‧yì bèi shìrén hūlüè huò shì mòshì de měi.

Jiéxuǎn zì Zhāng Kàngkàng 《Mǔ‧dān de Jùjué》

## 作品 31 号

　　森林涵养水源，保持水土，防止水旱灾害的作用非常大。据专家测算，一片十万亩面积的森林，相当于一个两百万立方米的水库，这正如农谚所说的："山上多栽树，等于修水库。雨多它能吞，雨少它能吐。"

　　说起森林的功劳，那还多得很。它除了为人类提供木材及许多种生产、生活的原料之外，在维护生态环境方面也是功劳卓著。它用另一种"能吞能吐"的特殊功能孕育了人类。因为地球在形成之初，大气中的二氧化碳含量很高，氧气很少，气温也高，生物是难以生存的。大约在四亿年之前，陆地才产生了森林。森林慢慢将大气中的二氧化碳吸收，同时吐出新鲜氧气，调节气温：这才具备了人类生存的条件，地球上才最终有了人类。

　　森林，是地球生态系统的主体，是大自然的总调度室，是地球的绿色之肺。森林维护地球生态环境的这种"能吞能吐"的特殊功能是其他任何物体都不能取代的。然而，由于地球上的燃烧物增多，二氧化碳的排放量急剧增加，使得地球生态环境急剧恶化，主要表现为全球气候变暖，水分蒸发加快，改变了气流的循环，使气候变化加剧，从而引发热浪、飓风、暴雨、洪涝及干旱。

　　为了 // 使地球的这个"能吞能吐"的绿色之肺恢复健壮，以改善生态环境，抑制全球变暖，减少水旱等自然灾害，我们应该大力造林、护林，使每一座荒山都绿起来。

节选自《中考语文课外阅读试题精选》中《"能吞能吐"的森林》

# Zuòpǐn 31 Hào

　　Sēnlín hányǎng shuǐyuán, bǎochí shuǐtǔ, fángzhǐ shuǐhàn zāihài de zuòyòng fēicháng dà. Jù zhuānjiā cèsuàn, yī piàn shí wàn mǔ miànjī de sēnlín, xiāngdāngyú yī gè liǎngbǎi wàn lìfāngmǐ de shuǐkù, zhè zhèng rú nóngyàn suǒ shuō de: "Shān·shàng duō zāi shù, děngyú xiū shuǐkù. Yǔ duō tā néng tūn, yǔ shǎo tā néng tǔ."

　　Shuōqǐ sēnlín de gōng·láo, nà hái duō de hěn. Tā chúle wèi rénlèi tígōng mùcái jí xǔduō zhǒng shēngchǎn、shēnghuó de yuánliào zhīwài, zài wéihù shēngtài huánjìng fāngmiàn yě shì gōng·láo zhuózhù, tā yòng lìng yī zhǒng "néngtūn-néngtǔ" de tèshū gōngnéng yùnyùle rénlèi. Yīn·wèi dìqiú zài xíngchéng zhīchū, dàqì zhōng de èryǎnghuàtàn hánliàng hěn gāo, yǎngqì hěn shǎo, qìwēn yě gāo, shēngwù shì nányǐ shēngcún de. Dàyuē zài sìyì nián zhīqián, lùdì cái chǎnshēngle sēnlín. Sēnlín mànmàn jiāng dàqì zhōng de èryǎnghuàtàn xīshōu, tóngshí tǔ·chū xīn·xiān yǎngqì, tiáojié qìwēn: Zhè cái jùbèile rénlèi shēngcún de tiáojiàn, dìqiú·shàng cái zuìzhōng yǒule rénlèi.

　　Sēnlín, shì dìqiú shēngtài xìtǒng de zhǔtǐ, shì dàzìrán de zǒng diàodùshì, shì dìqiú de lǜsè zhī fèi. Sēnlín wéihù dìqiú shēngtài huánjìng de zhè zhǒng "néngtūn-néngtǔ" de tèshū gōngnéng shì qítā rènhé wùtǐ dōu bùnéng qǔdài de. Rán'ér, yóuyú dìqiú·shàng de ránshāowù zēngduō, èryǎnghuàtàn de páifàngliàng jíjù zēngjiā, shǐ·dé dìqiú shēngtài huánjìng jíjù èhuà, zhǔyào biǎoxiàn wéi quánqiú qìhòu biàn nuǎn, shuǐfèn zhēngfā jiākuài, gǎibiànle qìliú de xúnhuán, shǐ qìhòu biànhuà jiājù, cóng'ér yǐnfā rèlàng、jùfēng、bàoyǔ、hónglào jí gānhàn.

　　Wèile shǐ dìqiú de zhège "néngtūn-néngtǔ" de lǜsè zhī fèi huīfù jiànzhuàng, yǐ gǎishàn shēngtài huánjìng, yìzhǐ quánqiú biàn nuǎn, jiǎnshǎo shuǐhàn děng zìrán zāihài, wǒmen yīnggāi dàlì zàolín、hùlín, shǐ měi yī zuò huāngshān dōu lǜ qǐ·lái.

Jiéxuǎn zì《Zhōngkǎo Yǔwén Kèwài Yuèdú Shìtí Jīngxuǎn》zhōng《"Néngtūn-néngtǔ" de Sēnlín》

## 作品 32 号

朋友即将远行。

暮春时节,又邀了几位朋友在家小聚。虽然都是极熟的朋友,却是终年难得一见,偶尔电话里相遇,也无非是几句寻常话。一锅小米稀饭,一碟大头菜,一盘自家酿制的泡菜,一只巷口买回的烤鸭,简简单单,不像请客,倒像家人团聚。

其实,友情也好,爱情也好,久而久之都会转化为亲情。

说也奇怪,和新朋友会谈文学、谈哲学、谈人生道理等等,和老朋友却只话家常,柴米油盐,细细碎碎,种种琐事。很多时候,心灵的契合已经不需要太多的言语来表达。

朋友新烫了个头,不敢回家见母亲,恐怕惊骇了老人家,却欢天喜地来见我们,老朋友颇能以一种趣味性的眼光欣赏这个改变。

年少的时候,我们差不多都在为别人而活,为苦口婆心的父母活,为循循善诱的师长活,为许多观念、许多传统的约束力而活。年岁逐增,渐渐挣脱外在的限制与束缚,开始懂得为自己活,照自己的方式做一些自己喜欢的事,不在乎别人的批评意见,不在乎别人的诋毁流言,只在乎那一份随心所欲的舒坦自然。偶尔,也能够纵容自己放浪一下,并且有一种恶作剧的窃喜。

就让生命顺其自然,水到渠成吧,犹如窗前的 // 乌桕,自生自落之间,自有一份圆融丰满的喜悦。春雨轻轻落着,没有诗,没有酒,有的只是一份相知相属的自在自得。

夜色在笑语中渐渐沉落,朋友起身告辞,没有挽留,没有送别,甚至也没有问归期。

已经过了大喜大悲的岁月,已经过了伤感流泪的年华,知道了聚散原来是这样的自然和顺理成章,懂得这点,便懂得珍惜每一次相聚的温馨,离别便也欢喜。

节选自(台湾)杏林子《朋友和其他》

# Zuòpǐn 32 Hào

Péngyou jíjiāng yuǎnxíng.

Mùchūn shíjié, yòu yāole jǐ wèi péngyou zài jiā xiǎojù. Suīrán dōu shì jí shú de péngyou, què shì zhōngnián nándé yī jiàn, ǒu'ěr diànhuà·lǐ xiāngyù, yě wúfēi shì jǐ jù xúnchánghuà. Yī guō xiǎomǐ xīfàn, yī dié dàtóucài, yī pán zìjiā niàngzhì de pàocài, yī zhī xiàngkǒu mǎihuí de kǎoyā, jiǎnjiǎn-dāndān, bù xiàng qǐngkè, dào xiàng jiārén tuánjù.

Qíshí, yǒuqíng yě hǎo, àiqíng yě hǎo, jiǔ'érjiǔzhī dōu huì zhuǎnhuà wéi qīnqíng.

Shuō yě qíguài, hé xīn péngyou huì tán wénxué, tán zhéxué, tán rénshēng dào·lǐ děngděng, hé lǎo péngyou què zhǐ huà jiācháng, chái-mǐ-yóu-yán, xìxì-suìsuì, zhǒngzhǒng suǒshì. Hěn duō shíhou, xīnlíng de qìhé yǐ·jīng bù xūyào tài duō de yányǔ lái biǎodá.

Péngyou xīn tàngle gè tóu, bùgǎn huíjiā jiàn mǔ·qīn, kǒngpà jīnghàile lǎo·rén·jiā, què huāntiān-xǐdì lái jiàn wǒmen, lǎo péngyou pō néng yǐ yī zhǒng qùwèixìng de yǎnguāng xīnshǎng zhège gǎibiàn.

Niánshào de shíhou, wǒmen chà·bùduō dōu zài wèi bié·rén ér huó, wèi kǔkǒu-póxīn de fùmǔ huó, wèi xúnxún-shànyòu de shīzhǎng huó, wèi xǔduō guānniàn, xǔduō chuántǒng de yuēshùlì ér huó. Niánsuì zhú zēng, jiànjiàn zhèngtuō wàizài de xiànzhì yǔ shùfù, kāishǐ dǒng·dé wèi zìjǐ huó, zhào zìjǐ de fāngshì zuò yīxiē zìjǐ xǐhuan de shì, bù zàihu bié·rén de pīpíng yì·jiàn, bù zàihu bié·rén de dǐhuǐ liúyán, zhǐ zàihu nà yī fèn suíxīn-suǒyù de shūtan zìrán. Qu'ěr, yě nénggòu zòngróng zìjǐ fànglàng yīxià, bìngqiě yǒu yī zhǒng èzuòjù de qièxǐ.

Jiù ràng shēngmìng shùn qí zìrán, shuǐdào-qúchéng ba, yóurú chuāng qián de wūjiù, zìshēng-zìluò zhījiān, zì yǒu yī fèn yuánróng fēngmǎn de xǐyuè. Chūnyǔ qīngqīng luòzhe, méi·yǒu shī, méi·yǒu jiǔ, yǒude zhǐshì yī fèn xiāng zhī xiāng zhǔ de zìzài zìdé.

Yèsè zài xiàoyǔ zhōng jiànjiàn chénluò, péngyou qǐshēn gàocí, méi·yǒu wǎnliú, méi·yǒu sòngbié, shènzhì yě méi·yǒu wèn guīqī.

Yǐ·jīng guòle dàxǐ-dàbēi de suìyuè, yǐ·jīng guòle shānggǎn liúlèi de niánhuá, zhī·dàole jù-sàn yuánlái shì zhèyàng de zìrán hé shùnlǐ-chéngzhāng, dǒng·dé zhè diǎn, biàn dǒngdé zhēnxī měi yī cì xiāngjù de wēnxīn, líbié biàn yě huānxǐ.

*Jiéxuǎn zì (Táiwān) Xìng Línzǐ «Péngyou hé Qítā»*

## 作品 33 号

　　我们在田野散步：我，我的母亲，我的妻子和儿子。

　　母亲本不愿出来的。她老了，身体不好，走远一点儿就觉得很累。我说，正因为如此，才应该多走走。母亲信服地点点头，便去拿外套。她现在很听我的话，就像我小时候很听她的话一样。

　　这南方初春的田野，大块小块的新绿随意地铺着，有的浓、有的淡，树上的嫩芽也密了，田里的冬水也咕咕地起着水泡。这一切都使人想着一样东西——生命。

　　我和母亲走在前面，我的妻子和儿子走在后面。小家伙突然叫起来："前面是妈妈和儿子，后面也是妈妈和儿子。"我们都笑了。

　　后来发生了分歧：母亲要走大路，大路平顺；我的儿子要走小路，小路有意思。不过，一切都取决于我。我的母亲老了，她早已习惯听从她强壮的儿子；我的儿子还小，他还习惯听从他高大的父亲；妻子呢，在外面，她总是听我的。一霎时我感到了责任的重大。我想找一个两全的办法，找不出；我想拆散一家人，分成两路，各得其所，终不愿意。我决定委屈儿子，因为我伴同他的时日还长。我说："走大路。"

　　但是母亲摸摸孙儿的小脑瓜儿，变了主意："还是走小路吧。"她的眼随小路望去：那里有金色的菜花，两行整齐的桑树，// 尽头一口水波粼粼的鱼塘。"我走不过去的地方，你就背着我。"母亲对我说。

　　这样，我们在阳光下，向着那菜花、桑树和鱼塘走去。到了一处，我蹲下来，背起了母亲；妻子也蹲下来，背起了儿子。我和妻子都是慢慢地，稳稳地，走得很仔细，好像我背上的同她背上的加起来，就是整个世界。

节选自莫怀戚《散步》

# Zuòpǐn 33 Hào

Wǒmen zài tiányě sànbù: Wǒ, wǒ de mǔ·qīn, wǒ de qī·zǐ hé érzi.

Mǔ·qīn běn bùyuàn chū·lái de. Tā lǎo le, shēntǐ bù hǎo, zǒu yuǎn yīdiǎnr jiù jué·dé hěn lèi. Wǒ shuō, zhèng yīn·wèi rúcǐ, cái yīnggāi duō zǒuzou. Mǔ·qīn xìnfú de diǎndiǎn tóu, biàn qù ná wàitào. Tā xiànzài hěn tīng wǒ de huà, jiù xiàng wǒ xiǎoshíhou hěn tīng tā de huà yīyàng.

Zhè nánfāng chūchūn de tiányě, dàkuài xiǎokuài de xīnlǜ suíyì de pūzhe, yǒude nóng, yǒude dàn, shù·shàng de nènyá yě mì le, tián·lǐ de dōngshuǐ yě gūgū de qǐzhe shuǐpào. Zhè yīqiè dōu shǐ rén xiǎngzhe yī yàng dōngxi——shēngmìng.

Wǒ hé mǔ·qīn zǒu zài qián·miàn, wǒ de qī·zǐ hé érzi zǒu zài hòu·miàn. Xiǎojiāhuo tūrán jiào qǐ·lái: "Qián·miàn shì māma hé érzi, hòu·miàn yě shì māma hé érzi." Wǒmen dōu xiàole.

Hòulái fāshēngle fēnqí: Mǔ·qīn yào zǒu dàlù, dàlù píngshùn; Wǒ de érzi yào zǒu xiǎolù, xiǎolù yǒu yìsi. Bùguò, yī qiè dōu qǔjuéyú wǒ. wǒ de mǔ·qīn lǎo le, tā zǎoyǐ xíguàn tīngcóng tā qiángzhuàng de érzi; wǒ de érzi hái xiǎo, tā hái xíguàn tīngcóng tā gāodà de fù·qīn; qī·zǐ ne, zài wài·miàn, tā zǒngshì tīng wǒ de. Yīshàshí wǒ gǎndàole zérèn de zhòngdà. Wǒ xiǎng zhǎo yī gè liǎngquán de bànfǎ, zhǎo bù chū; wǒ xiǎng chāisàn yī jiā rén, fēnchéng liǎng lù, gèdé-qísuǒ, zhōng bù yuàn·yì. Wǒ juédìng wěiqu érzi, yīn·wèi wǒ bàntóng tā de shírì hái cháng. Wǒ shuō: "Zǒu dàlù."

Dànshì mǔ·qīn mōmo sūn'ér de xiǎo nǎoguār, biànle zhǔyi: "Háishì zǒu xiǎolù ba." Tā de yǎn suí xiǎolù wàng·qù: Nà·lǐ yǒu jīnsè de càihuā, liǎng háng zhěngqí de sāngshù, jìntóu yī kǒu shuǐbō línlín de yútáng. "Wǒ zǒu bù guò·qù de dìfang, nǐ jiù bēizhe wǒ." Mǔ·qīn duì wǒ shuō.

Zhèyàng, wǒmen zài yángguāng·xià, xiàngzhe nà càihuā、sāngshù hé yútáng zǒu·qù, Dàole yī chù, wǒ dūn xià·lái bēiqǐle mǔ·qīn; qī·zǐ yě dūn xià·lái, bēiqǐle érzi. Wǒ hé qī·zǐ dōu shì mànmàn de, wěnwen de, zǒu de hěn zǐxì, hǎoxiàng wǒ bèi·shàng de tóng tā bèi·shàng de jiā qǐ·lái, jiùshì zhěnggè shìjiè.

Jiéxuǎn zì Mò Huáiqī《Sànbù》

## 作品 34 号

地球上是否真的存在"无底洞"？按说地球是圆的，由地壳、地幔和地核三层组成，真正的"无底洞"是不应存在的。我们所看到的各种山洞、裂口、裂缝，甚至火山口也都只是地壳浅部的一种现象。然而中国一些古籍却多次提到海外有个深奥莫测的无底洞。事实上地球上确实有这样一个"无底洞"。

它位于希腊亚各斯古城的海滨。由于濒临大海，大涨潮时，汹涌的海水便会排山倒海般地涌入洞中，形成一股湍湍的急流。据测，每天流入洞内的海水量达三万多吨。奇怪的是，如此大量的海水灌入洞中，却从来没有把洞灌满。曾有人怀疑，这个"无底洞"，会不会就像石灰岩地区的漏斗、竖井、落水洞一类的地形。然而从二十世纪三十年代以来，人们就做了多种努力企图寻找它的出口，却都是枉费心机。

为了揭开这个秘密，一九五八年美国地理学会派出一支考察队，他们把一种经久不变的带色染料溶解在海水中，观察染料是如何随着海水一起沉下去。接着又察看了附近海面以及岛上的各条河、湖，满怀希望地寻找这种带颜色的水，结果令人失望。难道是海水量太大把有色水稀释得太淡，以致无法发现？//

至今谁也不知道为什么这里的海水会没完没了地"漏"下去，这个"无底洞"的出口又在哪里，每天大量的海水究竟都流到哪里去了？

节选自罗伯特·罗威尔《神秘的"无底洞"》

# Zuòpǐn 34 Hào

　　Dìqiú·shàng shìfǒu zhēn de cúnzài "wúdǐdòng"? Ànshuō dìqiú shì yuán de, yóu dìqiào、dìmàn hé dìhé sān céng zǔchéng, zhēnzhèng de "wúdǐdòng" shì bù yīng cúnzài de. wǒmen suǒ kàndào de gè zhǒng shāndòng、lièkǒu、lièfèng, shènzhì huǒshānkǒu yě dōu zhǐshì dìqiào qiǎnbù de yī zhǒng xiànxiàng. Rán'ér zhōngguó yīxiē gǔjí què duō cì tídào hǎiwài yǒu gè shēn'ào-mòcè de wúdǐdòng. Shìshí·shàng dìqiú·shàng quèshí yǒu zhèyàng yī gè "wúdǐdòng".

　　Tā wèiyú Xīlà Yàgèsī gǔchéng de hǎibīn. Yóuyú bīnlín dàhǎi, dà zhǎngcháo shí, xiōngyǒng de hǎishuǐ biàn huì páishān-dǎohǎi bān de yǒngrù dòng zhōng, xíngchéng yī gǔ tuāntuān de jíliú. Jù cè, měi tiān liúrù dòng nèi de hǎishuǐliàng dá sānwàn duō dūn. Qíguài de shì, rúcǐ dàliàng de hǎishuǐ guànrù dòng zhōng, què cónglái méi·yǒu bǎ dòng guànmǎn. Céng yǒu rén huáiyí, zhège "wúdǐdòng", huì·bù huì jiù xiàng shíhuīyán dìqū de lòudǒu、shùjǐng、luòshuǐdòng yīlèi de dìxíng. Rán'ér cóng èrshí shìjì sānshí niándài yǐlái, rénmen jiù zuòle duō zhǒng nǔlì qǐtú xúnzhǎo tā de chūkǒu, què dōu shì wǎngfèi-xīnjī.

　　Wèile jiēkāi zhège mìmì, yī jiǔ wǔ bā nián Měiguó Dìlǐ xuéhuì pàichū yī zhī kǎocháduì, tāmen bǎ yī zhǒng jīngjiǔ-bùbiàn de dài sè rǎnliào róngjiě zài hǎishuǐ zhōng, guānchá rǎnliào shì rúhé suízhe hǎishuǐ yīqǐ chén xià·qù. Jiēzhe yòu chákànle fùjìn hǎimiàn yǐjí dǎo·shàng de gè tiáo hé、hú, mǎnhuái xīwàng de xúnzhǎo zhè zhǒng dài yánsè de shuǐ, jiéguǒ lìng rén shīwàng. Nándào shì hǎishuǐliàng tài dà bǎ yǒusèshuǐ xīshì de tài dàn, yǐzhì wúfǎ fāxiàn?

　　Zhìjīn shéi yě bù zhī·dào wèishénme zhè·lǐ de hǎishuǐ huì méiwán-méiliǎo de "lòu" xià·qù, zhège "wúdǐdòng" de chūkǒu yòu zài nǎ·lǐ, měi tiān dàliàng de hǎishuǐ jiūjìng dōu liúdào nǎ·lǐ qù le?

Jiéxuǎn zì Luóbótè Luówēi'ěr 《Shénmì de "Wúdǐdòng"》

## 作品 35 号

我在俄国见到的景物再没有比托尔斯泰墓更宏伟、更感人的。

完全按照托尔斯泰的愿望,他的坟墓成了世间最美的,给人印象最深刻的坟墓。它只是树林中的一个小小的长方形土丘,上面开满鲜花——没有十字架,没有墓碑,没有墓志铭,连托尔斯泰这个名字也没有。

这位比谁都感到受自己的声名所累的伟人,却像偶尔被发现的流浪汉,不为人知的士兵,不留名姓地被人埋葬了。谁都可以踏进他最后的安息地,围在四周稀疏的木栅栏是不关闭的——保护列夫·托尔斯泰得以安息的没有任何别的东西,唯有人们的敬意;而通常,人们却总是怀着好奇,去破坏伟人墓地的宁静。

这里,逼人的朴素禁锢住任何一种观赏的闲情,并且不容许你大声说话。风儿俯临,在这座无名者之墓的树木之间飒飒响着,和暖的阳光在坟头嬉戏;冬天,白雪温柔地覆盖这片幽暗的土地。无论你在夏天或冬天经过这儿,你都想象不到,这个小小的、隆起的长方体里安放着一位当代最伟大的人物。

然而,恰恰是这座不留姓名的坟墓,比所有挖空心思用大理石和奢华装饰建造的坟墓更扣人心弦。在今天这个特殊的日子里,//到他的安息地来的成百上千人中间,没有一个有勇气,哪怕仅仅从这幽暗的土丘上摘下一朵花留作纪念。人们重新感到,世界上再没有比托尔斯泰最后留下的、这座纪念碑式的朴素坟墓,更打动人心的了。

节选自〔奥〕茨威格《世间最美的坟墓》,张厚仁译

## Zuòpǐn 35 Hào

  Wǒ zài Éguó jiàndào de jǐngwù zài méi·yǒu bǐ Tuō'ěrsītài mù gèng hóngwěi、gèng gǎnrén de.

  Wánquán ànzhào Tuō'ěrsītài de yuànwàng, tā de fénmù chéngle shìjiān zuì měi de, gěi rén yìnxiàng zuì shēnkè de fénmù. Tā zhǐshì shùlín zhōng de yī gè xiǎoxiǎo de chángfāngxíng tǔqiū, shàng·miàn kāimǎn xiānhuā——méi·yǒu shízìjià, méi·yǒu mùbēi, méi·yǒu mùzhìmíng, lián Tuō'ěrsītài zhège míngzi yě méi·yǒu.

  Zhè wèi bǐ shéi dōu gǎndào shòu zìjǐ de shēngmìng suǒ lěi de wěirén, què xiàng ǒu'ěr bèi fāxiàn de liúlànghàn, bù wéi rén zhī de shìbīng, bù liú míngxìng de bèi rén máizàng le. Shéi dōu kěyǐ tàjìn tā zuìhòu de ānxīdì, wéi zài sìzhōu xīshū de mù zhàlan shì bù guānbì de——bǎohù Lièfū Tuō'ěrsītài déyǐ ānxī de méi·yǒu rènhé biéde dōngxi, wéiyǒu rénmen de jìngyì; ér tōngcháng, rénmen què zǒngshì huáizhe hàoqí, qù pòhuài wěirén mùdì de níngjìng.

  Zhè·lǐ, bīrén de pǔsù jìngù zhù rènhé yī zhǒng guānshǎng de xiánqíng, bìngqiě bù róngxǔ nǐ dàshēng shuōhuà. Fēng'·ér fǔ lín, zài zhè zuò wúmíngzhě zhī mù de shùmù zhījiān sàsà xiǎngzhe, hénuǎn de yángguāng zài féntóur xīxì; dōngtiān, báixuě wēnróu de fùgài zhè piàn yōu'àn de tǔdì. Wúlùn nǐ zài xiàtiān huò dōngtiān jīngguò zhèr, nǐ dōu xiǎngxiàng bù dào, zhège xiǎoxiǎo de、lóngqǐ de chángfāngtǐ·lǐ ānfàngzhe yī wèi dāngdài zuì wěidà de rénwù.

  Rán'ér, qiàqià shì zhè zuò bù liú xìngmíng de fénmù, bǐ suǒyǒu wākōng xīnsi yòng dàlǐshí hé shēhuá zhuāngshì jiànzào de fénmù gèng kòurénxīnxián. Zài jīntiān zhège tèshū de rìzi·lǐ, dào tā de ānxīdì lái de chéng bǎi shàng qiān rén zhōngjiān, méi·yǒu yī gè yǒu yǒngqì, nǎpà jǐnjǐn cóng zhè yōu'àn de tǔqiū·shàng zhāixià yī duǒ huā liúzuò jìniàn. Rénmen chóngxīn gǎndào, shìjiè·shàng zài méi·yǒu bǐ Tuō'ěrsītài zuìhòu liúxià de、zhè zuò jìniànbēi shì de pǔsù fénmù, gèng dǎdòng rénxīn de le.

Jiéxuǎn zì [Ào] Cíwěigé 《Shìjiān Zuì Měi de Fénmù》, Zhāng Hòurén yì

## 作品 36 号

　　我国的建筑,从古代的宫殿到近代的一般住房. 绝大部分是对称的,左边怎么样,右边怎么样。苏州园林可绝不讲究对称,好像故意避免似的。东边有了一个亭子或者一道回廊,西边绝不会来一个同样的亭子或者一道同样的回廊。这是为什么?我想,用图画来比方,对称的建筑是图案画,不是美术画,而园林是美术画,美术画要求自然之趣,是不讲究对称的。

　　苏州园林里都有假山和池沼。

　　假山的堆叠,可以说是一项艺术而不仅是技术。或者是重峦叠嶂,或者是几座小山配合着竹子花木,全在乎设计者和匠师们生平多阅历,胸中有丘壑,才能使游览者攀登的时候忘却苏州城市,只觉得身在山间。

　　至于池沼,大多引用活水。有些园林池沼宽敞,就把池沼作为全园的中心,其他景物配合着布置。水面假如成河道模样,往往安排桥梁。假如安排两座以上的桥梁,那就一座一个样,绝不雷同。

　　池沼或河道的边沿很少砌齐整的石岸,总是高低屈曲任其自然。还在那儿布置几块玲珑的石头,或者种些花草。这也是为了取得从各个角度看都成一幅画的效果。池沼里养着金鱼或各色鲤鱼,夏秋季节荷花或睡莲开//放,游览者看"鱼戏莲叶间",又是入画的一景。

节选自叶圣陶《苏州园林》

# Zuòpǐn 36 Hào

　　Wǒguó de jiànzhù, cóng gǔdài de gōngdiàn dào jìndài de yībān zhùfáng, jué dà bùfen shì duìchèn de, zuǒ·biān zěnmeyàng, yòu·biān zěnmeyàng. Sūzhōu yuánlín kě juébù jiǎng·jiū duìchèn, hǎoxiàng gùyì bìmiǎn shìde. Dōng·biān yǒule yī gè tíngzi huòzhě yī dào huíláng, xī·biān jué bù huì lái yī gè tóngyàng de tíngzi huòzhě yī dào tóngyàng de huíláng. Zhè shì wèishénme? Wǒ xiǎng, yòng túhuà lái bǐfang, duìchèn de jiànzhù shì tú'ànhuà, bù shì měishùhuà, ér yuánlín shì měishùhuà, měishùhuà yāoqiú zìrán zhī qù, shì bù jiǎng·jiū duìchèn de.

　　Sūzhōu yuánlín·lǐ dōu yǒu jiǎshān hé chízhǎo.

　　Jiǎshān de duīdié, kěyǐ shuō shì yī xiàng yìshù ér bùjǐn shì jìshù. Huòzhě shì chóngluán-diézhàng, huòzhě shì jǐ zuò xiǎoshān pèihézhe zhúzi huāmù, quán zàihu shèjìzhě hé jiàngshīmen shēngpíng duō yuèlì, xiōng zhōng yǒu qiūhè, cái néng shǐ yóulǎnzhě pāndēng de shíhou wàngquè Sūzhōu chéngshì, zhǐ jué·dè shēn zài shān jiān.

　　Zhìyú chízhǎo, dàduō yǐnyòng huóshuǐ. Yǒuxiē yuánlín chízhǎo kuān·chǎng, jiù bǎ chízhǎo zuòwéi quán yuán de zhōngxīn, qítā jǐngwù pèihézhe bùzhì. Shuǐmiàn jiǎrú chéng hédào múyàng, wǎngwǎng ānpái qiáoliáng. Jiǎrú ānpái liǎng zuò yǐshàng de qiáoliáng, nà jiù yī zuò yī gè yàng, jué bù léitóng.

　　Chízhǎo huò hédào de biānyán hěn shǎo qì qízhěng de shí'àn, zǒngshì gāodī qūqū rèn qí zìrán. Hái zài nàr bùzhì jǐ kuài línglóng de shítou, huòzhě zhòng xiē huācǎo. Zhè yě shì wèile qǔdé cóng gègè jiǎodù kàn dōu chéng yī fú huà de xiàoguǒ. Chízhǎo·lǐ yǎngzhe jīnyú huò gè sè lǐyú, xià-qiū jìjié héhuā huò shuìlián kāi fàng, yóulǎnzhě kàn "yú xì lián yè jiān", yòu shì rù huà de yī jǐng.

Jiéxuǎn zì Yè Shèngtáo 《Sūzhōu Yuánlín》

## 作品 37 号

一位访美中国女作家,在纽约遇到一位卖花的老太太。老太太穿着破旧,身体虚弱,但脸上的神情却是那样祥和兴奋。女作家挑了一朵花说:"看起来,你很高兴。"老太太面带微笑地说:"是的,一切都这么美好,我为什么不高兴呢?""对烦恼,你倒真能看得开。"女作家又说一句。没料到,老太太的回答更令女作家大吃一惊:"耶稣在星期五被钉上十字架时,是全世界最糟糕的一天,可三天后就是复活节。所以,当我遇到不幸时,就会等待三天,这样一切就恢复正常了。"

"等待三天",多么富于哲理的话语,多么乐观的生活方式。它把烦恼和痛苦抛下,全力去收获快乐。

沈从文在"文革"期间,陷入了非人的境地。可他毫不在意,他在咸宁时给他的表侄、画家黄永玉写信说:"这里的荷花真好,你若来……"身陷苦难却仍为荷花的盛开欣喜赞叹不已,这是一种趋于澄明的境界,一种旷达洒脱的胸襟,一种面临磨难坦荡从容的气度,一种对生活童子般的热爱和对美好事物无限向往的生命情感。

由此可见,影响一个人快乐的,有时并不是困境及磨难,而是一个人的心态。如果把自己浸泡在积极、乐观、向上的心态中.快乐必然会 // 占据你的每一天。

节选自《态度创造快乐》

# Zuòpǐn 37 Hào

　　Yī wèi fǎng Měi Zhōngguó nǚzuòjiā, zài Niǔyuē yùdào yī wèi mài huā de lǎotàitai. Lǎotàitai chuānzhuó pòjiù, shēntǐ xūruò, dàn liǎn·shàng de shénqíng què shì nàyàng xiánghé xīngfèn. Nǚzuòjiā tiāole yī duǒ huā shuō: "Kàn qǐ·lái, nǐ hěn gāoxìng." Lǎotàitai miàn dài wēixiào de shuō: "Shìde, yīqiè dōu zhème měihǎo, wǒ wèishénme bù gāoxìng ne?" "Duì fánnǎo, nǐ dào zhēn néng kàndekāi." Nǚzuòjiā yòu shuōle yī jù. Méi liàodào, lǎotàitai de huídá gèng lìng nǚzuòjiā dàchī-yī jīng: "Yēsū zài xīngqīwǔ bèi dìng·shàng shízìjià shí, shì quán shìjiè zuìzāogāo de yī tiān, kě sān tiān hòu jiùshì Fùhuójié. Suǒyǐ, dāng wǒ yùdào bùxìng shí, jiù huì děngdài sān tiān, zhèyàng yīqiè jiù huīfù zhèngcháng le."

　　"Děngdài sān tiān", duōme fùyú zhélǐ de huàyǔ, duōme lèguān de shēnghuó fāngshì. Tā bǎ fánnǎo hé tòngkǔ pāo·xià, quánlì qù shōuhuò kuàilè.

　　Shěn Cóngwén zài "wén-gé" qījiān, xiànrùle fēirén de jìngdì. Kě tā háobù zàiyì, tā zài Xiánníng shí gěi tā de biǎozhí、huàjiā Huáng Yǒngyù xiě xìn shuō: "Zhè·lǐ de héhuā zhēn hǎo, nǐ ruò lái……" Shěn xiàn kǔnàn què réng wèi héhuā de shèngkāi xīnxǐ zàntàn bùyǐ, zhè shì yī zhǒng qūyú chéngmíng de jìngjiè, yī zhǒng kuàngdá sǎ·tuō de xiōngjīn, yī zhǒng miànlín mónàn tǎndàng cóngróng de qìdù, yī zhǒng duì shēnghuó tóngzǐ bān de rè'ài hé duì měihǎo shìwù wúxiàn xiàngwǎng de shēngmìng qínggǎn.

　　Yóucǐ-kějiàn, yǐngxiǎng yī gè rén kuàilè de, yǒushí bìng bù shì kùnjìng jí mónàn, ér shì yī gè rén de xīntài. Rúguǒ bǎ zìjǐ jìnpào zài jījí、lèguān、xiàngshàng de xīntài zhōng, kuàilè bìrán huì zhànjù nǐ de měi yī tiān.

*Jiéxuǎn zì 《Tài·dù Chuàngzào Kuàilè》*

## 作品38号

　　泰山极顶看日出,历来被描绘成十分壮观的奇景。有人说:登泰山而看不到日出,就像一出大戏没有戏眼,味儿终究有点寡淡。

　　我去爬山那天,正赶上个难得的好天,万里长空,云彩丝儿都不见。素常,烟雾腾腾的山头,显得眉目分明。同伴们都欣喜地说:"明天早晨准可以看见日出了。"我也是抱着这种想头,爬上山去。

　　一路从山脚往上爬,细看山景,我觉得挂在眼前的不是五岳独尊的泰山,却像一幅规模惊人的青绿山水画,从下面倒展开来。在画卷中最先露出的是山根底那座明朝建筑岱宗坊,慢慢地便现出王母池、斗母宫、经石峪。山是一层比一层深,一叠比一叠奇,层层叠叠,不知还会有多深多奇,万山丛中,时而点染着极其工细的人物。王母池旁的吕祖殿里有不少尊明塑,塑着吕洞宾等一些人,姿态神情是那样有生气,你看了,不禁会脱口赞叹说:"活啦。"

　　画卷继续展开,绿阴森森的柏洞露面不太久,便来到对松山。两面奇峰对峙着,满山峰都是奇形怪状的老松,年纪怕都有上千岁了,颜色竟那么浓,浓得好像要流下来似的。来到这儿,你不妨权当一次画里的写意人物,坐在路旁的对松亭里,看看山色,听听流 // 水和松涛。

　　一时间,我又觉得自己不仅是在看画卷,却又像是在零零乱乱翻着一卷历史稿本。

节选自杨朔《泰山极顶》

# Zuòpǐn 38 Hào

　　Tài Shān jí dǐng kàn rìchū, lìlái bèi miáohuì chéng shífēn zhuàngguān de qíjǐng. Yǒu rén shuō: Dēng Tài Shān ér kàn•bùdào rìchū, jiù xiàng yī chū dàxì méi•yǒu xìyǎn, wèir zhōngjiū yǒu diǎnr guǎdàn.

　　Wǒ qù páshān nà tiān, zhèng gǎn•shàng gè nándé de hǎotiān, wànlǐ chángkōng, yúncaisīr dōu bù jiàn. Sùcháng, yānwù téngténg de shāntóu, xiǎn•dé méi•mù fēnmíng. Tóngbànmen dōu xīnxǐ de shuō: "Míngtiān zǎo•chén zhǔn kěyǐ kàn•jiàn rìchū le." Wǒ yě shì bàozhe zhè zhǒng xiǎngtou, pá•shàng shān•qù.

　　Yīlù cóng shānjiǎo wǎngshàng pá, xì kàn shānjǐng, wǒ jué•dé guà zài yǎnqián de bù shì Wǔ Yuè dú zūn de Tài Shān, què xiàng yī fú guīmó jīngrén de qīnglǜ shānshuǐhuà, cóng xià•miàn dào zhǎn kāi•lái. Zài huàjuàn zhōng zuì xiān lòuchū de shì shāngēnr dǐ nà zuò Míngcháo jiànzhù Dàizōngfāng, mànmàn de biàn xiànchū Wángmǔchí、Dǒumǔgōng、Jīngshíyù. Shān shì yī céng bǐ yī céng shēn, yī dié bǐ yī dié qí, céngcéng-diédié, bù zhī hái huì yǒu duō shēn duō qí. Wàn shān cóng zhōng, shí'ér diǎnrǎnzhe jíqí gōngxì de rénwù. Wángmǔchí páng de Lǚzǔdiàn•lǐ yǒu bùshǎo zūn míngsù, sùzhe Lǚ Dòngbīn děng yīxiē rén, zītài shénqíng shì nàyàng yǒu shēngqì, nǐ kàn le, bùjīn huì tuōkǒu zàntàn shuō: "Huó la."

　　Huàjuàn jìxù zhǎnkāi, lǜyīn sēnsēn de Bǎidòng lòumiàn bù tài jiǔ, biàn láidào Duìsōngshān. Liǎngmiàn qífēng duìzhìzhe, mǎn shānfēng dōu shì qíxíng-guàizhuàng de lǎosōng, niánjì pà dōu yǒu shàng qiān suì le, yánsè jìng nàme nóng, nóng de hǎoxiàng yào liú xià•lái shìde. Láidào zhèr, nǐ bùfáng quándāng yī cì huà•lǐ de xiěyì rénwù, zuò zài lùpáng de Duìsōngtíng•lǐ, kànkan shānsè, tīngting liúshuǐ hé sōngtāo.

　　Yīshíjiān, wǒ yòu jué•dé zìjǐ bùjǐn shì zài kàn huàjuàn, què yòu xiàng shì zài línglíng-luànluàn fānzhe yī juàn lìshǐ gǎoběn.

Jiéxuǎn zì Yáng Shuò 《Tài Shān Jí Dǐng》

## 作品 39 号

　　育才小学校长陶行知在校园看到学生王友用泥块砸自己班上的同学，陶行知当即喝止了他，并令他放学后到校长室去。无疑，陶行知是要好好教育这个"顽皮"的学生。那么他是如何教育的呢？

　　放学后，陶行知来到校长室，王友已经等在门口准备挨训了。可一见面，陶行知却掏出一块糖果送给王友，并说："这是奖给你的，因为你按时来到这里，而我却迟到了。"王友惊疑地接过糖果。

　　随后，陶行知又掏出一块糖果放到他手里，说："这第二块糖果也是奖给你的，因为当我不让你再打人时，你立即就住手了，这说明你很尊重我，我应该奖你。"王友更惊疑了，他眼睛睁得大大的。

　　陶行知又掏出第三块糖果塞到王友手里，说："我调查过了，你用泥块砸那些男生，是因为他们不守游戏规则，欺负女生；你砸他们，说明你很正直善良，且有批评不良行为的勇气，应该奖励你啊！"王友感动极了，他流着眼泪后悔地喊道："陶……陶校长你打我两下吧！我砸的不是坏人，而是自己的同学啊……"

　　陶行知满意地笑了，他随即掏出第四块糖果递给王友，说："为你正确地认识错误，我再奖给你一块糖果，只可惜我只有这一块糖果了。我的糖果 // 没有了，我看我们的谈话也该结束了吧！"说完，就走出了校长室。

　　　　　　　　　　　　节选自《教师博览·百期精华》中《陶行知的"四块糖果"》

## Zuòpǐn 39 Hào

　　Yùcái Xiǎoxué xiàozhǎng Táo Xíngzhī zài xiàoyuán kàndào xuésheng Wáng Yǒu yòng níkuài zá zìjǐ bān·shàng de tóngxué, Táo Xíngzhī dāngjí hèzhǐle tā, bìng lìng tā fàngxué hòu dào xiàozhǎngshì qù. Wúyí, Táo Xíngzhī shì yào hǎohǎo jiàoyù zhège "wánpí" de xuésheng. Nàme tā shì rúhé jiàoyù de ne?

　　Fàngxué hòu, Táo Xíngzhī láidào xiàozhǎngshì, Wáng Yǒu yǐ·jīng děng zài ménkǒu zhǔnbèi ái xùn le. Kě yī jiànmiàn, Táo Xíngzhī què tāochū yī kuài tángguǒ sònggěi Wáng Yǒu, bìng shuō: "Zhè shì jiǎnggěi nǐ de, yīn·wèi nǐ ànshí láidào zhè·lǐ, ér wǒ què chídào le." Wáng Yǒu jīngyí de jiēguo tángguǒ.

　　Suíhòu, Táo Xíngzhī yòu tāochū yī kuài tángguǒ fàngdào tā shǒu·lǐ, shuō: "Zhè dì-èr kuài tángguǒ yě shì jiǎnggěi nǐ de, yīn·wèi dāng wǒ bùràng nǐ zài dǎrén shí, nǐ lìjí jiù zhùshǒu le, zhè shuōmíng nǐ hěn zūnzhòng wǒ, wǒ yīnggāi jiǎng nǐ." Wáng Yǒu gèng jīngyí le, tā yǎnjing zhēng de dàdà de.

　　Táo Xíngzhī yòu tāochū dì-sān kuài tángguǒ sāidào Wáng Yǒu shǒu·lǐ, shuō: "Wǒ diàocháguo le, nǐ yòng níkuài zá nàxiē nánshēng, shì yīn·wèi tāmen bù shǒu yóuxì guīzé, qīfu nǚshēng; nǐ zá tāmen, shuōmíng nǐ hěn zhèngzhí shànliáng, qiě yǒu pīpíng bùliáng xíngwéi de yǒngqì, yīnggāi jiǎnglì nǐ a!" Wáng Yǒu gǎndòng jí le, tā liúzhe yǎnlèi hòuhuǐ de hǎndào: "Táo……Táo xiàozhǎng nǐ dǎ wǒ liǎng xià ba! Wǒ zá de bù shì huàirén, ér shì zìjǐ de tóngxué a……"

　　Táo Xíngzhī mǎnyì de xiào le, tā suíjí tāochū dì-sì kuài tángguǒ dìgěi Wáng Yǒu, shuō: "Wèi nǐ zhèngquè de rènshi cuò·wù, wǒ zài jiǎnggěi nǐ yī kuài tángguǒ, zhǐ kěxī wǒ zhǐyǒu zhè yī kuài tángguǒ le. Wǒ de tángguǒ méi·yǒu le, wǒ kàn wǒmen de tánhuà yě gāi jiéshù le ba!" Shuōwán, jiù zǒuchūle xiàozhǎngshì.

Jiéxuǎn zì 《Jiàoshī Bólǎn·Bǎiqī Jīnghuá》 zhōng 《Táo Xíngzhī de "Sì Kuài Tángguǒ"》

## 作品 40 号

享受幸福是需要学习的,当它即将来临的时刻需要提醒。人可以自然而然地学会感官的享乐,却无法天生地掌握幸福的韵律。灵魂的快意同器官的舒适像一对孪生兄弟,时而相傍相依,时而南辕北辙。

幸福是一种心灵的震颤。它像会倾听音乐的耳朵一样,需要不断地训练。

简而言之,幸福就是没有痛苦的时刻。它出现的频率并不像我们想象的那样少。人们常常只是在幸福的金马车已经驶过去很远时,才拣起地上的金鬃毛说,原来我见过它。

人们喜爱回味幸福的标本,却忽略它披着露水散发清香的时刻。那时候我们往往步履匆匆,瞻前顾后不知在忙着什么。

世上有预报台风的,有预报蝗灾的,有预报瘟疫的,有预报地震的。没有人预报幸福。

其实幸福和世界万物一样,有它的征兆。

幸福常常是朦胧的,很有节制地向我们喷洒甘霖。你不要总希望轰轰烈烈的幸福,它多半只是悄悄地扑面而来。你也不要企图把水龙头拧得更大,那样它会很快地流失。你需要静静地以平和之心,体验它的真谛。

幸福绝大多数是朴素的。它不会像信号弹似的,在很高的天际闪烁红色的光芒。它披着本色的外//衣,亲切温暖地包裹起我们。

幸福不喜欢喧嚣浮华,它常常在暗淡中降临。贫困中相濡以沫的一块糕饼,患难中心心相印的一个眼神,父亲一次粗糙的抚摸,女友一张温馨的字条……这都是千金难买的幸福啊。像一粒粒缀在旧绸子上的红宝石,在凄凉中愈发熠熠夺目。

节选自毕淑敏《提醒幸福》

# Zuòpǐn 40 Hào

  Xiǎngshòu xìngfú shì xūyào xuéxí de, dāng tā jíjiāng láilín de shíkè xūyào tíxǐng. Rén kěyǐ zìrán'érrán de xuéhuì gǎnguān de xiǎnglè, què wúfǎ tiānshēng de zhǎngwò xìngfú de yùnlǜ. Línghún de kuàiyì tóng qìguān de shūshì xiàng yī duì luánshēng xiōngdì. shí'ér xiāngbàng-xiāngyī, shí'ér nányuán-běizhé.

  Xìngfú shì yī zhǒng xīnlíng de zhènchàn. Tā xiàng huì qīngtīng yīnyuè de ěrduo yīyàng, xūyào bùduàn de xùnliàn.

  Jiǎn'éryánzhī, xìngfú jiùshì méi·yǒu tòngkǔ de shíkè. Tā chūxiàn de pínlǜ bìng bù xiàng wǒmen xiǎngxiàng de nàyàng shǎo. Rénmen chángcháng zhǐshì zài xìngfú de jīn mǎchē yǐ·jīng shǐ guò·qù hěn yuǎn shí, cái jiǎnqǐ dì·shàng de jīn zōngmáo shuō, yuánlái wǒ jiànguo tā.

  Rénmen xǐ'ài huíwèi xìngfú de biāoběn, què hūlüè tā pīzhe lù·shuǐ sànfā qīngxiāng de shíkè. Nà shíhou wǒmen wǎngwǎng bùlǚ cōngcōng, zhānqián-gùhòu bù zhī zài mángzhe shénme.

  Shì·shàng yǒu yùbào táifēng de, yǒu yùbào huángzāi de, yǒu yùbào wēnyì de, yǒu yùbào dìzhèn de. Méi·yǒu rén yùbào xìngfú.

  Qíshí xìngfú hé shìjiè wànwù yīyàng, yǒu tā de zhēngzhào.

  Xìngfú chángcháng shì ménglóng de, hěn yǒu jiézhì de xiàng wǒmen pēnsǎ gānlín. Nǐ bùyào zǒng xīwàng hōnghōng-lièliè de xìngfú, tā duōbàn zhǐshì qiāoqiāo de pūmiàn ér lái. Nǐ yě bùyào qìtú bǎ shuǐlóngtóu nǐng de gèng dà, nàyàng tā huì hěn kuài de liúshī. Nǐ xūyào jìngjìng de yī pínghé zhī xīn, tǐyàn tā de zhēndì.

  Xìngfú jué dà duōshù shì pǔsù de. Tā bù huì xiàng xìnhàodàn shìde, zài hěn gāo de tiānjì shǎnshuò hóngsè de guāngmáng. Tā pīzhe běnsè de wài yī, qīnqiè wēnnuǎn de bāoguǒqǐ wǒmen.

  Xìngfú bù xǐhuan xuānxiāo fúhuá, tā chángcháng zài àndàn zhōng jiànglín. Pínkùn zhōng xiāngrúyǐmò de yī kuài gāobǐng, huànnàn zhōng xīnxīn-xiāngyìn de yī gè yǎnshén, fù·qīn yī cì cūcāo de fǔmō, nǚyǒu yī zhāng wēnxīn de zìtiáo……Zhè dōu shì qiānjīn nán mǎi de xìngfú a. Xiàng yī lìlì zhuì zài jiù chóuzi·shàng de hóngbǎoshí, zài qīliáng zhōng yùfā yìyì duómù.

Jiéxuǎn zì Bì Shūmǐn 《Tíxǐng Xìngfú》

## 作品 41 号

在里约热内卢的一个贫民窟里,有一个男孩子,他非常喜欢足球,可是又买不起,于是就踢塑料盒,踢汽水瓶,踢从垃圾箱里拣来的椰子壳。他在胡同里踢,在能找到的任何一片空地上踢。

有一天,当他在一处干涸的水塘里猛踢一个猪膀胱时,被一位足球教练看见了。他发现这个男孩儿踢得很像是那么回事,就主动提出要送给他一个足球。小男孩儿得到足球后踢得更卖劲了。不久,他就能准确地把球踢进远处随意摆放的一个水桶里。

圣诞节到了,孩子的妈妈说:"我们没有钱买圣诞礼物送给我们的恩人,就让我们为他祈祷吧。"

小男孩儿跟随妈妈祈祷完毕,向妈妈要了一把铲子便跑了出去。他来到一座别墅前的花园里,开始挖坑。

就在他快要挖好坑的时候,从别墅里走出一个人来,问小孩儿在干什么,孩子抬起满是汗珠的脸蛋儿,说:"教练,圣诞节到了,我没有礼物送给您,我愿给您的圣诞树挖一个树坑。"

教练把小男孩儿从树坑里拉上来,说,我今天得到了世界上最好的礼物。明天你就到我的训练场去吧。

三年后,这位十七岁的男孩儿在第六届足球锦标赛上独进二十一球,为巴西第一次捧回了金杯。一个原 // 来不为世人所知的名字——贝利,随之传遍世界。

节选自刘燕敏《天才的造就》

# Zuòpǐn 41 Hào

　　Zài Lǐyuērènèilú de yī gè pínmínkū·lǐ, yǒu yī gè nánháizi, tā fēicháng xǐhuan zúqiú, kěshì yòu mǎi·bùqǐ, yúshì jiù tī sùliàohér, tī qìshuǐpíng, tī cóng lājīxiāng·lǐ jiǎnlái de yēzikér. Tā zài hútòngr·lǐ tī, zài néng zhǎodào de rènhé yī piàn kòngdì·shàng tī.

　　Yǒu yī tiān, dāng tā zài yī chù gānhé de shuǐtáng·lǐ měng tī yī gè zhū pángguāng shí, bèi yī wèi zúqiú jiàoliàn kàn·jiàn le. Tā fāxiàn zhège nánháir tī de hěn xiàng shì nàme huíshì, jiù zhǔdòng tíchū yào sònggěi tā yī gè zúqiú. Xiǎonánhair dédào zúqiú hòu tī de gèng màijìnr le. Bùjiǔ, tā jiù néng zhǔnquè de bǎ qiú tījìn yuǎnchù suíyì bǎifàng de yī gè shuǐtǒng·lǐ.

　　Shèngdànjié dào le, háizi de māma shuō: "Wǒmen méi·yǒu qián mǎi shèngdàn lǐwù sònggěi wǒmen de ēnrén, jiù ràng wǒmen wèi tā qídǎo ba."

　　Xiǎonánháir gēnsuí māma qídǎo wánbì, xiàng māma yàole yī bǎ chǎnzi biàn pǎole chū·qù. Tā láidào yī zuò biéshù qián de huāyuán·lǐ, kāishǐ wā kēng.

　　Jiù zài tā kuài yào wāhǎo kēng de shíhou, cóng biéshù·lǐ zǒuchū yī gè rén·lái, wèn xiǎoháir zài gàn shénme, háizi táiqǐ mǎn shì hànzhū de liǎndànr, shuō: "Jiàoliàn, Shèngdànjié dào le, wǒ méi·yǒu lǐwù sònggěi nín, wǒ yuàn gěi nín de shèngdànshù wā yī gè shùkēng."

　　Jiàoliàn bǎ xiǎonánháir cóng shùkēng·lǐ lā shàng·lái, shuō, wǒ jīntiān dédàole shìjiè·shàng zuì hǎo de lǐwù. Míngtiān nǐ jiù dào wǒ de xùnliànchǎng qù ba.

　　Sān nián hòu, zhè wèi shíqī suì de nánháir zài dì-liù jiè zúqiú jīnbiāosài·shàng dú jìn èrshíyī qiú, wèi Bāxī dì-yī cì pěnghuíle jīnbēi. Yī gè yuánlái bùwéi shìrén suǒ zhī de míngzi——Bèilì, suí zhī chuánbiàn shìjiè.

Jiéxuǎn zì Liú Yànmǐn 《Tiāncái de Zàojiù》

## 作品 42 号

记得我十三岁时,和母亲住在法国东南部的耐斯城。母亲没有丈夫,也没有亲戚,够清苦的,但她经常能拿出令人吃惊的东西,摆在我面前。她从来不吃肉,一再说自己是素食者。然而有一天,我发现母亲正仔细地用一小块碎面包擦那给我煎牛排用的油锅。我明白了她称自己为素食者的真正原因。

我十六岁时,母亲成了耐斯市美蒙旅馆的女经理。这时,她更忙碌了。一天,她瘫在椅子上,脸色苍白,嘴唇发灰。马上找来医生,做出诊断:她摄取了过多的胰岛素。直到这时我才知道母亲多年一直对我隐瞒的疾痛——糖尿病。

她的头歪向枕头一边,痛苦地用手抓挠胸口。床架上方,则挂着一枚我一九三二年赢得耐斯市少年乒乓球冠军的银质奖章。

啊,是对我的美好前途的憧憬支撑着她活下去,为了给她那荒唐的梦至少加一点真实的色彩,我只能继续努力,与时间竞争,直至一九三八年我被征入空军。巴黎很快失陷,我辗转调到英国皇家空军。刚到英国就接到了母亲的来信。这些信是由在瑞士的一个朋友秘密地转到伦敦,送到我手中的。

现在我要回家了,胸前佩戴着醒目的绿黑两色的解放十字绶 // 带,上面挂着五六枚我终生难忘的勋章,肩上还佩戴着军官肩章。到达旅馆时,没有一个人跟我打招呼。原来,我母亲在三年半以前就已经离开人间了。

在她死前的几天中,她写了近二百五十封信,把这些信交给她在瑞士的朋友,请这个朋友定时寄给我。就这样,在母亲死后的三年半的时间里,我一直从她身上吸取着力量和勇气——这使我能够继续战斗到胜利那一天。

节选自 [法] 罗曼·加里《我的母亲独一无二》

# Zuòpǐn 42 Hào

　　Jì·dé wǒ shísān suì shí, hé mǔ·qīn zhù zài Fǎguó dōngnánbù de Nàisī Chéng. Mǔ·qīn méi·yǒu zhàngfu, yě méi·yǒu qīnqi, gòu qīngkǔ de, dàn tā jīngcháng néng ná·chū lìng rén chījīng de dōngxi, bǎi zài wǒ miànqián. Tā cónglái bù chī ròu, yīzài shuō zìjǐ shì sùshízhě. Rán'ér yǒu yī tiān, wǒ fāxiàn mǔ·qīn zhèng zǐxì de yòng yī xiǎo kuàir suì miànbāo cā nà gěi wǒ jiān niúpái yòng de yóuguō. Wǒ míngbaile tā chēng zìjǐ wéi sùshízhě de zhēnzhèng yuányīn.

　　Wǒ shíliù suì shí, mǔ·qīn chéngle Nàisī Shì Měiméng lǚguǎn de nǚ jīnglǐ. Zhèshí, tā gèng mánglù le. Yī tiān, tā tān zài yǐzi·shàng, liǎnsè cāngbái, zuǐchún fā huī. Mǎshàng zhǎolái yīshēng, zuò·chū zhěnduàn: Tā shèqǔle guòduō de yídǎosù. Zhídào zhèshí wǒ cái zhī·dào mǔ·qīn duōnián yīzhí duì wǒ yǐnmán de jítòng——tángniàobìng.

　　Tā de tóu wāixiàng zhěntou yībiān, tòngkǔ de yòng shǒu zhuānao xiōngkǒu. Chuángjià shàngfāng, zé guàzhe yī méi wǒ yī jiǔ sān èr nián yíngdé Nàisī Shì shàonián pīngpāngqiú guànjūn de yínzhì jiǎngzhāng.

　　À, shì duì wǒ de měihǎo qiántú de chōngjǐng zhīchēngzhe tā huó xià·qù, wèile gěi tā nà huāng·táng de mèng zhìshǎo jiā yīdiǎnr zhēnshí de sècǎi, wǒ zhǐnéng jìxù nǔlì, yǔ shíjiān jìngzhēng, zhízhì yī jiǔ sān bā nián wǒ bèi zhēng rù kōngjūn. Bālí hěn kuài shīxiàn, wǒ zhǎnzhuǎn diàodào Yīngguó Huángjiā Kōngjūn. gāng dào Yīngguó jiù jiēdàole mǔ·qīn de láixìn. Zhèxiē xìn shì yóu zài Ruìshì de yī gè péngyou mìmì de zhuǎndào Lúndūn, sòngdào wǒ shǒuzhōng de.

　　Xiànzài wǒ yào huíjiā le, xiōngqián pèidàizhe xīngmù de lǜ-hēi liǎng sè de jiěfàng shízì shòudài, shàng·miàn guàzhe wǔ-liù méi wǒ zhōngshēng nánwàng de xūnzhāng, jiān·shàng hái pèidàizhe jūnguān jiānzhāng. Dàodá lǚguǎn shí, méi·yǒu yī gè rén gēn wǒ dǎ zhāohu. Yuánlái, wǒ mǔ·qīn zài sān nián bàn yǐqián jiù yǐ·jīng líkāi rénjiān le.

　　Zài tā sǐ qián de jǐ tiān zhōng, tā xiěle jìn èrbǎi wǔshí fēng xìn, bǎ zhèxiē xìn jiāogěi tā zài Ruìshì de péngyou, qǐng zhège péngyou dìngshí jì gěi wǒ. Jiù zhèyàng, zài mǔ·qīn sǐ hòu de sān nián bàn de shíjiān·lǐ, wǒ yīzhí cóng tā shēn·shàng xīqǔzhe lì·liàng hé yǒngqì——zhè shǐ wǒ nénggòu jìxù zhàndòu dào shènglì nà yī tiān.

Jiéxuǎn zì [Fǎ] Luómàn Jiālǐ 《Wǒ de Mǔ·qīn Dúyīwú'èr》

# 作品 43 号

　　生活对于任何人都非易事,我们必须有坚韧不拔的精神。最要紧的,还是我们自己要有信心。我们必须相信,我们对每一件事情都具有天赋的才能,并且,无论付出任何代价,都要把这件事完成。当事情结束的时候,你要能问心无愧地说:"我已经尽我所能了。"

　　有一年的春天,我因病被迫在家里休息数周。我注视着我的女儿们所养的蚕正在结茧,这使我很感兴趣。望着这些蚕执着地、勤奋地工作,我感到我和它们非常相似。像它们一样,我总是耐心地把自己的努力集中在一个目标上。我之所以如此,或许是因为有某种力量在鞭策着我——正如蚕被鞭策着去结茧一般。

　　近五十年来,我致力于科学研究,而研究,就是对真理的探讨。我有许多美好快乐的记忆。少女时期我在巴黎大学,孤独地过着求学的岁月;在后来献身科学的整个时期,我丈夫和我专心致志,像在梦幻中一般,坐在简陋的书房里艰辛地研究,后来我们就在那里发现了镭。

　　我永远追求安静的工作和简单的家庭生活。为了实现这个理想,我竭力保持宁静的环境,以免受人事的干扰和盛名的拖累。

　　我深信,在科学方面我们有对事业而不//是对财富的兴趣。我的唯一奢望是在一个自由国家中,以一个自由学者的身份从事研究工作。

　　我一直沉醉于世界的优美之中,我所热爱的科学也不断增加它崭新的远景。我认定科学本身就具有伟大的美。

节选自 [波兰] 玛丽·居里《我的信念》,剑捷译

# Zuòpǐn 43 Hào

Shēnghuó duìyú rènhé rén dōu fēi yì shì, wǒmen bìxū yǒu jiānrèn-bùbá de jīngshén. Zuì yàojǐn de, háishì wǒmen zìjǐ yào yǒu xìnxīn. Wǒmen bìxū xiāngxìn, wǒmen duì měi yī jiàn shìqing dōu jùyǒu tiānfù de cáinéng, bìngqiě, wúlùn fùchū rènhé dàijià, dōu yào bǎ zhè jiàn shì wánchéng. Dāng shìqing jiéshù de shíhou, nǐ yào néng wènxīn-wúkuì de shuō: "Wǒ yǐ•jīng jìn wǒ suǒ néng le."

Yǒu yī nián de chūntiān, wǒ yīn bìng bèipò zài jiā•lǐ xiūxi shù zhōu. Wǒ zhùshìzhe wǒ de nǚ'érmen suǒyǎng de cán zhèngzài jié jiǎn, zhè shǐ wǒ hěn gǎn xìngqù. Wàngzhe zhèxiē cán zhízhuó de、qínfèn de gōngzuò, wǒ gǎndào wǒ hé tāmen fēicháng xiāngsì. Xiàng tāmen yīyàng, wǒ zǒngshì nàixīn de bǎ zìjǐ de nǔlì jízhōng zài yī gè mùbiāo•shàng. Wǒ zhīsuǒyǐ rúcǐ, huòxǔ shì yīn•wèi yǒu mǒu zhǒng lì•liàng zài biāncèzhe wǒ——zhèngrú cán bèi biāncèzhe qù jié jiǎn yībān.

Jìn wǔshí nián lái, wǒ zhìlìyú kēxué yánjiū, ér yánjiū, jiùshì duì zhēnlǐ de tàntǎo. Wǒ yǒu xǔduō měihǎo kuàilè de jìyì. Shàonǚ shíqī wǒ zài Bālí Dàxué, gūdú de guòzhe qiúxué de suìyuè; zài hòulái xiànshēn kēxué de zhěnggè shíqī, wǒ zhàngfu hé wǒ zhuānxīn-zhìzhì, xiàng zài mènghuàn zhōng yībān, zuò zài jiǎnlòu de shūfáng•lǐ jiānxīn de yánjiū, hòulái wǒmen jiù zài nà•lǐ fāxiànle léi.

Wǒ yǒngyuǎn zhuīqiú ānjìng de gōngzuò hé jiǎndān de jiātíng shēnghuó. Wèile shíxiàn zhège lǐxiǎng, wǒ jiélì bǎochí níngjìng de huánjìng, yǐmiǎn shòu rénshì de gānrǎo hé shèngmíng de tuōlěi.

Wǒ shēnxìn, zài kēxué fāngmiàn wǒmen yǒu duì shìyè ér bù shì duì cáifù de xìngqù. Wǒ de wéiyī shēwàng shì zài yī gè zìyóu guójiā zhōng, yǐ yī gè zìyóu xuézhě de shēn•fèn cóngshì yánjiū gōngzuò.

Wǒ yīzhí chénzuì yú shìjiè de yōuměi zhīzhōng, wǒ suǒ rè'ài de kēxué yě bùduàn zēngjiā tā zhǎnxīn de yuǎnjǐng. Wǒ rèndìng kēxué běnshēn jiù jùyǒu wěidà de měi.

Jiéxuǎn zì [Bōlán] Mǎlì Jūlǐ 《Wǒ de Xìnniàn》, Jiàn Jié yì

## 作品 44 号

我为什么非要教书不可？是因为我喜欢当教师的时间安排表和生活节奏。七、八、九三个月给我提供了进行回顾、研究、写作的良机，并将三者有机融合，而善于回顾、研究和总结正是优秀教师素质中不可缺少的成分。

干这行给了我多种多样的"甘泉"去品尝，找优秀的书籍去研读，到"象牙塔"和实际世界里去发现。教学工作给我提供了继续学习的时间保证，以及多种途径、机遇和挑战。

然而，我爱这一行的真正原因，是爱我的学生。学生们在我的眼前成长、变化。当教师意味着亲历"创造"过程的发生——恰似亲手赋予一团泥土以生命，没有什么比目睹它开始呼吸更激动人心的了。

权利我也有了：我有权利去启发诱导，去激发智慧的火花，去问费心思考的问题，去赞扬回答的尝试，去推荐书籍，去指点迷津。还有什么别的权利能与之相比呢？

而且，教书还给我金钱和权利之外的东西，那就是爱心。不仅有对学生的爱，对书籍的爱，对知识的爱，还有教师才能感受到的对"特别"学生的爱。这些学生，有如冥顽不灵的泥块，由于接受了老师的炽爱才勃发了生机。

所以，我爱教书，还因为，在那些勃发生机的"特别"学//生身上，我有时发现自己和他们呼吸相通，忧乐与共。

节选自 [美] 彼得·基·贝得勒《我为什么当教师》

# Zuòpǐn 44 Hào

　　Wǒ wèishénme fēi yào jiāoshū bùkě? Shì yīn·wèi wǒ xǐhuan dāng jiàoshī de shíjiān ānpáibiǎo hé shēnghuó jiézòu. Qī、bā、jiǔ sān gè yuè gěi wǒ tígōngle jìnxíng huígù、yánjiū、xiězuò de liángjī, bìng jiāng sānzhě yǒujī rónghé, ér shànyú huígù、yánjiū hé zǒngjié zhèngshì yōuxiù jiàoshī sùzhì zhōng bùkě quēshǎo de chéng·fèn.

　　gàn zhè háng gěile wǒ duōzhǒng-duōyàng de "gānquán" qù pǐncháng, zhǎo yōuxiù de shūjí qù yándú, dào "xiàngyátǎ" hé shíjì shìjiè·lǐ qù fāxiàn. Jiàoxué gōngzuò gěi wǒ tígōngle jìxù xuéxí de shíjiān bǎozhèng, yǐjí duōzhǒng tújìng、jīyù hé tiǎozhàn.

　　Rán'ér, wǒ ài zhè yī háng de zhēnzhèng yuányīn, shì ài wǒ de xuésheng. Xuéshengmen zài wǒ de yǎnqián chéngzhǎng、biànhuà. Dāng jiàoshī yìwèizhe qīnlì "chuàngzào" guòchéng de fāshēng——qiàsì qīnshǒu fùyǔ yī tuán nítǔ yǐ shēngmìng, méi·yǒu shénme bǐ mùdǔ tā kāishǐ hūxī gèng jīdòng rénxīn de le.

　　Quánlì wǒ yě yǒu le: Wǒ yǒu quánlì qù qǐfā yòudǎo, qù jīfā zhìhuì de huǒhuā, qù wèn fèixīn sīkǎo de wèntí, qù zànyáng huídá de chángshì, qù tuījiàn shūjí, qù zhǐdiǎn míjīn. Háiyǒu shénme biéde quánlì néng yǔ zhī xiāng bǐ ne?

　　Érqiě, jiāoshū hái gěi wǒ jīnqián hé quánlì zhīwài de dōngxi, nà jiùshì àixīn. Bùjǐn yǒu duì xuésheng de ài, duì shūjí de ài, duì zhīshi de ài, háiyǒu jiàoshī cái néng gǎnshòudào de duì "tèbié" xuésheng de ài. Zhèxiē xuésheng, yǒurú míngwán-bùlíng de níkuài, yóuyú jiēshòule lǎoshī de chì'ài cái bófāle shēngjī.

　　Suǒyǐ, wǒ ài jiāoshū, hái yīn·wèi, zài nàxiē bófā shēngjī de "tèbié" xuésheng shēn·shàng, wǒ yǒushí fāxiàn zìjǐ hé tāmen hūxī xiāngtōng, yōulè yǔ gòng.

Jiéxuǎn zì [Měi] Bǐdé Jī Bèidélè《Wǒ Wèishénme Dāng Jiàoshī》

## 作品 45 号

中国西部我们通常是指黄河与秦岭相连一线以西,包括西北和西南的十二个省、市、自治区。这块广袤的土地面积为五百四十六万平方公里,占国土总面积的百分之五十七;人口二点八亿,占全国总人口的百分之二十三。

西部是华夏文明的源头。华夏祖先的脚步是顺着水边走的:长江上游出土过元谋人牙齿化石,距今约一百七十万年;黄河中游出土过蓝田人头盖骨,距今约七十万年。这两处古人类都比距今约五十万年的北京猿人资格更老。

西部地区是华夏文明的重要发源地,秦皇汉武以后,东西方文化在这里交汇融合,从而有了丝绸之路的驼铃声声,佛院深寺的暮鼓晨钟。敦煌莫高窟是世界文化史上的一个奇迹,它在继承汉晋艺术传统的基础上,形成了自己兼收并蓄的恢宏气度,展现出精美绝伦的艺术形式和博大精深的文化内涵。秦始皇兵马俑、西夏王陵、楼兰古国、布达拉宫、三星堆、大足石刻等历史文化遗产,同样为世界所瞩目,成为中华文化重要的象征。

西部地区又是少数民族及其文化的集萃地,几乎包括了我国所有的少数民族。在一些偏远的少数民族地区,仍保留 // 了一些久远时代的艺术品种,成为珍贵的"活化石",如纳西古乐、戏曲、剪纸、刺绣、岩画等民间艺术和宗教艺术。特色鲜明、丰富多彩,犹如一个巨大的民族民间文化艺术宝库。

我们要充分重视和利用这些得天独厚的资源优势,建立良好的民族民间文化生态环境,为西部大开发做出贡献。

节选自《中考语文课外阅读试题精选》中《西部文化和西部开发》

# Zuòpǐn 45 Hào

　　Zhōngguó xībù wǒmen tōngcháng shì zhǐ HuángHé yǔ Qín Lǐng xiānglián yī xiàn yǐ xī, bāokuò xīběi hé xīnán de shí'èr gè shěng、shì、zìzhìqū. Zhè kuài guǎngmào de tǔdì miànjī wéi wǔbǎi sìshíliù wàn píngfāng gōnglǐ, zhàn guótǔ zǒng miànjī de bǎi fēn zhī wǔshíqī; rénkǒu èr diǎn bā yì, zhàn quánguó zǒng rénkǒu de bǎi fēn zhī èrshísān.

　　Xībù shì Huáxià wénmíng de yuántóu. Huáxià zǔxiān de jiǎobù shì shùnzhe shuǐbiān zǒu de: Cháng Jiāng shàngyóu chūtǔguo Yuánmóurén yáchǐ huàshí, jù jīn yuē yībǎi qīshí wàn nián; Huáng Hé zhōngyóu chūtǔguo Lántiánrén tóugàigǔ, jù jīn yuē qīshí wàn nián. Zhè liǎng chù gǔ rénlèi dōu bǐ jù jīn yuē wǔshí wàn nián de Běijīng yuánrén zī • gé gèng lǎo.

　　Xībù dìqū shì HuáXià wénmíng de zhòngyào fāyuándì. Qínhuáng Hànwǔ yǐhòu, dōng-xīfāng wénhuà zài zhè • lǐ jiāohuì rónghé, cóng'ér yǒule sīchóu zhīlù de tuólíng shēngshēng, fó yuàn shēn sì de mùgǔ-chénzhōng. Dūnhuáng Mògāokū shì shìjiè wénhuàshǐ • shàng de yī gè qíjì, tā zài jìchéng Hàn Jìn yìshù chuántǒng de jīchǔ • shàng, xíngchéngle zìjǐ jiānshōu-bìngxù de huīhóng qìdù, zhǎnxiànchū jīngměi-juélún de yìshù xíngshì hé bódà-jīngshēn de wénhuà nèihán. Qínshǐhuáng Bīngmǎyǒng、Xīxià wánglíng、Lóulán gǔguó、Bùdálāgōng、Sānxīngduī、Dàzú shíkè děng lìshǐ wénhuà yíchǎn, tóngyàng wéi shìjiè suǒ zhǔmù, chéngwéi Zhōnghuá wénhuà zhòngyào de xiàngzhēng.

　　Xībù dìqū yòu shì shǎoshù mínzú jíqí wénhuà de jícuìdì, jīhū bāokuòle wǒguó suǒyǒu de shǎoshù mínzú. Zài yīxiē piānyuǎn de shǎoshù mínzú dìqū, réng bǎoliúle yīxiē jiǔyuǎn shídài de yìshù pǐnzhǒng, chéngwéi zhēnguì de "huó huàshí", rú Nàxī gǔyuè、xìqǔ、jiǎnzhǐ、cìxiù、yánhuà děng mínjiān yìshù hé zōngjiào yìshù. Tèsè xiānmíng、fēngfù-duōcǎi, yóurú yī gè jùdà de mínzú mínjiān wénhuà yìshù bǎokù.

　　Wǒmen yào chōngfèn zhòngshì hé lìyòng zhèxiē détiān-dúhòu de zīyuán yōushì, jiànlì liánghǎo de mínzú mínjiān wénhuà shēngtài huánjìng, wèi xībù dà kāifā zuòchū gòngxiàn.

Jiéxuǎn zì 《Zhōngkǎo Yǔwén Kèwài Yuèdú Shìtí Jīngxuǎn》 zhōng 《Xībù Wénhuà hé Xībù Kāifā》

## 作品 46 号

　　高兴,这是一种具体的被看得到摸得着的事物所唤起的情绪。它是心理的,更是生理的。它容易来也容易去,谁也不应该对它视而不见失之交臂,谁也不应该总是做那些使自己不高兴也使旁人不高兴的事。让我们说一件最容易做也最令人高兴的事吧,尊重你自己,也尊重别人,这是每一个人的权利,我还要说这是每一个人的义务。

　　快乐,它是一种富有概括性的生存状态、工作状态。它几乎是先验的,它来自生命本身的活力,来自宇宙、地球和人间的吸引,它是世界的丰富、绚丽、阔大、悠久的体现。快乐还是一种力量,是埋在地下的根脉。消灭一个人的快乐比挖掘掉一棵大树的根要难得多。

　　欢欣,这是一种青春的、诗意的情感。它来自面向着未来伸开双臂奔跑的冲力,它来自一种轻松而又神秘、朦胧而又隐秘的激动,它是激情即将到来的预兆,它又是大雨过后的比下雨还要美妙得多也久远得多的回味……

　　喜悦,它是一种带有形而上色彩的修养和境界。与其说它是一种情绪,不如说它是一种智慧、一种超拔、一种悲天悯人的宽容和理解,一种饱经沧桑的充实和自信,一种光明的理性,一种坚定//的成熟,一种战胜了烦恼和庸俗的清明澄澈。它是一潭清水,它是一抹朝霞,它是无边的平原,它是沉默的地平线,多一点儿、再多一点儿喜悦吧,它是翅膀,也是归巢。它是一杯美酒,也是一朵永远开不败的莲花。

节选自王蒙《喜悦》

# Zuòpǐn 46 Hào

　　gāoxìng, zhè shì yī zhǒng jùtǐ de bèi kàndedào mōdezháo de shìwù suǒ huànqǐ de qíng‧xù. Tā shì xīnlǐ de, gèng shì shēnglǐ de. Tā róng‧yì lái yě róng‧yì qù, shéi yě bù yīnggāi duì tā shì'érbùjiàn shīzhījiāobì, shéi yě bù yīnggāi zǒngshì zuò nàxiē shǐ zìjǐ bù gāoxìng yě shǐ pángrén bù gāoxìng de shì, Ràng wǒmen shuō yī jiàn zuì róng‧yì zuò yě zuì lìng rén gāoxìng de shì ba, zūnzhòng nǐ zìjǐ, yě zūnzhòng bié‧rén, zhè shì měi yī gè rén de quánlì, wǒ háiyào shuō zhè shì měi yī gè rén de yìwù.

　　Kuàilè, tā shì yī zhǒng fùyǒu gàikuòxìng de shēngcún zhuàngtài、gōngzuò zhuàngtài. Tā jīhū shì xiānyàn de, tā láizì shēngmìng běnshēn de huólì, láizì yǔzhòu、dìqiú hé rénjiān de xīyǐn, tā shì shìjiè de fēngfù、xuànlì、kuòdà、yōujiǔ de tǐxiàn. Kuàilè hái shì yī zhǒng lì‧liàng, shì mái zài dìxià de gēnmài. Xiāomiè yī gè rén de kuàilè bǐ wājué diào yī kē dàshù de gēn yào nán de duō.

　　Huānxīn, zhè shì yī zhǒng qīngchūn de、shīyì de qínggǎn. Tā láizì miànxiàngzhe wèilái shēnkāi shuāngbì bēnpǎo de chōnglì, tā láizì yī zhǒng qīngsōng ér yòu shénmì、ménglóng ér yòu yǐnmì de jīdòng, tā shì jīqíng jíjiāng dàolái de yùzhào, tā yòu shì dàyǔ guòhòu de bǐ xiàyǔ háiyào měimiào de duō yě jiǔyuǎn de duō de huíwèi……

　　Xǐyuè, tā shì yī zhǒng dàiyǒu xíng'érshàng sècǎi de xiūyǎng hé jìngjiè. Yǔqí shuō tā shì yī zhǒng qíng‧xù, bùrú shuō tā shì yī zhǒng zhìhuì、yī zhǒng chāobá、yī zhǒng bēitiān-mǐnrén de kuānróng hé lǐjiě, yī zhǒng bǎojīng-cāngsāng de chōngshí hé zìxìn, yī zhǒng guāngmíng de lǐxìng, yī zhǒng jiāndìng de chéngshú, yī zhǒng zhànshèngle fánnǎo hé yōngsú de qīngmíng chéngchè. Tā shì yī tán qīngshuǐ, tā shì yī mǒ zhāoxiá, tā shì wúbiān de píngyuán, tā shì chénmò de dìpíngxiàn. Duō yīdiǎnr、zài duō yīdiǎnr xǐyuè ba, tāshì chìbǎng, yě shì guīcháo. Tā shì yī bēi měijiǔ, yě shì yī duǒ yǒngyuǎn kāi bù bài de liánhuā.

Jiéxuǎn zì Wáng Méng 《Xǐyuè》

## 作品 47 号

  在湾仔，香港最热闹的地方，有一棵榕树，它是最贵的一棵树，不光在香港，在全世界，都是最贵的。

  树，活的树，又不卖何言其贵？只因它老，它粗，是香港百年沧桑的活见证，香港人不忍看着它被砍伐，或者被移走，便跟要占用这片山坡的建筑者谈条件：可以在这儿建大楼盖商厦，但一不准砍树，二不准挪树，必须把它原地精心养起来，成为香港闹市中的一景。太古大厦的建设者最后签了合同，占用这个大山坡建豪华商厦的先决条件是同意保护这棵老树。

  树长在半山坡上，计划将树下面的成千上万吨山石全部掏空取走，腾出地方来盖楼，把树架在大楼上面，仿佛它原本是长在楼顶上似的。建设者就地造了一个直径十八米、深十米的大花盆，先固定好这棵老树，再在大花盆底下盖楼。光这一项就花了两千三百八十九万港币，堪称是最昂贵的保护措施了。

  太古大厦落成之后，人们可以乘滚动扶梯一次到位，来到太古大厦的顶层，出后门，那儿是一片自然景色。一棵大树出现在人们面前，树干有一米半粗，树冠直径足有二十多米，独木成林，非常壮观，形成一座以它为中心的小公园，取名叫"榕圃"。树前面 // 插着铜牌，说明缘由。此情此景，如不看铜牌的说明，绝对想不到巨树根底下还有一座宏伟的现代大楼。

节选自舒乙《香港：最贵的一棵树》

# Zuòpǐn 47 Hào

　　Zài Wānzǎi, Xiānggǎng zuì rènao de dìfang, yǒu yī kē róngshù, tā shì zuì guì de yī kē shù, bùguāng zài Xiānggǎng, zài quánshìjiè, dōu shì zuì guì de.

　　Shù, huó de shù, yòu bù mài hé yán qí guì? Zhǐ yīn tā lǎo, tā cū, shì Xiānggǎng bǎinián cāngsāng de huó jiànzhèng, Xiānggǎngrén bùrěn kànzhe tā bèi kǎnfá, huòzhě bèi yízǒu, biàn gēn yào zhànyòng zhè piàn shānpō de jiànzhùzhě tán tiáojiàn: Kěyǐ zài zhèr jiàn dàlóu gài shāngshà, dàn yī bùzhǔn kǎn shù, èr bùzhǔn nuó shù, bìxū bǎ tā yuándì jīngxīn yǎng qǐ·lái, chéngwéi Xiānggǎng nàoshì zhōng de yī jǐng. Tàigǔ Dàshà de jiànshèzhě zuìhòu qiānle hétong, zhànyòng zhège dà shānpō jiàn háohuá shāngshà de xiānjué tiáojiàn shì tóngyì bǎohù zhè kē lǎoshù.

　　Shù zhǎng zài bànshānpō·shàng, jìhuà jiāng shùxià·miàn de chéngqiān-shàngwàn dūn shānshí quánbù tāokōng qǔzǒu, téngchū dìfang·lái gài lóu, bǎ shù jià zài dàlóu shàng·miàn, fǎngfú tā yuánběn shì zhǎng zài lóudǐng·shàng shìde. Jiànshèzhě jiùdì zàole yī gè zhíjìng shíbā mǐ、shēn shí mǐ de dà huāpén, xiān gùdìng hǎo zhè kē lǎoshù, zài zài dà huāpén dǐ·xià gài lóu. guāng zhè yī xiàng jiù huāle liǎngqiān sānbǎi bāshíjiǔ wàn gǎngbì, kānchēng shì zuì ángguì de bǎohù cuòshī le.

　　Tàigǔ Dàshà luòchéng zhīhòu, rénmen kěyǐ chéng gǔndòng fútī yī cì dàowèi, láidào Tàigǔ Dàshà de dǐngcéng. chū hòumén, nàr shì yī piàn zìrán jǐngsè. Yī kē dàshù chūxiàn zài rénmen miànqián, shùgàn yǒu yī mǐ bàn cū, shūguān zhíjìng zú yǒu èrshí duō mǐ, dúmù-chénglín, fēicháng zhuàngguān, xíngchéng yī zuò yǐ tā wéi zhōngxīn de xiǎo gōngyuán, qǔ míng jiào "Róngpǔ". Shù qián·miàn chāzhe tóngpái, shuōmíng yuányóu. Cǐqíng cǐjǐng, rú bù kàn tóngpái de shuōmíng, juéduì xiǎng·bùdào jùshùgēn dǐ·xià háiyǒu yī zuò hóngwěi de xiàndài dàlóu.

Jiéxuǎn zì Shū Yǐ《Xiānggǎng: Zuì guì de Yī Kē Shù》

## 作品 48 号

  我们的船渐渐地逼近榕树了。我有机会看清它的真面目:是一棵大树,有数不清的丫枝,枝上又生根,有许多根一直垂到地上,伸进泥土里。一部分树枝垂到水面,从远处看,就像一棵大树斜躺在水面上一样。

  现在正是枝繁叶茂的时节。这棵榕树好像在把它的全部生命力展示给我们看。那么多的绿叶,一簇堆在另一簇的上面,不留一点儿缝隙。翠绿的颜色明亮地在我们的眼前闪耀,似乎每一片树叶上都有一个新的生命在颤动,这美丽的南国的树!

  船在树下泊了片刻,岸上很湿,我们没有上去。朋友说这里是"鸟的天堂",有许多鸟在这棵树上做窝,农民不许人去捉它们。我仿佛听见几只鸟扑翅的声音,但是等到我的眼睛注意地看那里时,我却看不见一只鸟的影子。只有无数的树根立在地上,像许多根木桩。地是湿的,大概涨潮时河水常常冲上岸去。"鸟的天堂"里没有一只鸟,我这样想到。船开了,一个朋友拨着船,缓缓地流到河中间去。

  第二天,我们划着船到一个朋友的家乡去,就是那个有山有塔的地方。从学校出发,我们又经过那"鸟的天堂"。

  这一次是在早晨,阳光照在水面上,也照在树梢上。一切都//显得非常光明。我们的船也在树下泊了片刻。

  起初四周围非常清静。后来忽然起了一声鸟叫。我们把手一拍,便看见一只大鸟飞了起来,接着又看见第二只,第三只。我们继续拍掌,很快地这个树林就变得很热闹了。到处都是鸟声,到处都是鸟影。大的,小的,花的,黑的,有的站在枝上叫,有的飞起来,在扑翅膀。

节选自巴金《小鸟的天堂》

# Zuòpǐn 48 Hào

　　Wǒmen de chuán jiànjiàn de bījìn róngshù le. Wǒ yǒu jī·huì kànqīng tā de zhēn miànmù: Shì yī kē dàshù, yǒu shǔ·bù qīng de yāzhī, zhī·shàng yòu shēng gēn, yǒu xǔduō gēn yīzhí chuídào dì·shàng, shēnjìn nítǔ·lǐ. Yī bùfen shùzhī chuídào shuǐmiàn, cóng yuǎnchù kàn, jiù xiàng yī kē dàshù xié tǎng zài shuǐmiàn·shàng yīyàng.

　　Xiànzài zhèngshì zhīfán-yèmào de shíjié. Zhè kē róngshù hǎoxiàng zài bǎ tā de quánbù shēngmìnglì zhǎnshì gěi wǒmen kàn. Nàme duō de lǜyè, yī cù duī zài lìng yī cù de shàng·miàn, bù liú yīdiǎnr fèngxì. Cuìlǜ de yánsè míngliàng de zài wǒmen de yǎnqián shǎnyào, sìhū měi yī piàn shùyè·shàng dōu yǒu yī gè xīn de shēngmìng zài chàndòng, zhè měilì de nánguó de shù!

　　Chuán zài shù·xià bóle piànkè, àn·shàng hěn shī, wǒmen méi·yǒu shàng·qù. Péngyou shuō zhè·lǐ shì "niǎo de tiāntáng", yǒu xǔduō niǎo zài zhè kē shù·shàng zuò wō, nóngmín bùxǔ rén qù zhuō tāmen. Wǒ fǎngfú tīng·jiàn jǐ zhī niǎo pū chì de shēngyīn, dànshì děngdào wǒ de yǎnjing zhùyì de kàn nà·lǐ shí, wǒ què kàn·bùjiàn yī zhī niǎo de yǐngzi. Zhǐyǒu wúshù de shùgēn lì zài dì·shàng, xiàng xǔduō gēn mùzhuāng. Dì shì shī de, dàgài zhǎngcháo shí héshuǐ chángcháng chōng·shàng àn·qù. "Niǎo de tiāntáng"·lǐ méi·yǒu yī zhī niǎo, wǒ zhèyàng xiǎngdào. Chuán kāi le, yī gè péngyou bōzhe chuán, huǎnhuǎn de liúdào hé zhōngjiān qù.

　　Dì-èr tiān, wǒmen huázhe chuán dào yī gè péngyou de jiāxiāng qù, jiùshì nàge yǒu shān yǒu tǎ de dìfang. Cóng xuéxiào chūfā, wǒmen yòu jīngguò nà "niǎo de tiāntáng".

　　Zhè yī cì shì zài zǎo·chén, yángguāng zhào zài shuǐmiàn·shàng, yě zhào zài shùshāo·shàng. Yīqiè dōu xiǎn·dé fēicháng guāngmíng. Wǒmen de chuán yě zài shù·xià bóle piànkè.

　　Qǐchū sìzhōuwéi fēicháng qīngjìng. Hòulái hūrán qǐle yī shēng niǎojiào. Wǒmen bǎ shǒu yī pāi, biàn kàn·jiàn yī zhī dàniǎo fēile qǐ·lái, jiēzhe yòu kàn·jiàn dì-èr zhī, dì-sān zhī. Wǒmen jìxù pāizhǎng, hěn kuài de zhège shùlín jiù biàn de hěn rènao le. Dàochù dōu shì niǎo shēng, dàochù dōu shì niǎo yǐng. Dà de, xiǎo de, huā de, hēi de, yǒude zhàn zài zhī·shàng jiào, yǒude fēi qǐ·lái, zài pū chìbǎng.

*Jiéxuǎn zì Bā Jīn 《Xiǎoniǎo de Tiāntáng》*

## 作品 49 号

有这样一个故事。

有人问：世界上什么东西的气力最大？回答纷纭的很，有的说"象"，有的说"狮"，有人开玩笑似的说：是"金刚"。金刚有多少气力，当然大家全不知道。

结果，这一切答案完全不对，世界上气力最大的，是植物的种子。一粒种子所可以显现出来的力，简直是超越一切。

人的头盖骨，结合得非常致密与坚固，生理学家和解剖学者用尽了一切的方法，要把它完整地分出来，都没有这种力气。后来忽然有人发明了一个方法，就是把一些植物的种子放在要剖析的头盖骨里，给它以温度与湿度，使它发芽。一发芽，这些种子便以可怕的力量，将一切机械力所不能分开的骨骼，完整地分开了。植物种子的力量之大，如此如此。

这，也许特殊了一点儿，常人不容易理解。那么，你看见过笋的成长吗？你看见过被压在瓦砾和石块下面的一棵小草的生长吗？它为着向往阳光，为着达成它的生之意志，不管上面的石块如何重，石与石之间如何狭，它必定要曲曲折折地，但是顽强不屈地透到地面上来。它的根往土壤钻，它的芽往地面挺，这是一种不可抗拒的力，阻止它的石块，结果也被它掀翻，一粒种子的力量之大，如 // 此如此。

没有一个人将小草叫做"大力士"，但是它的力量之大，的确是世界无比。这种力是一般人看不见的生命力。只要生命存在，这种力就要显现。上面的石块，丝毫不足以阻挡。因为它是一种"长期抗战"的力；有弹性，能屈能伸的力；有韧性，不达目的不止的力。

节选自夏衍《野草》

## Zuòpǐn 49 Hào

　　Yǒu zhèyàng yī gè gùshi.
　　Yǒu rén wèn: Shìjiè•shàng shénme dōngxi de qìlì zuì dà? Huídá fēnyún de hěn, yǒude shuō "xiàng", yǒude shuō "shī", yǒu rén kāi wánxiào shìde shuō: Shì "Jīngāng". Jīngāng yǒu duō•shǎo qìlì, dāngrán dàjiā quán bù zhī•dào.
　　Jiéguǒ, zhè yīqiè dá'àn wánquán bù duì, shìjiè•shàng qìlì zuì dà de, shì zhíwù de zhǒngzi. Yī lì zhǒngzi suǒ kěyǐ xiǎnxiàn chū•lái de lì, jiǎnzhí shì chāoyuè yīqiè.
　　Rén de tóugàigǔ, jiéhé de fēicháng zhìmì yǔ jiāngù, shēnglǐxuéjiā hé jiěpōuxuézhě yòngjìnle yīqiè de fāngfǎ, yào bǎ tā wánzhěng de fēn chū•lái, dōu méi•yǒu zhè zhǒng lìqi. Hòulái hūrán yǒu rén fāmíngle yī gè fāngfǎ, jiùshì bǎ yīxiē zhíwù de zhǒngzi fàng zài yào pōuxī de tóugàigǔ•lǐ, gěi tā yī wēndù yǔ shīdù, shǐ tā fāyá. Yī fāyá, zhèxiē zhǒngzi biàn yǐ kěpà de lì•liàng, jiāng yīqiè jīxièlì suǒ bùnéng fēnkāi de gǔgé, wánzhěng de fēnkāi le. Zhíwù zhǒngzi de lì•liàng zhī dà, rúcǐ rúcǐ.
　　Zhè, yěxǔ tèshūle yīdiǎnr, chángrén bù róng•yì lǐjiě. Nàme, nǐ kàn•jiànguo sǔn de chéngzhǎng ma? Nǐ kàn•jiànguo bèi yā zài wǎlì hé shíkuài xià•miàn de yī kē xiǎocǎo de shēngzhǎng ma? Tā wèizhe xiàngwǎng yángguāng, wèizhe dáchéng tā de shēng zhī yìzhì, bùguǎn shàng•miàn de shíkuài rúhé zhòng, shí yǔ shí zhījiān rúhé xiá, tā bìdìng yào qūqū-zhézhé de, dànshì wánqiáng-bùqū de tòudào dìmiàn shàng•lái. Tā de gēn wǎng tǔrǎng zuān, tā de yá wǎng dìmiàn tǐng, zhè shì yī zhǒng bùkě kàngjù de lì, zǔzhǐ tā de shíkuài, jiéguǒ yě bèi tā xiānfān, yī lì zhǒngzi de lì•liàng zhī dà, rúcǐ rúcǐ.
　　Méi•yǒu yī gè rén jiāng xiǎo cǎo jiàozuò "dàlìshì", dànshì tā de lì•liàng zhī dà, díquè shì shìjiè wúbǐ. Zhè zhǒng lì shì yībān rén kàn•bùjiàn de shēngmìnglì. Zhǐyào shēngmìng cúnzài, zhè zhǒng lì jiùyào xiǎnxiàn. Shàng•miàn de shíkuài, sīháo bù zúyǐ zǔdǎng. Yīn•wèi tā shì yī zhǒng "chángqī kàngzhàn" de lì; yǒu tánxìng, néngqū-néngshēn de lì; yǒu rènxìng, bù dá mùdì bù zhǐ de lì.

Jiéxuǎn zì Xià Yǎn 《Yěcǎo》

## 作品 50 号

著名教育家班杰明曾经接到一个青年人的求救电话,并与那个向往成功、渴望指点的青年人约好了见面的时间和地点。

待那个青年如约而至时,班杰明的房门敞开着,眼前的景象却令青年人颇感意外——班杰明的房间里乱七八糟、狼藉一片。

没等青年人开口,班杰明就招呼道:"你看我这房间,太不整洁了,请你在门外等候一分钟,我收拾一下,你再进来吧。"一边说着,班杰明就轻轻地关上了房门。

不到一分钟的时间,班杰明就又打开了房门并热情地把青年人让进客厅。这时,青年人的眼前展现出另一番景象——房间内的一切已变得井然有序,而且有两杯刚刚倒好的红酒,在淡淡的香水气息里还漾着微波。

可是,没等青年人把满腹的有关人生和事业的疑难问题向班杰明讲出来,班杰明就非常客气地说道:"干杯。你可以走了。"

青年人手持酒杯一下子愣住了,既尴尬又非常遗憾地说:"可是,我……我还没向您请教呢……"

"这些……难道还不够吗?"班杰明一边微笑着,一边扫视着自己的房间,轻言细语地说,"你进来又有一分钟了。"

"一分钟……一分钟……"青年人若有所思地说:"我懂了,您让我明白了一分钟的时间可以做许多事情,可以改变许 // 多事情的深刻道理。"

班杰明舒心地笑了。青年人把杯里的红酒一饮而尽,向班杰明连连道谢后,开心地走了。

其实,只要把握好生命的每一分钟,也就把握了理想的人生。

节选自纪广洋《一分钟》

# Zuòpǐn 50 Hào

Zhùmíng jiàoyùjiā Bānjiémíng céngjīng jiēdào yī gè qīngniánrén de qiújiù diànhuà, bìng yǔ nàge xiàngwǎng chénggōng、kěwàng zhǐdiǎn de qīngniánrén yuēhǎo le jiànmiàn de shíjiān hé dìdiǎn.

Dài nàge qīngnián rúyuē'érzhì shí, Bānjiémíng de fángmén chǎngkāizhe, yǎnqián de jǐngxiàng què lìng qīngniánrén pō gǎn yìwài——Bānjiémíng de fángjiān·lǐ luànqībāzāo、lángjí yī piàn.

Méi děng qīngniánrén kāikǒu, Bānjiémíng jiù zhāohu dào: "Nǐ kàn wǒ zhè fángjiān, tài bù zhěngjié le, qǐng nǐ zài mén wài děnghòu yī fēnzhōng, wǒ shōushi yīxià, nǐ zài jìn·lái ba." Yībiān shuōzhe, Bānjiémíng jiù qīngqīng de guān·shàngle fángmén.

Bù dào yī fēnzhōng de shíjiān, Bānjiémíng jiù yòu dǎkāile fángmén bìng rèqíng de bǎ qīngniánrén ràngjìn kètīng. Zhèshí, qīngniánrén de yǎnqián zhǎnxiàn chū lìng yī fān jǐngxiàng——fángjiān nèi de yīqiè yǐ biàn·dé jǐngrán-yǒuxù, érqiě yǒu liǎng bēi gānggāng dàohǎo de hóngjiǔ, zài dàndàn de xiāngshuǐ qìxī·lǐ hái yàngzhe wēibō.

Kěshì, méi děng qīngniánrén bǎ mǎnfù de yǒuguān rénshēng hé shìyè de yínán wèntí xiàng Bānjiémíng jiǎng chū·lái, Bānjiémíng jiù fēicháng kèqi de shuōdào: "gānbēi. Nǐ kěyǐ zǒu le."

Qīngniánrén shǒu chí jiǔbēi yīxiàzi lèngzhù le, jì gāngà yòu fēicháng yíhàn de shuō: "Kěshì, wǒ……wǒ hái méi xiàng nín qǐngjiào ne……"

"Zhèxiē……nándào hái bùgòu ma?" Bānjiémíng yībiān wēixiàozhe, yībiān sǎoshìzhe zìjǐ de fángjiān, qīngyán-xìyǔ de shuō: "Nǐ jìn·lái yòu yǒu yī fēnzhōng le."

"Yī fēnzhōng……yī fēnzhōng……" Qīngniánrén ruòyǒusuǒsī de shuō: "Wǒ dǒng le, nín ràng wǒ míngbaile yī fēnzhōng de shíjiān kěyǐ zuò xǔduō shìqing, kěyǐ gǎibiàn xǔduō shìqing de shēnkè dào·lǐ."

Bānjiémíng shūxīn de xiào le. Qīngniánrén bǎ bēi·lǐ de hóngjiǔ yīyǐn'érjìn, xiàng Bānjiémíng liánlián dàoxiè hòu, kāixīn de zǒu le.

Qíshí, zhǐyào bǎwò hǎo shēngmìng de měi yī fēnzhōng, yě jiù bǎwòle lǐxiǎng de rénshēng.

*Jiéxuǎn zì Jǐ guǎngyáng «Yī Fēnzhōng»*

## 作品 51 号

有个塌鼻子的小男孩儿,因为两岁时得过脑炎,智力受损,学习起来很吃力。打个比方,别人写作文能写二三百字,他却只能写三五行。但即便这样的作文,他同样能写得很动人。

那是一次作文课,题目是《愿望》。他极其认真地想了半天,然后极认真地写,那作文极短。只有三句话:我有两个愿望,第一个是,妈妈天天笑眯眯地看着我说:"你真聪明。"第二个是,老师天天笑眯眯地看着我说:"你一点儿也不笨。"

于是,就是这篇作文,深深地打动了他的老师,那位妈妈式的老师不仅给了他最高分,在班上带感情地朗读了这篇作文,还一笔一画地批道:你很聪明,你的作文写得非常感人,请放心,妈妈肯定会格外喜欢你的,老师肯定会格外喜欢你的,大家肯定会格外喜欢你的。

捧着作文本,他笑了,蹦蹦跳跳地回家了,像只喜鹊。但他并没有把作文本拿给妈妈看,他是在等待,等待着一个美好的时刻。

那个时刻终于到了,是妈妈的生日——一个阳光灿烂的星期天:那天,他起得特别早,把作文本装在一个亲手做的美丽的大信封里,等着妈妈醒来。妈妈刚刚睁眼醒来,他就笑眯眯地走到妈妈跟前说:"妈妈,今天是您的生日,我要//送给您一件礼物。"

果然,看着这篇作文,妈妈甜甜地涌出了两行热泪,一把搂住小男孩儿,搂得很紧很紧。

是的,智力可以受损,但爱永远不会。

节选自张玉庭《一个美丽的故事》

# Zuòpǐn 51 Hào

Yǒu gè tā bízi de xiǎonánháir, yīn·wèi liǎng suì shí déguo nǎoyán, zhìlì shòu sǔn, xuéxí qǐ·lái hěn chīlì. Dǎ gè bǐfang, bié·rén xiě zuòwén néng xiě èr-sānbǎi zì, tā què zhǐnéng xiě sān-wǔ háng. Dàn jíbiàn zhèyàng de zuòwén, tā tóngyàng néng xiě de hěn dòngrén.

Nà shì yī cì zuòwénkè, tímù shì 《Yuànwàng》. Tā jíqí rènzhēn de xiǎngle bàntiān, ránhòu jí rènzhēn de xiě, nà zuòwén jí duǎn. Zhǐyǒu sān jù huà: Wǒ yǒu liǎng gè yuànwàng, dì-yī gè shì, māma tiāntiān xiàomīmī de kànzhe wǒ shuō: "Nǐ zhēn cōng·míng, " dì-èr gè shì, lǎoshī tiāntiān xiàomīmī de kànzhe wǒ shuō: "Nǐ yīdiǎnr yě bù bèn."

Yúshì, jiùshì zhè piān zuòwén, shēnshēn de dǎdòngle tā de lǎoshī, nà wèi māma shì de lǎoshī bùjǐn gěile tā zuì gāo fēn, zài bān·shàng dài gǎnqíng de lǎngdúle zhè piān zuòwén, hái yībǐ-yīhuà de pīdào: Nǐ hěn cōng·míng, nǐ de zuòwén xiě de fēicháng gǎnrén, qǐng fàngxīn, māma kěndìng huì géwài xǐhuan nǐ de, lǎoshī kěndìng huì géwài xǐhuan nǐ de, dàjiā kěndìng huì géwài xǐhuan nǐ de.

Pěngzhe zuòwénběn, tā xiào le, bèngbèng-tiàotiào de huíjiā le, xiàng zhī xǐ·què. Dàn tā bìng méi·yǒu bǎ zuòwénběn nágěi māma kàn, tā shì zài děngdài, děngdàizhe yī gè měihǎo de shíkè.

Nàge shíkè zhōngyú dào le, shì māma de shēng·rì——yī gè yángguāng cànlàn de xīngqītiān: Nà tiān tā qǐ de tèbié zǎo, bǎ zuòwénběn zhuāng zài yī gè qīnshǒu zuò de měilì de dà xìnfēng·lǐ, děngzhe māma xǐng·lái. Māma gānggāng zhēng yǎn xǐng·lái, tā jiù xiàomīmī de zǒudào māma gēn·qián shuō: "Māma, jīntiān shì nín de shēng·rì, wǒ yào sònggěi nín yī jiàn lǐwù."

guǒrán, kànzhe zhè piān zuòwén, māma tiántián de yǒngchūle liǎng háng rèlèi, yī bǎ lǒuzhù xiǎonánháir, lǒu de hěn jǐn hěn jǐn.

Shìde, zhìlì kěyǐ shòu sǔn, dàn ài yǒngyuǎn bù huì.

Jiéxuǎn zì Zhāng Yùtíng 《Yī gè Měilì de gùshi》

# 作品 52 号

小学的时候,有一次我们去海边远足,妈妈没有做便饭,给了我十块钱买午餐。好像走了很久,很久,终于到海边了,大家坐下来便吃饭,荒凉的海边没有商店,我一个人跑到防风林外面去,级任老师要大家把吃剩的饭菜分给我一点儿。有两三个男生留下一点儿给我,还有一个女生,她的米饭拌了酱油,很香。我吃完的时候,她笑眯眯地看着我,短头发,脸圆圆的。

她的名字叫翁香玉。

每天放学的时候,她走的是经过我们家的一条小路,带着一位比她小的男孩儿,可能是弟弟。小路边是一条清澈见底的小溪,两旁竹阴覆盖,我总是远远地跟在她后面,夏日的午后特别炎热,走到半路她会停下来,拿手帕在溪水里浸湿,为小男孩儿擦脸。我也在后面停下来,把肮脏的手帕弄湿了擦脸,再一路远远跟着她回家。

后来我们家搬到镇上去了,过几年我也上了中学。有一天放学回家,在火车上,看见斜对面一位短头发、圆圆脸的女孩儿,一身素净的白衣黑裙。我想她一定不认识我了。火车很快到站了,我随着人群挤向门口,她也走近了,叫我的名字。这是她第一次和我说话。

她笑眯眯的,和我一起走过月台。以后就没有再见过//她了。

这篇文章收在我出版的《少年心事》这本书里。

书出版后半年,有一天我忽然收到出版社转来的一封信,信封上是陌生的字迹,但清楚地写着我的本名。

信里面说她看到了这篇文章心里非常激动,没想到在离开家乡,漂泊异地这么久之后,会看见自己仍然在一个人的记忆里,她自己也深深记得这其中的每一幕,只是没想到越过遥远的时空,竟然另一个人也深深记得。

节选自苦伶《永远的记忆》

# Zuòpǐn 52 Hào

　　Xiǎoxué de shíhou, yǒu yī cì wǒmen qù hǎibiān yuǎnzú, māma méi·yǒu zuò biànfàn, gěile wǒ shí kuài qián mǎi wǔcān. Hǎoxiàng zǒule hěn jiǔ, hěn jiǔ, zhōngyú dào hǎibiān le, dàjiā zuò xià·lái biàn chīfàn, huāngliáng de hǎibiān méi·yǒu shāngdiàn, wǒ yī gè rén pǎodào fángfēnglín wài·miàn qù, jírèn lǎoshī yào dàjiā bǎ chīshèng de fàncài fēngěi wǒ yīdiǎnr. Yǒu liǎng-sān gè nánshēng liú·xià yīdiǎnr gěi wǒ, hái yǒu yī gè nǚshēng, tā de mǐfàn bànle jiàngyóu, hěn xiāng. Wǒ chīwán de shíhou, tā xiàomīmī de kànzhe wǒ, duǎn tóufa, liǎn yuányuán de.

　　Tā de míngzi jiào Wēng Xiāngyù.

　　Měi tiān fàngxué de shíhou, tā zǒu de shì jīngguò wǒmen jiā de yī tiáo xiǎolù, dàizhe yī wèi bǐ tā xiǎo de nánháir, kěnéng shì dìdi. Xiǎolù biān shì yī tiáo qīngchè jiàn dǐ de xiǎoxī, liǎngpáng zhúyīn fùgài, wǒ zǒngshì yuǎnyuǎn de gēn zài tā hòu·miàn, xiàrì de wǔhòu tèbié yánrè, zǒudào bànlù tā huì tíng xià·lái, ná shǒupà zài xīshuǐ·lǐ jìnshī, wèi xiǎonánháir cā liǎn. Wǒ yě zài hòu·miàn tíng xià·lái, bǎ āngzāng de shǒupà nòngshīle cā liǎn, zài yīlù yuǎnyuǎn gēnzhe tā huíjiā.

　　Hòulái wǒmen jiā bāndào zhèn·shàng qù le, guò jǐ nián wǒ yě shàngle zhōngxué. Yǒu yī tiān fàngxué huíjiā, zài huǒchē·shàng, kàn·jiàn xiéduìmiàn yī wèi duǎn tóufa、yuányuán liǎn de nǚháir, yī shēn sùjìng de bái yī hēi qún. Wǒ xiǎng tā yīdìng bù rènshi wǒ le. Huǒchē hěn kuài dào zhàn le, wǒ suízhe rénqún jǐ xiàng ménkǒu, tā yě zǒujìn le, jiào wǒ de míngzi. Zhè shì tā dì-yī cì hé wǒ shuōhuà.

　　Tā xiàomīmī de, hé wǒ yīqǐ zǒuguò yuètái. Yǐhòu jiù méi·yǒu zài jiànguo tā le.

　　Zhè piān wénzhāng shōu zài wǒ chūbǎn de《Shàonián Xīnshì》zhè běn shū·lǐ.

　　Shū chūbǎn hòu bàn nián, yǒu yī tiān wǒ hūrán shōudào chūbǎnshè zhuǎnlái de yī fēng xìn, xìnfēng·shàng shì mòshēng de zìjì, dàn qīngchu de xiězhe wǒ de běnmíng.

　　Xìn lǐ·miàn shuō tā kàndàole zhè piān wénzhāng xīn·lǐ fēicháng jīdòng, méi xiǎngdào zài líkāi jiāxiāng, piāobó yìdì zhème jiǔ zhīhòu, huì kàn·jiàn zìjǐ réngrán zài yī gè rén de jìyì·lǐ, tā zìjǐ yě shēnshēn jì·dé zhè qízhōng de měi yī mù, zhǐshì méi xiǎngdào yuèguo yáoyuǎn de shíkōng, jìngrán lìng yī gè rén yě shēnshēn jì·dé.

Jiéxuǎn zì Kǔ Líng《Yǒngyuǎn de Jìyì》

## 作品 53 号

在繁华的巴黎大街的路旁，站着一个衣衫褴褛、头发斑白、双目失明的老人。他不像其他乞丐那样伸手向过路行人乞讨，而是在身旁立一块木牌，上面写着："我什么也看不见！"街上过往的行人很多，看了木牌上的字都无动于衷，有的还淡淡一笑，便姗姗而去了。

这天中午，法国著名诗人让·彼浩勒也经过这里。他看看木牌上的字，问盲老人："老人家，今天上午有人给你钱吗？"

盲老人叹息着回答："我，我什么也没有得到。"说着，脸上的神情非常悲伤。

让·彼浩勒听了，拿起笔悄悄地在那行字的前面添上了"春天到了，可是"几个字，就匆匆地离开了。

晚上，让·彼浩勒又经过这里，问那个盲老人下午的情况。盲老人笑着回答说："先生，不知为什么，下午给我钱的人多极了！"让·彼浩勒听了，摸着胡子满意地笑了。

"春天到了，可是我什么也看不见！"这富有诗意的语言，产生这么大的作用，就在于它有非常浓厚的感情色彩。是的，春天是美好的，那蓝天白云，那绿树红花，那莺歌燕舞，那流水人家，怎么不叫人陶醉呢？但这良辰美景，对于一个双目失明的人来说，只是一片漆黑。当人们想到这个盲老人，一生中竟连万紫千红的春天 // 都不曾看到，怎能不对他产生同情之心呢？

节选自小学《语文》第六册中《语言的魅力》

# Zuòpǐn 53 Hào

　　Zài fánhuá de Bālí dàjiē de lùpáng, zhànzhe yī gè yīshān lánlǚ、tóufa bānbái、shuāngmù shīmíng de lǎorén. Tā bù xiàng qítā qǐgài nàyàng shēnshǒu xiàng guòlù xíngrén qǐtǎo, ér shì zài shēnpáng lì yī kuài mùpái, shàng·miàn xiězhe: "Wǒ shénme yě kàn·bùjiàn！" Jiē·shàng guòwǎng de xíngrén hěn duō, kànle mùpái·shàng de zì dōu wúdòngyúzhōng, yǒude hái dàndàn yī xiào, biàn shānshān ér qù le.

　　Zhè tiān zhōngwǔ, Fǎguó zhùmíng shīrén Ràng Bǐhàolè yě jīngguò zhè·lǐ. Tā kànkan mùpái·shàng de zì, wèn máng lǎorén: "Lǎo·rén·jiā, jīntiān shàngwǔ yǒu rén gěi nǐ qián ma？"

　　Máng lǎorén tànxīzhe huídá: "Wǒ, wǒ shénme yě méi·yǒu dédào." Shuōzhe, liǎn·shàng de shénqíng fēicháng bēishāng.

　　Ràng Bǐhàolè tīng le, náqǐ bǐ qiāoqiāo de zài nàháng zì de qián·miàn tiān·shàngle "chūntiān dào le, kěshì" jǐ gè zì, jiù cōngcōng de líkāi le.

　　Wǎnshang, Ràng Bǐhàolè yòu jīngguò zhè·lǐ, wèn nàge máng lǎorén xiàwǔ de qíngkuàng. Máng lǎorén xiàozhe huídá shuō: "Xiānsheng, bù zhī wèishénme, xiàwǔ gěi wǒ qián de rén duō jí le！" Ràng Bǐhàolè tīng le, mōzhe húzi mǎnyì de xiào le.

　　"Chūntiān dào le, kěshì wǒ shénme yě kàn·bùjiàn！" Zhè fùyǒu shīyì de yǔyán, chǎnshēng zhème dà de zuòyòng, jiù zàiyú tā yǒu fēicháng nónghòu de gǎnqíng sècǎi. Shìde, chūntiān shì měihǎo de, nà lántiān báiyún, nà lǜshù hónghuā, nà yīnggē-yànwǔ, nà liúshuǐ rénjiā, zěnme bù jiào rén táozuì ne？Dàn zhè liángchén měijǐng, duìyú yī gè shuāngmù shīmíng de rén lái shuō, zhǐshì yī piàn qīhēi. Dāng rénmen xiǎngdào zhège máng lǎorén, yīshēng zhōng jìng lián wànzǐ-qiānhóng de chūntiān dōu bùcéng kàndào, zěn néng bù duì tā chǎnshēng tóngqíng zhī xīn ne？

Jiéxuǎn zì Xiǎoxué 《Yǔwén》 dì-liù cè zhōng 《Yǔyán de Mèilì》

## 作品 54 号

　　有一次，苏东坡的朋友张鹗拿着一张宣纸来求他写一幅字，而且希望他写一点儿关于养生方面的内容。苏东坡思索了一会儿，点点头说："我得到了一个养生长寿古方，药只有四味，今天就赠给你吧。"于是，东坡的狼毫在纸上挥洒起来，上面写着："一曰无事以当贵，二曰早寝以当富，三曰安步以当车，四曰晚食以当肉。"

　　这哪里有药？张鹗一脸茫然地问。苏东坡笑着解释说，养生长寿的要诀，全在这四句里面。

　　所谓"无事以当贵"，是指人不要把功名利禄、荣辱过失考虑得太多，如能在情志上潇洒大度，随遇而安，无事以求，这比富贵更能使人终其天年。

　　"早寝以当富"，指吃好穿好、财货充足，并非就能使你长寿。对老年人来说，养成良好的起居习惯，尤其是早睡早起，比获得任何财富更加宝贵。

　　"安步以当车"，指人不要过于讲求安逸、肢体不劳，而应多以步行来替代骑马乘车，多运动才可以强健体魄，通畅气血。

　　"晚食以当肉"，意思是人应该用已饥方食、未饱先止代替对美味佳肴的贪吃无厌。他进一步解释，饿了以后才进食，虽然是粗茶淡饭，但其香甜可口会胜过山珍；如果饱了还要勉强吃，即使美味佳肴摆在眼前也难以//下咽。

　　苏东坡的四味"长寿药"，实际上是强调了情志、睡眠、运动、饮食四个方面对养生长寿的重要性，这种养生观点即使在今天仍然值得借鉴。

节选自蒲昭和《赠你四味长寿药》

# Zuòpǐn 54 Hào

　　Yǒu yī cì, Sū Dōngpō de péngyou Zhāng È názhe yī zhāng xuānzhǐ lái qiú tā xiě yī fú zì, érqiě xīwàng tā xiě yīdiǎnr guānyú yǎngshēng fāngmiàn de nèiróng. Sū Dōngpō sīsuǒle yīhuìr, diǎndiǎn tóu shuō: "Wǒ dédàole yī gè yǎngshēng chángshòu gǔfāng, yào zhǐyǒu sì wèi, jīntiān jiù zènggěi nǐ ba." Yúshì, Dōngpō de lángháo zài zhǐ·shàng huīsǎ qǐ·lái, shàng·miàn xiězhe: "Yī yuē wú shì yǐ dàng guì, èr yuē zǎo qǐn yǐ dàng fù, sān yuē ān bù yǐ dàng chē, sì yuē wǎn shí yǐ dàng ròu."

　　Zhè nǎ·lǐ yǒu yào? Zhāng È yīliǎn mángrán de wèn. Sū Dōngpō xiàozhe jiěshì shuō, yǎngshēng chángshòu de yàojué, quán zài zhè sì jù lǐ·miàn.

　　Suǒwèi "wú shì yǐ dàng guì", shì zhǐ rén bùyào bǎ gōngmíng lìlù、róngrǔ guòshī kǎolǜ de tài duō, rú néng zài qíngzhì·shàng xiāosǎ dàdù, suíyù'ér'ān, wú shì yǐ qiú, zhè bǐ fùguì gèng néng shǐ rén zhōng qí tiānnián.

　　"Zǎo qǐn yǐ dàng fù", zhǐ chīhǎo chuānhǎo、cáihuò chōngzú, bìngfēi jiù néng shǐ nǐ chángshòu. Duì lǎoniánrén lái shuō, yǎngchéng liánghǎo de qǐjū xíguàn, yóuqí shì zǎo shuì zǎo qǐ, bǐ huòdé rènhé cáifù gèngjiā bǎoguì.

　　"Ān bù yǐ dàng chē", zhǐ rén bùyào guòyú jiǎngqiú ānyì、zhītǐ bù láo, ér yīng duō yǐ bùxíng lái tìdài qímǎ chéngchē, duō yùndòng cái kěyǐ qiángjiàn tǐpò, tōngchàng qìxuè.

　　"Wǎn shí yǐ dàng ròu", yìsi shì rén yīnggāi yòng yǐ jī fāng shí、wèi bǎo xiān zhǐ dàitì duì měiwèi jiāyáo de tānchī wú yàn. Tā jìnyībù jiěshì, èle yǐhòu cái jìnshí, suīrán shì cūchá-dànfàn, dàn qí xiāngtián kěkǒu huì shèngguò shānzhēn; rúguǒ bǎole háiyào miǎnqiǎng chī, jíshǐ měiwèi jiāyáo bǎi zài yǎnqián yě nányǐ xiàyàn.

　　Sū Dōngpō de sì wèi "chángshòuyào", shíjì·shàng shì qiángdiàole qíngzhì、shuìmián、yùndòng、yǐnshí sì gè fāngmiàn duì yǎngshēng chángshòu de zhòngyàoxìng, zhè zhǒng yǎngshēng guāndiǎn jíshǐ zài jīntiān réngrán zhí·dé jièjiàn.

*Jiéxuǎn zì Pú Zhāohé 《Zèng Nǐ Sì Wèi Chángshòuyào》*

## 作品 55 号

  人活着,最要紧的是寻觅到那片代表着生命绿色和人类希望的丛林,然后选一高高的枝头站在那里观览人生,消化痛苦,孕育歌声,愉悦世界!

  这可真是一种潇洒的人生态度,这可真是一种心境爽朗的情感风貌。

  站在历史的枝头微笑,可以减免许多烦恼。在那里,你可以从众生相所包含的甜酸苦辣、百味人生中寻找你自己;你境遇中的那点儿苦痛,也许相比之下,再也难以占据一席之地;你会较容易地获得从不悦中解脱灵魂的力量,使之不致变得灰色。

  人站得高些,不但能有幸早些领略到希望的曙光,还能有幸发现生命的立体的诗篇。每一个人的人生,都是这诗篇中的一个词、一个句子或者一个标点。你可能没有成为一个美丽的词,一个引人注目的句子,一个惊叹号,但你依然是这生命的立体诗篇中的一个音节、一个停顿、一个必不可少的组成部分。这足以使你放弃前嫌,萌生为人类孕育新的歌声的兴致,为世界带来更多的诗意。

  最可怕的人生见解,是把多维的生存图景看成平面。因为那平面上刻下的大多是凝固了的历史——过去的遗迹;但活着的人们,活得却是充满着新生智慧的,由//不断逝去的"现在"组成的未来。人生不能像某些鱼类躺着游,人生也不能像某些兽类爬着走,而应该站着向前行,这才是人类应有的生存姿态。

节选自[美]本杰明·拉什《站在历史的枝头微笑》

# Zuòpǐn 55 Hào

　　Rén huózhe, zuì yàojǐn de shì xúnmì dào nà piàn dàibiǎozhe shēngmìng lǜsè hé rénlèi xīwàng de cónglín, ránhòu xuǎn yī gāogāo de zhītóu zhàn zài nà·lǐ guānlǎn rénshēng, xiāohuà tòngkǔ, yùnyù gēshēng, yúyuè shìjiè!

　　Zhè kě zhēn shì yī zhǒng xiāosǎ de rénshēng tài·dù, zhè kě zhēn shì yī zhǒng xīnjìng shuǎnglǎng de qínggǎn fēngmào.

　　Zhàn zài lìshǐ de zhītóu wēixiào, kěyǐ jiǎnmiǎn xǔduō fánnǎo. Zài nà·lǐ, nǐ kěyǐ cóng zhòngshēngxiàng suǒ bāohán de tián-suān-kǔ-là, bǎiwèi rénshēng zhōng xúnzhǎo nǐ zìjǐ; nǐ jìngyù zhōng de nà diǎnr kǔtòng, yěxǔ xiāngbǐ zhīxià, zài yě nányǐ zhànjù yī xí zhī dì; nǐ huì jiào róng·yì de huòdé cóng bùyuè zhōng jiětuō línghún de lì·liàng, shǐ zhī bùzhì biàn de huīsè.

　　Rén zhàn de gāo xiē, bùdàn néng yǒuxìng zǎo xiē lǐnglüè dào xīwàng de shǔguāng, hái néng yǒuxìng fāxiàn shēngmìng de lìtǐ de shīpiān. Měi yī gè rén de rénshēng, dōu shì zhè shīpiān zhōng de yī gè cí、yī gè jùzi huòzhě yī gè biāodiǎn. Nǐ kěnéng méi·yǒu chéngwéi yī gè měilì de cí, yī gè yǐnrén-zhùmù de jùzi, yī gè jīngtànhào, dàn nǐ yīrán shì zhè shēngmìng de lìtǐ shīpiān zhōng de yī gè yīnjié、yī gè tíngdùn、yī gè bìbùkěshǎo de zǔchéng bùfen. Zhè zúyǐ shǐ nǐ fàngqì qiánxián, méngshēng wèi rénlèi yùnyù xīn de gēshēng de xìngzhì, wèi shìjiè dài·lái gèng duō de shīyì.

　　Zuì kěpà de rénshēng jiànjiě, shì bǎ duōwéi de shēngcún tújǐng kànchéng píngmiàn. Yīn·wèi nà píngmiàn·shàng kèxià de dàduō shì nínggùle de lìshǐ——guòqù de yíjì; dàn huózhe de rénmen, huó de què shì chōngmǎnzhe xīnshēng zhìhuì de, yóu bùduàn shìqù de "xiànzài" zǔchéng de wèilái. Rénshēng bùnéng xiàng mǒu xiē yúlèi tǎngzhe yóu, rénshēng yě bùnéng xiàng mǒu xiē shòulèi pázhe zǒu, ér yīnggāi zhànzhe xiàngqián xíng, zhè cái shì rénlèi yīngyǒu de shēngcún zītài.

*Jiéxuǎn zì [Měi] Běnjiémíng Lāshí 《Zhàn Zài Lìshǐ de Zhītóu Wēixiào》*

## 作品 56 号

中国的第一大岛、台湾省的主岛台湾,位于中国大陆架的东南方,地处东海和南海之间,隔着台湾海峡和大陆相望。天气晴朗的时候,站在福建沿海较高的地方,就可以隐隐约约地望见岛上的高山和云朵。

台湾岛形状狭长,从东到西,最宽处只有一百四十多公里;由南至北,最长的地方约有三百九十多公里。地形像一个纺织用的梭子。

台湾岛上的山脉纵贯南北,中间的中央山脉犹如全岛的脊梁。西部为海拔近四千米的玉山山脉,是中国东部的最高峰。全岛约有三分之一的地方是平地,其余为山地。岛内有缎带般的瀑布,蓝宝石似的湖泊,四季常青的森林和果园,自然景色十分优美。西南部的阿里山和日月潭,台北市郊的大屯山风景区,都是闻名世界的游览胜地。

台湾岛地处热带和温带之间,四面环海,雨水充足,气温受到海洋的调剂,冬暖夏凉,四季如春,这给水稻和果木生长提供了优越的条件。水稻、甘蔗、樟脑是台湾的"三宝"。岛上还盛产鲜果和鱼虾。

台湾岛还是一个闻名世界的"蝴蝶王国"。岛上的蝴蝶共有四百多个品种,其中有不少是世界稀有的珍贵品种。岛上还有不少鸟语花香的蝴 // 蝶谷,岛上居民利用蝴蝶制作的标本和艺术品,远销许多国家。

节选自《中国的宝岛——台湾》

# Zuòpǐn 56 Hào

　　Zhōngguó de dì-yī dàdǎo、Táiwān Shěng de zhǔdǎo Táiwān, wèiyú Zhōngguó dàlùjià de dōngnánfāng, dìchǔ Dōng Hǎi hé Nán Hǎi zhījiān, gézhe Táiwān Hǎixiá hé Dàlù xiāngwàng. Tiānqì qínglǎng de shíhou, zhàn zài Fújiàn yánhǎi jiào gāo de dìfang, jiù kěyǐ yǐnyǐn-yuēyuē de wàng•jiàn dǎo•shàng de gāoshān hé yúnduǒ.

　　Táiwān Dǎo xíngzhuàng xiácháng, cóng dōng dào xī, zuì kuān chù zhǐyǒu yībǎi sìshí duō gōnglǐ; yóu nán zhì běi, zuì cháng de dìfang yuē yǒu sānbǎi jiǔshí duō gōnglǐ. Dìxíng xiàng yī gè fǎngzhī yòng de suōzi.

　　Táiwān Dǎo•shàng de shānmài zòngguàn nánběi, zhōngjiān de Zhōngyāng Shānmài yóurú quándǎo de jǐliang. Xībù wéi hǎibá jìn sìqiān mǐ de Yù Shān shānmài, shì Zhōngguó dōngbù de zuì gāo fēng. Quándǎo yuē yǒu sān fēn zhī yī de dìfang shì píngdì, qíyú wéi shāndì. Dǎonèi yǒu duàndài bān de pùbù, lánbǎoshí shìde húpō, sìjì chángqīng de sēnlín hé guǒyuán, zìrán jǐngsè shífēn yōuměi. Xīnánbù de Ālǐ Shān hé Rìyuè Tán, Táiběi shìjiāo de Dàtúnshān fēngjǐngqū, dōu shì wénmíng shìjiè de yóulǎn shèngdì.

　　Táiwān Dǎo dìchǔ rèdài hé wēndài zhījiān, sìmiàn huán hǎi, yǔshuǐ chōngzú, qìwēn shòudào hǎiyáng de tiáojì, dōng nuǎn xià liáng, sìjì rú chūn, zhè gěi shuǐdào hé guǒmù shēngzhǎng tígōngle yōuyuè de tiáojiàn. Shuǐdào、gānzhe、zhāngnǎo shì Táiwān de "sān bǎo". Dǎo•shàng hái shèngchǎn xiāngguǒ hé yúxiā.

　　Táiwān Dǎo háishì yī gè wénmíng shìjiè de "húdié wángguó". Dǎo•shàng de húdié gòng yǒu sìbǎi duō gè pǐnzhǒng, qízhōng yǒu bùshǎo shì shìjiè xīyǒu de zhēnguì pǐnzhǒng. Dǎo•shàng háiyǒu bùshǎo niǎoyǔ-huāxiāng de húdiégǔ, dǎo•shàng jūmín lìyòng húdié zhìzuò de biāoběn hé yìshùpǐn, yuǎnxiāo xǔduō guójiā.

Jiéxuǎn zì 《Zhōngguó de Bǎodǎo Táiwān》

## 作品 57 号

  对于中国的牛,我有着一种特别尊敬的感情。
  留给我印象最深的,要算在田垄上的一次"相遇"。
  一群朋友郊游,我领头在狭窄的阡陌上走,怎料迎面来了几头耕牛,狭道容不下人和牛,终有一方要让路。它们还没有走近,我们已经预计斗不过畜牲,恐怕难免踩到田地泥水里,弄得鞋袜又泥又湿了。正踟蹰的时候,带头的一头牛,在离我们不远的地方停下来,抬起头看看,稍迟疑一下,就自动走下田去。一队耕牛,全跟着它离开阡陌,从我们身边经过。
  我们都呆了,回过头来,看着深褐色的牛队,在路的尽头消失,忽然觉得自己受了很大的恩惠。
  中国的牛,永远沉默地为人做着沉重的工作。在大地上,在晨光或烈日下,它拖着沉重的犁,低头一步又一步,拖出了身后一列又一列松土,好让人们下种。等到满地金黄或农闲时候,它可能还得担当搬运负重的工作;或终日绕着石磨,朝同一方向,走不计程的路。
  在它沉默的劳动中,人便得到应得的收成。
  那时候,也许,它可以松一肩重担,站在树下,吃几口嫩草。偶尔摇摇尾巴,摆摆耳朵,赶走飞附身上的苍蝇,已经算是它最闲适的生活了。
  中国的牛,没有成群奔跑的习//惯,永远沉沉实实的,默默地工作,平心静气。这就是中国的牛!

节选自小思《中国的牛》

# Zuòpǐn 57 Hào

　　Duìyú Zhōngguó de niú, wǒ yǒuzhe yī zhǒng tèbié zūnjìng de gǎnqíng.

　　Liúgěi wǒ yìnxiàng zuì shēn de, yào suàn zài tiánlǒng·shàng de yī cì "xiāngyù".

　　Yī qún péngyou jiāoyóu, wǒ lǐngtóu zài xiázhǎi de qiānmò·shàng zǒu, zěnliào yíngmiàn láile jǐ tóu gēngniú, xiádào róng·bùxià rén hé niú, zhōng yǒu yīfāng yào rànglù. Tāmen hái méi·yǒu zǒujìn, wǒmen yǐ·jīng yùjì dòu·bù·guò chùsheng, kǒngpà nánmiǎn cǎidào tiándì níshuǐ·lǐ, nòng de xiéwà yòu ní yòu shī le. Zhèng chíchú de shíhou, dàitóu de yī tóu niú, zài lí wǒmen bùyuǎn de dìfang tíng xià·lái, táiqǐ tóu kànkan, shāo chíyí yīxià, jiù zìdòng zǒu·xià tián qù. Yī duì gēngniú, quán gēnzhe tā líkāi qiānmò, cóng wǒmen shēnbiān jīngguò.

　　Wǒmen dōu dāi le, huíguo tóu·lái, kànzhe shēnhèsè de niú duì, zài lù de jìntóu xiāoshī, hūrán jué·dé zìjǐ shòule hěn dà de ēnhuì.

　　Zhōngguó de niú, yǒngyuǎn chénmò de wèi rén zuòzhe chénzhòng de gōngzuò. Zài dàdì·shàng, zài chénguāng huò lièrì·xià, tā tuōzhe chénzhòng de lí, dītóu yī bù yòu yī bù, tuōchūle shēnhòu yī liè yòu yī liè sōngtǔ, hǎo ràng rénmen xià zhǒng. Děngdào mǎndì jīnhuáng huò nóngxián shíhou, tā kěnéng háiděi dāndāng bānyùn fùzhòng de gōngzuò; huò zhōngrì ràozhe shímò, cháo tóng yī fāngxiàng, zǒu bù jìchéng de lù.

　　Zài tā chénmò de láodòng zhōng, rén biàn dédào yīng dé de shōucheng.

　　Nà shíhou, yěxǔ, tā kěyǐ sōng yī jiān zhòngdàn, zhàn zài shù·xià, chī jǐ kǒu nèn cǎo. Ǒu'ěr yáoyao wěiba, bǎibai ěrduo, gǎnzǒu fēifù shēn·shàng de cāngying, yǐ·jīng suàn shì tā zuì xiánshì de shēnghuó le.

　　Zhōngguó de niú, méi·yǒu chéngqún bēnpǎo de xíguàn, Yǒngyuǎn chénchén-shíshí de, mòmò de gōngzuò, píngxīn-jìngqì. Zhè jiùshì Zhōngguó de niú!

*Jiéxuǎn zì Xiǎo Sī 《Zhōngguó de Niú》*

## 作品 58 号

不管我的梦想能否成为事实,说出来总是好玩儿的:

春天,我将要住在杭州。二十年前,旧历的二月初,在西湖我看见了嫩柳与菜花,碧浪与翠竹。由我看到的那点儿春光,已经可以断定,杭州的春天必定会教人整天生活在诗与图画之中。所以,春天我的家应当是在杭州。

夏天,我想青城山应当算作最理想的地方。在那里,我虽然只住过十天,可是它的幽静已拴住了我的心灵。在我所看见过的山水中,只有这里没有使我失望。到处都是绿,目之所及,那片淡而光润的绿色都在轻轻地颤动,仿佛要流入空中与心中似的。这个绿色会像音乐,涤清了心中的万虑。

秋天一定要住北平。天堂是什么样子,我不知道,但是从我的生活经验去判断,北平之秋便是天堂。论天气,不冷不热。论吃的,苹果、梨、柿子、枣儿、葡萄,每样都有若干种。论花草,菊花种类之多,花式之奇,可以甲天下。西山有红叶可见,北海可以划船——虽然荷花已残,荷叶可还有一片清香。衣食住行,在北平的秋天,是没有一项不使人满意的。

冬天,我还没有打好主意,成都或者相当的合适,虽然并不怎样和暖,可是为了水仙、素心腊梅,各色的茶花,仿佛就受一点儿寒 // 冷,也颇值得去了。昆明的花也多,而且天气比成都好,可是旧书铺与精美而便宜的小吃远不及成都那么多。好吧,就暂这么规定:冬天不住成都便住昆明吧。

在抗战中,我没能发国难财。我想,抗战胜利以后,我必能阔起来。那时候,假若飞机减价,一二百元就能买一架的话,我就自备一架,择黄道吉日慢慢地飞行。

节选自老舍《住的梦》

# Zuòpǐn 58 Hào

　　Bùguǎn wǒ de mèngxiǎng néngfǒu chéngwéi shìshí, shuō chū·lái zǒngshì hǎowánr de:

　　Chūntiān, wǒ jiāng yào zhù zài Hángzhōu. Èrshí nián qián, jiùlì de èryuè chū, zài Xīhú wǒ kàn·jiànle nènliǔ yǔ càihuā, bìlàng yǔ cuìzhú. Yóu wǒ kàndào de nà diǎnr chūnguāng, yǐ·jīng kěyǐ duàndìng, Hángzhōu de chūntiān bìdìng huì jiào rén zhěngtiān shēnghuó zài shī yǔ túhuà zhīzhōng. Suǒyǐ, chūntiān wǒ de jiā yīngdāng shì zài Hángzhōu.

　　Xiàtiān, wǒ xiǎng Qīngchéng Shān yīngdāng suànzuò zuì lǐxiǎng de dìfang. Zài nà·li, wǒ suīrán zhǐ zhùguo shí tiān, kěshì tā de yōujìng yǐ shuānzhùle wǒ de xīnlíng. Zài wǒ suǒ kàn·jiànguo de shānshuǐ zhōng, zhǐyǒu zhè·li méi·yǒu shǐ wǒ shīwàng. Dàochù dōu shì lǜ, mù zhī suǒ jí, nà piàn dàn ér guāngrùn de lǜsè dōu zài qīngqīng de chàndòng, fǎngfú yào liúrù kōngzhōng yǔ xīnzhōng shìde. Zhège lǜsè huì xiàng yīnyuè, díqīngle xīnzhōng de wàn lǜ.

　　Qiūtiān yīdìng yào zhù Běipíng. Tiāntáng shì shénme yàngzi, wǒ bù zhī·dào, dànshì cóng wǒ de shēnghuó jīngyàn qù pànduàn, Běipíng zhī qiū biàn shì tiāntáng. Lùn tiānqì, bù lěng bù rè. Lùn chīde, píngguǒ、lí、shìzi、zǎor、pú·táo, měi yàng dōu yǒu ruògān zhǒng. Lùn huācǎo, júhuā zhǒnglèi zhī duō, huā shì zhī qí, kěyǐ jiǎ tiānxià. Xīshān yǒu hóngyè kě jiàn, Běihǎi kěyǐ huáchuán——suīrán héhuā yǐcán, héyè kě háiyǒu yī piàn qīngxiāng. Yī-shí-zhù-xíng, zài Běipíng de qiūtiān, shì méi·yǒu yī xiàng bù shǐ rén mǎnyì de.

　　Dōngtiān, wǒ hái méi·yǒu dǎhǎo zhǔyi, Chéngdū huòzhě xiāngdāng de héshì, suīrán bìng bù zěnyàng hénuǎn, kěshì wèile shuǐxiān, sù xīn làméi, gè sè de cháhuā, fǎngfú jiù shòu yīdiǎnr hánlěng, yě pō zhí·dé qù le. Kūnmíng de huā yě duō, érqiě tiānqì bǐ Chéngdū hǎo, kěshì jiù shūpù yǔ jīngměi ér piányi de xiǎochī yuǎn·bùjí Chéngdū nàme duō. Hǎo ba, jiù zàn zhème guīdìng: Dōngtiān bù zhù Chéngdū biàn zhù Kūnmíng ba.

　　Zài kàngzhàn zhōng, wǒ méi néng fā guónàn cái. Wǒ xiǎng, kàngzhàn shènglì yǐhòu, wǒ bì néng kuò qǐ·lái. Nà shíhou, jiǎruò fēijī jiǎnjià, yī-èrbǎi yuán jiù néng mǎi yī jià de huà, wǒ jiù zìbèi yī jià, zé huángdào-jírì mànmàn de fēixíng.

　　　　　　　　　　　　　　　　Jiéxuǎn zì Lǎo Shě《Zhù de Mèng》

## 作品 59 号

　　我不由得停住了脚步。

　　从未见过开得这样盛的藤萝,只见一片辉煌的淡紫色,像一条瀑布,从空中垂下,不见其发端,也不见其终极,只是深深浅浅的紫,仿佛在流动,在欢笑,在不停地生长。紫色的大条幅上,泛着点点银光,就像迸溅的水花。仔细看时,才知那是每一朵紫花中的最浅淡的部分,在和阳光互相挑逗。

　　这里除了光彩,还有淡淡的芳香。香气似乎也是浅紫色的,梦幻一般轻轻地笼罩着我。忽然记起十多年前,家门外也曾有过一大株紫藤萝,它依傍一株枯槐爬得很高,但花朵从来都稀落,东一穗西一串伶仃地挂在树梢,好像在察颜观色,试探什么。后来索性连那稀零的花串也没有了。园中别的紫藤花架也都拆掉,改种了果树。那时的说法是,花和生活腐化有什么必然关系。我曾遗憾地想：这里再看不见藤萝花了。

　　过了这么多年,藤萝又开花了,而且开得这样盛,这样密,紫色的瀑布遮住了粗壮的盘虬卧龙般的枝干,不断地流着,流着,流向人的心底。

　　花和人都会遇到各种各样的不幸,但是生命的长河是无止境的。我抚摸了一下那小小的紫色的花舱,那里满装了生命的酒酿,它张满了帆,在这 // 闪光的花的河流上航行。它是万花中的一朵,也正是由每一个一朵,组成了万花灿烂的流动的瀑布。

　　在这浅紫色的光辉和浅紫色的芳香中,我不觉加快了脚步。

节选自宗璞《紫藤萝瀑布》

## Zuòpǐn 59 Hào

Wǒ bùyóude tíngzhùle jiǎobù.

Cóngwèi jiànguo kāide zhèyàng shèng de téngluó, zhǐ jiàn yī piàn huīhuáng de dàn zǐsè, xiàng yī tiáo pùbù, cóng kōngzhōng chuíxià, bùjiàn qí fāduān, yě bù jiàn qí zhōngjí, zhǐshì shēnshēn-qiǎnqiǎn de zǐ, fǎngfú zài liúdòng, zài huānxiào, zài bùtíng de shēngzhǎng. Zǐsè de dà tiáofú·shàng, fànzhe diǎndiǎn yínguāng, jiù xiàng bèngjiàn de shuǐhuā. Zǐxì kàn shí, cái zhī nà shì měi yī duǒ zǐhuā zhōng de zuìqiǎndàn de bùfen, zài hé yángguāng hùxiāng tiǎodòu.

Zhè·lǐ chúle guāngcǎi, háiyǒu dàndàn de fāngxiāng. Xiāngqì sìhū yě shì qiǎn zǐsè de, mènghuàn yībān qīngqīng de lǒngzhàozhe wǒ. Hūrán jìqǐ shí duō nián qián, jiā mén wài yě céng yǒuguo yī dà zhū zǐténgluó, tā yībàng yī zhū kū huái pá de hěn gāo, dàn huāduǒ cónglái dōu xīluò, dōng yī suì xī yī chuàn língdīng de guà zài shùshāo, hǎoxiàng zài cháyán-guānsè, shìtàn shénme. Hòulái suǒxìng lián nà xīlíng de huāchuàn yě méi·yǒu le. Yuán zhōng biéde zǐténg huājià yě dōu chāidiào, gǎizhòngle guǒshù. Nàshí de shuōfǎ shì, huā hé shēnghuó fǔhuà yǒu shénme bìrán guānxi. Wǒ céng yíhàn de xiǎng: Zhè·lǐ zài kàn·bùjiàn téngluóhuā le.

Guòle zhème duō nián, téngluó yòu kāihuā le, érqiě kāi de zhèyàng shèng, zhèyàng mì, zǐsè de pùbù zhēzhùle cūzhuàng de pánqiú wòlóng bān de zhīgàn, bùduàn de liúzhe, liúzhe, liúxiàng rén de xīndǐ.

Huā hé rén dōu huì yùdào gèzhǒng-gèyàng de bùxìng, dànshì shēngmìng de chánghé shì wú zhǐjìng de. Wǒ fǔmōle yīxià nà xiǎoxiǎo de zǐsè de huācāng, nà·lǐ mǎn zhuāngle shēngmìng de jiǔniàng, tā zhāngmǎnle fān, zài zhè shǎnguāng de huā de héliú·shàng hángxíng. Tā shì wàn huā zhōng de yī duǒ, yě zhèngshì yóu měi yī gè yī duǒ, zǔchéng le wàn huā cànlàn de liúdòng de pùbù.

Zài zhè qiǎn zǐsè de guānghuī hé qiǎn zǐsè de fāngxiāng zhōng, wǒ bùjué jiākuàile jiǎobù.

Jiéxuǎn zì Zōng Pú 《Zǐténgluó Pùbù》

# 作品 60 号

在一次名人访问中,被问及上个世纪最重要的发明是什么时,有人说是电脑,有人说是汽车,等等。但新加坡的一位知名人士却说是冷气机。他解释,如果没有冷气,热带地区如东南亚国家,就不可能有很高的生产力,就不可能达到今天的生活水准。他的回答实事求是,有理有据。

看了上述报道,我突发奇想:为什么没有记者问:"二十世纪最糟糕的发明是什么?"其实二〇〇二年十月中旬,英国的一家报纸就评出了"人类最糟糕的发明"。获此"殊荣"的,就是人们每天大量使用的塑料袋。

诞生于上个世纪三十年代的塑料袋,其家族包括用塑料制成的快餐饭盒、包装纸、餐用杯盘、饮料瓶、酸奶杯、雪糕杯等等。这些废弃物形成的垃圾,数量多、体积大、重量轻、不降解,给治理工作带来很多技术难题和社会问题。

比如,散落在田间、路边及草丛中的塑料餐盒,一旦被牲畜吞食,就会危及健康甚至导致死亡。填埋废弃塑料袋、塑料餐盒的土地,不能生长庄稼和树木,造成土地板结,而焚烧处理这些塑料垃圾,则会释放出多种化学有毒气体,其中一种称为二噁英的化合物,毒性极大。

此外,在生产塑料袋、塑料餐盒的//过程中使用的氟利昂,对人体免疫系统和生态环境造成的破坏也极为严重。

节选自林光如《最糟糕的发明》

# Zuòpǐn 60 Hào

  Zài yī cì míngrén fǎngwèn zhōng, bèi wèn jí shàng gè shìjì zuì zhòngyào de fāmíng shì shénme shí, yǒu rén shuō shì diànnǎo, yǒu rén shuō shì qìchē, děngděng. Dàn Xīnjiāpō de yī wèi zhīmíng rénshì què shuō shì lěngqìjī. Tā jiěshì, rúguǒ méi·yǒu lěngqì, rèdài dìqū rú Dōngnányà guójiā, jiù bù kěnéng yǒu hěn gāo de shēngchǎnlì, jiù bù kěnéng dádào jīntiān de shēnghuó shuǐzhǔn. Tā de huídá shíshì-qiúshì, yǒulǐ-yǒujù.

  Kànle shàngshù bàodào, wǒ tūfā qí xiǎng: Wèi shénme méi·yǒu jìzhě wèn: "Èrshí shìjì zuì zāogāo de fāmíng shì shénme？" Qíshí èr líng líng èr nián shíyuè zhōngxún, Yīngguó de yī jiā bàozhǐ jiù píngchū le "rénlèi zuì zāogāo de fāmíng". Huò cǐ "shūróng" de, jiùshì rénmen měi tiān dàliàng shǐyòng de sùliàodài.

  Dànshēng yú shàng gè shìjì sānshí niándài de sùliàodài, qí jiāzú bāokuò yòng sùliào zhìchéng de kuàicān fànhé、bāozhuāngzhǐ、cān yòng bēi pán、yǐnliàopíng、suānnǎibēi、xuěgāobēi děngděng. Zhèxiē fèiqìwù xíngchéng de lājī, shùliàng duō、tǐjī dà、zhòngliàng qīng、bù jiàngjiě, gěi zhìlǐ gōngzuò dàilái hěn duō jìshù nántí hé shèhuì wèntí.

  Bǐrú, sànluò zài tiánjiān、lùbiān jí cǎocóng zhōng de sùliào cānhé, yīdàn bèi shēngchù tūnshí, jiù huì wēi jí jiànkāng shènzhì dǎozhì sǐwáng. Tiánmái fèiqì sùliàodài、sùliào cānhé de tǔdì, bùnéng shēngzhǎng zhuāngjia hé shùmù, zàochéng tǔdì bǎnjié, ér fénshāo chǔlǐ zhèxiē sùliào lājī, zé huì shìfàng chū duō zhǒng huàxué yǒudú qìtǐ, qízhōng yī zhǒng chēngwéi èr'èyīng de huàhéwù, dúxìng jí dà.

  Cǐwài, zài shēngchǎn sùliàodài、sùliào cānhé de guòchéng zhōng shǐyòng de fúlì'áng, duì réntǐ miǎnyì xìtǒng hé shēngtài huánjìng zàochéng de pòhuài yě jíwéi yánzhòng.

Jiéxuǎn zì Lín Guāngrú《Zuì Zāogāo de Fāmíng》

# D 普通话异读词审音表

## （1985年12月修订）

## 说　　明

　　一、本表所审，主要是普通话有异读的词和有异读的作为"语素"的字。不列出多音多义字的全部读音和全部义项，与字典、词典形式不同，例如："和"字有多种义项和读音，而本表仅列出原有异读的八条词语，分列于 hè 和 huo 两种读音之下（有多种读音，较常见的在前。下同）；其余无异读的音、义均不涉及。

　　二、在字后注明"统读"的，表示此字不论用于任何词语中只读一音（轻声变读不受此限），本表不再举出词例。例如："阀"字注明"fá（统读）"，原表"军阀""学阀""财阀"条和原表所无的"阀门"等词均不再举。

　　三、在字后不注"统读"的，表示此字有几种读音，本表只审订其中有异读的词语的读音。例如"艾"字本有 ài 和 yì 两音，本表只举"自怨自艾"一词，注明此处读 yì 音；至于 ài 音及其义项，并无异读，不再赘列。

　　四、有些字有文白二读，本表以"文"和"语"作注。前者一般用于书面语言，用于复音词和文言成语中；后者多用于口语中的单音词及少数日常生活事物的复音词中。这种情况在必要时各举词语为例。例如："杉"字下注"（一）shān（文）：紫～、红～、水～；（二）shā（语）：～篙、～木"。

　　五、有些字除附举词例之外，酌加简单说明，以便读者分辨。说明或按具体字义，或按"动作义""名物义"等区分，例如："畜"字下注"（一）chù（名物义）：～力、家～、牲～、幼～；（二）xù（动作义）：～产、～牧、～养"。

　　六、有些字的几种读音中某音用处较窄，另音用处甚宽，则注"除××（较少的词）念乙音外，其他都念甲音"，以避免列举词条繁而未尽、挂一漏万的缺点。例如："结"字下注"除'～了个果子''开花～果''～巴''～实'念 jiē 之外，其他都念 jié"。

　　七、由于轻声问题比较复杂，除《初稿》涉及的部分轻声词之外，本表一般不予审订，并删去部分原审的轻声词，例如"麻刀（dao）""容易（yi）"等。

　　八、本表酌增少量有异读的字或词，作了审订。

　　九、除因第二、六、七各条说明中所举原因而删略的词条之外，本表又删汰了部分词条。主要原因是：1. 现已无异读（如"队伍""理会"）；2. 罕用词语（如"俵分""仔密"）；3. 方言土音（如"归里包堆〔zuī〕""告送〔song〕"）；4. 不常用的文言词语（如"凹茗""甂甌"）；5. 音变现象（如"胡里八涂〔tū〕""毛毛腾腾〔tēngtēng〕"）；6. 重复累赘（如原表"色"字的有关词语分列达23条之多）。删汰条目不再编入。

　　十、人名、地名的异读审订，除原表已涉及的少量词条外，留待以后再审。

附录

## A

阿（一）ā
　　～訇　～罗汉
　　～木林　～姨
　（二）ē
　　～谀　～附
　　～胶　～弥陀佛
挨（一）āi
　　～个　～近
　（二）ái
　　～打　～说
癌 ái （统读）
霭 ǎi （统读）
蔼 ǎi （统读）
隘 ài （统读）
谙 ān （统读）
埯 ǎn （统读）
昂 áng （统读）
凹 āo （统读）
拗（一）ào
　　～口
　（二）niù
　　执～　脾气很～
坳 ào （统读）

## B

拔 bá （统读）
把 bà　印～子
白 bái （统读）
膀 bǎng　翅～
蚌（一）bàng　蛤～
　（二）bèng　～埠
傍 bàng （统读）
磅 bàng　过～
龅 bāo （统读）
胞 bāo （统读）
薄（一）báo（语）

常单用，如"纸很～"。
　（二）bó　（文）
多用于复音词。～弱　稀～　淡～
尖嘴～舌　单～　厚～
堡（一）bǎo
　　碉～　～垒
　（二）bǔ
　　～子　吴～　瓦窑～　柴沟～
　（三）pù
　　十里～
暴（一）bào
　　～露
　（二）pù
　　一～（曝）十寒
爆 bào （统读）
焙 bèi （统读）
惫 bèi （统读）
背 bèi　～脊　～静
鄙 bǐ （统读）
俾 bǐ （统读）
笔 bǐ （统读）
比 bǐ （统读）
臂（一）bì
　　手～　～膀
　（二）bei
　　胳～
庇 bì （统读）
髀 bì （统读）
避 bì （统读）
辟 bì　复～
裨 bì　～补　～益
婢 bì （统读）
痹 bì （统读）
壁 bì （统读）
蝙 biān （统读）
遍 biàn （统读）
骠（一）biāo
　　黄～马

（二）piào

~骑　~勇

傧 bīn （统读）

缤 bīn （统读）

濒 bīn （统读）

殡 bìn （统读）

屏（一）bǐng

~除　~弃　~气　~息

（二）píng

~藩　~风

柄 bǐng （统读）

波 bō （统读）

播 bō （统读）

菠 bō （统读）

剥（一）bō（文）~削

（二）bāo（语）

泊（一）bó

淡~　飘~　停~

（二）pō

湖~　血~

帛 bó （统读）

勃 bó （统读）

铂 bó （统读）

伯（一）bó

~~（bo）　老~

（二）bǎi

大~子（丈夫的哥哥）

箔 bó （统读）

簸（一）bǒ 颠~

（二）bò ~箕

膊 bo 胳~

卜 bo 萝~

醭 bú （统读）

哺 bǔ （统读）

捕 bǔ （统读）

鹁 bǔ （统读）

埠 bù （统读）

C

残 cán （统读）

惭 cán （统读）

灿 càn （统读）

藏（一）cáng 矿~

（二）zàng 宝~

糙 cāo （统读）

嘈 cáo （统读）

螬 cáo （统读）

厕 cè （统读）

岑 cén （统读）

差（一）chā（文）

不~累黍　不~什么

偏~　色~　~别

视~　误~　电势~

一念之~　~池　~错

言~语错　一~二错

阴错阳~　~等　~额

~价　~强人意　~数　~异

（二）chà（语）

~不多　~不离　~点儿

（三）cī

参~

猹 chá （统读）

搽 chá （统读）

阐 chǎn （统读）

羼 chàn （统读）

颤（一）chàn

~动　发~

（二）zhàn

~栗（战栗）　打~（打战）

忏 chàn （统读）

伥 chāng （统读）

场（一）chǎng

~合　~所　冷~　捧~

（二）cháng

外~　圩~　~院　一~雨

（三）chang

排～

钞 chāo （统读）

巢 cháo （统读）

嘲 cháo
　　　～讽　～骂　～笑

秒 chào （统读）

车（一）chē
　　　安步当～　杯水～薪
　　　闭门造～　螳臂当～
　　（二）jū
　　　（象棋棋子名称）

晨 chén （统读）

称　chèn
　　　～心　～意　～职　对～　相～

撑 chēng （统读）

乘（动作义，念 chéng）
　　　包～制　～便　～风破浪
　　　～客　～势　～兴

橙 chéng （统读）

惩 chéng （统读）

澄（一）chéng（文）
　　　～清（如"～清混乱""～清问题"）
　　（二）dèng（语）
　　　单用，如"把水～清了"。

痴 chī （统读）

吃 chī （统读）

弛 chí （统读）

褫 chǐ （统读）

尺 chǐ ～寸　～头

豉 chǐ （统读）

侈 chǐ （统读）

炽 chì （统读）

舂 chōng （统读）

冲 chòng ～床　～模

臭（一）chòu
　　　遗～万年
　　（二）xiù
　　　乳～　铜～

储 chǔ （统读）

处 chǔ （动作义）
　　　～罚　～分　～决　～理
　　　～女　～置

畜（一）chù（名物义）
　　　～力　家～　牲～　幼～
　　（二）xù（动作义）
　　　～产　～牧　～养

触 chù （统读）

搐 chù （统读）

绌 chù （统读）

黜 chù （统读）

闯 chuǎng （统读）

创（一）chuàng
　　　草～　～举　首～
　　　～造　～作
　　（二）chuāng
　　　～伤　重～

绰（一）chuò ～～有余
　　（二）chuo 宽～

疵 cī （统读）

雌 cí （统读）

赐 cì （统读）

伺 cì ～候

枞（一）cōng
　　　～树
　　（二）zōng
　　　～阳〔地名〕

从 cóng （统读）

丛 cóng （统读）

攒 cuán　万头～动　万箭～心

脆 cuì （统读）

撮（一）cuō
　　　～儿　一～儿盐　一～儿匪帮
　　（二）zuǒ
　　　一～儿毛

措 cuò （统读）

## D

搭 dā （统读）
答 （一）dá
　　报～　～复
　　（二）dā
　　～理　～应
打 dá
　　苏～　一～（十二个）
大 （一）dà
　　～夫（古官名）　～王（如爆破～王、钢铁～王）
　　（二）dài
　　～夫（医生）　～黄　～王（如山～王）　～城〔地名〕
呆 dāi（统读）
傣 dǎi（统读）
逮 （一）dài（文）
　　如"～捕"。
　　（二）dǎi（语）单用，如"～蚊子"
　　"～特务"。
当 （一）dāng
　　～地　～间儿　～年（指过去）　～日（指过去）　～天（指过去）　～时（指过去）　螳臂～车
　　（二）dàng
　　一个～俩　安步～车　适～　～年（同一年）　～日（同一时候）　～天（同一天）
档 dàng （统读）
蹈 dǎo （统读）
导 dǎo （统读）
倒 （一）dǎo
　　颠～　颠～是非　颠～黑白　颠三～四　倾箱～箧　排山～海　～板　～嚼　～仓　～嗓　～戈　潦～
　　（二）dào
　　～粪（把粪弄碎）

悼 dào （统读）
纛 dào （统读）
凳 dèng （统读）
羝 dī （统读）
氐 dī〔古民族名〕
堤 dī （统读）
提 dī　～防
的 dí　～当　～确
抵 dǐ （统读）
蒂 dì （统读）
缔 dì （统读）
谛 dì （统读）
点 diɑn　打～（收拾、贿赂）
跌 diē （统读）
蝶 dié （统读）
订 dìng　（统读）
都 （一）dōu
　　～来了
　　（二）dū
　　～市　首～　大～（大多）
堆 duī （统读）
吨 dūn （统读）
盾 dùn （统读）
多 duō （统读）
咄 duō （统读）
掇 （一）duō（"拾取、采取"义）
　　（二）duo　撺～　掇～
裰 duō （统读）
踱 duó （统读）
度 duó　忖～　～德量力

## E

婀 ē （统读）

## F

伐 fá （统读）
阀 fá （统读）
砝 fǎ （统读）

附录

法 fǎ（统读）
发 fà 理～ 脱～ 结～
帆 fān（统读）
藩 fān（统读）
梵 fàn（统读）
坊（一）fāng
　　牌～　～巷
　　（二）fáng
　　粉～　磨～　碾～　染～　油～
　　谷～
妨 fáng（统读）
防 fáng（统读）
肪 fáng（统读）
沸 fèi（统读）
汾 fén（统读）
讽 fěng（统读）
肤 fū（统读）
敷 fū（统读）
俘 fú（统读）
浮 fú（统读）
服 fú　～毒　～药
拂 fú（统读）
辐 fú（统读）
幅 fú（统读）
甫 fǔ（统读）
复 fù（统读）
缚 fù（统读）

G

噶 gá（统读）
冈 gāng（统读）
刚 gāng（统读）
岗 gǎng
　　～楼　～哨　～子　门～　站～
　　山～子
港 gǎng（统读）
葛（一）gé
　　～藤　～布　瓜～

（二）gě〔姓〕（包括单、复姓）
隔 gé（统读）
革 gé　～命　～新　改～
合 gě（一升的十分之一）
给（一）gěi（语）单用。
　　（二）jǐ（文）
　　补～　供～　供～制　～予
　　配～　自～自足
亘 gèn（统读）
更 gēng　五～　～生
颈 gěng　脖～子
供（一）gōng
　　～给　提～　～销
　　（二）gòng
　　口～　翻～　上～
佝 gōu（统读）
枸 gǒu　～杞
勾 gòu　～当
估（除"～衣"读gù外，都读gū）
骨（除"～碌""～朵"读gū外，都读
　　gǔ）
谷 gǔ　～雨
锢 gù（统读）
冠（一）guān（名物义）
　　～心病
　　（二）guàn（动作义）
　　沐猴而～　～军
犷 guǎng（统读）
庋 guǐ（统读）
桧（一）guì（树名）
　　（二）huì（人名）"秦～"。
刽 guì（统读）
聒 guō（统读）
蝈 guō（统读）
过（除姓氏读guō外，都读guò）

H

虾 há　～蟆

哈（一）hǎ ～达
（二）hà ～什蚂
汗 hán 可～
巷 hàng ～道
号 háo 寒～虫
和（一）hè
　　唱～ 附～ 曲高～寡
（二）huo
　　搀～ 搅～ 暖～ 热～ 软～
貉（一）hé（文）
　　一丘之～
（二）háo（语）
　　～绒 ～子
壑 hè（统读）
褐 hè（统读）
喝 hè
　　～彩 ～道 ～令 ～止 呼幺～
　　六
鹤 hè（统读）
黑 hēi（统读）
亨 hēng（统读）
横（一）héng
　　～肉 ～行霸道
（二）hèng
　　蛮～ ～财
訇 hōng（统读）
虹（一）hóng（文）
　　～彩 ～吸
（二）jiàng（语）单说。
讧 hòng（统读）
囫 hú（统读）
瑚 hú（统读）
蝴 hú（统读）
桦 huà（统读）
徊 huái（统读）
踝 huái（统读）
浣 huàn（统读）
黄 huáng（统读）

荒 huang 饥～（指经济困难）
诲 huì（统读）
贿 huì（统读）
会 huì
　　一～儿 多～儿 ～厌（生理名词）
混 hùn
　　～合 ～乱 ～凝土 ～淆
　　～血儿 ～杂
蠖 huò（统读）
霍 huò（统读）
豁 huò ～亮
获 huò（统读）

J

羁 jī（统读）
击 jī（统读）
奇 jī ～数
芨 jī（统读）
缉（一）jī 通～ 侦～
（二）qī ～鞋口
几 jī 茶～ 条～
圾 jī（统读）
戢 jí（统读）
疾 jí（统读）
汲 jí（统读）
棘 jí（统读）
藉 jí 狼～（籍）
嫉 jí（统读）
脊 jǐ（统读）
纪（一）jǐ〔姓〕
（二）jì
　　～念 ～律 纲～ ～元
偈 jì ～语
绩 jì（统读）
迹 jì（统读）
寂 jì（统读）
箕 ji 簸～
辑 ji 逻～

茄　jiā　雪～

夹　jiā　～带　藏掖　～道儿　～
攻　～棍　～生　～杂　～竹
桃　～注

浃　jiā（统读）

甲　jiǎ（统读）

歼　jiān（统读）

鞯　jiān（统读）

间　（一）jiān
　　～不容发　中～
　　（二）jiàn
　　中～儿　～道　～谍　～断
　　～或　～接　～距　～隙
　　～续　～阻　～作　挑拨离～

趼　jiǎn（统读）

俭　jiǎn（统读）

缰　jiāng（统读）

膙　jiǎng（统读）

嚼　（一）jiáo（语）
　　味同～蜡　咬文～字
　　（二）jué（文）
　　咀～　过屠门而大～
　　（三）jiào
　　倒～（倒嚼）

侥　jiǎo　～幸

角　（一）jiǎo
　　八～（大茴香）　～落　独～戏　～
　　膜　～度　～儿（犄～）　～楼　勾
　　心斗～　号～　口～（嘴～）　鹿～
　　菜　头～
　　（二）jué
　　～斗　～儿（脚色）　口～（吵嘴）
　　主～儿　配～儿　～力　捧～儿

脚　（一）jiǎo　根～
　　（二）jué　～儿（也作"角儿"，
　　脚色）

剿　（一）jiǎo　围～
　　（二）chāo　～说　～袭

校　jiào　～勘　～样　～正

较　jiào（统读）

酵　jiào（统读）

嗟　jiē（统读）

疖　jiē（统读）

结　（除"～了个果子""开花～果"
"～巴""～实"念jiē之外，其他
都念jié）

睫　jié（统读）

芥　（一）jiè
　　～菜（一般的芥菜）　～末
　　（二）gài
　　～菜（也作"盖菜"）　～蓝菜

矜　jīn　～持　自～　～怜

仅　jǐn　～～　绝无～有

馑　jǐn（统读）

觐　jìn（统读）

浸　jìn（统读）

斤　jin　千～（起重的工具）

茎　jīng（统读）

粳　jīng（统读）

鲸　jīng（统读）

境　jìng（统读）

痉　jìng（统读）

劲　jìng　刚～

窘　jiǒng（统读）

究　jiū（统读）

纠　jiū（统读）

鞠　jū（统读）

鞫　jū（统读）

掬　jū（统读）

苴　jū（统读）

咀　jǔ　～嚼

矩　（一）jǔ　～形
　　（二）ju　规～

俱　jù（统读）

龟　jūn　～裂（也作"皲裂"）

菌　（一）jūn

243

细~ 病~ 杆~ 霉~
（二）jùn
香~ ~子
俊 jùn（统读）

## K

卡（一）kǎ
~宾枪 ~车 ~介苗 ~片
~通
（二）qiǎ
~子 关~
揩 kāi（统读）
慨 kǎi（统读）
忾 kài（统读）
勘 kān（统读）
看 kān ~管 ~护 ~守
慷 kāng（统读）
拷 kǎo（统读）
坷 kē ~拉（垃）
疴 kē（统读）
壳（一）ké（语）
~儿 贝~儿 脑~ 驳~枪
（二）qiào（文）
地~ 甲~ 躯~
可（一）kě ~~儿的
（二）kè ~汗
恪 kè（统读）
刻 kè（统读）
克 kè ~扣
空（一）kōng
~心砖 ~城计
（二）kòng
~心吃药
眍 kōu（统读）
矻 kū（统读）
酷 kù（统读）
框 kuàng（统读）
矿 kuàng（统读）

傀 kuǐ（统读）
溃（一）kuì ~烂
（二）huì ~脓
篑 kuì（统读）
括 kuò（统读）

## L

垃 lā（统读）
邋 lā（统读）
啦 lǎn（统读）
缆 lǎn（统读）
蓝 lan 苤~
琅 láng（统读）
捞 lāo（统读）
劳 láo（统读）
醪 láo（统读）
烙（一）lào
~印 ~铁 ~饼
（二）luò
炮~（古酷刑）
勒（一）lè（文）
~逼 ~令 ~派 ~索
悬崖~马
（二）lēi（语） 多单用。
擂（除"~台""打~"读lèi外，都读léi）
礌 léi（统读）
羸 léi（统读）
蕾 lěi（统读）
累（一）lèi
（辛劳义，如"受~"〔受劳~〕）
（二）léi
（如"~赘"）
（三）lěi
（牵连义，如"带~""~及""连~"
"赔~""牵~""受~"〔受牵~〕）
蠡（一）lí 管窥~测
（二）lǐ ~县 范~

厘 lí （统读）
连 lián （统读）
敛 liǎn （统读）
恋 liàn （统读）
量 （一）liàng
　　～入为出　忖～
　　（二）liang
　　打～　掂～
踉 liàng　～跄
潦 liáo　～草　～倒
劣 liè （统读）
捩 liè （统读）
趔 liè （统读）
拎 līn （统读）
遴 lín （统读）
淋 （一）lín
　　～浴　～漓　～巴
　　（二）lìn
　　～硝　～盐　～病
蛉 líng （统读）
榴 liú （统读）
馏 （一）liú（文）
　　如"干～""蒸～"。
　　（二）liù（语）
　　如"～馒头"。
镏 liú　～金
碌 liù　～碡
笼 （一）lóng（名物义）
　　～子　牢～
　　（二）lǒng（动作义）
　　～络　～括　～统　～罩
偻 （一）lóu　佝～
　　（二）lǚ　伛～
瞜 lou　眍～
赂 lù （统读）
掳 lǔ （统读）
露 （一）lù（文）
　　赤身～体　～天　～骨　～头角

藏头～尾　抛头～面　～头（矿）
　　（二）lòu（语）
　　～富　～苗　～光　～相　～马
　　脚　～头
栌 lú （统读）
捋 （一）lǚ　～胡子
　　（二）luō　～袖子
绿 （一）lǜ（语）
　　（二）lù（文）　～林　鸭～江
孪 luán （统读）
挛 luán （统读）
掠 lüè （统读）
囵 lún （统读）
络 luò　～腮胡子
落 （一）luò（文）
　　～膘　～花生　～魄　涨～　～槽
　　着～
　　（二）lào（语）
　　～架　～色　～炕　～枕　～
　　儿　～子（一种曲艺）
　　（三）là（语），遗落义。
　　丢三～四　～在后面

M

脉（除"～～"念mòmò外，一律念mài）
漫 màn （统读）
蔓 （一）màn（文）
　　～延　不～不支
　　（二）wàn（语）
　　瓜～　压～
牤 māng （统读）
氓 máng　流～
芒 máng （统读）
铆 mǎo （统读）
瑁 mào （统读）
虻 méng （统读）
盟 méng （统读）
祢 mí （统读）

眯（一）mí
　　～了眼（灰尘等入目，也作"迷"）
　　（二）mī
　　～了一会儿（小睡）　～缝着眼（微微合目）
靡（一）mí　～费
　　（二）mǐ　风～　委～　披～
秘（除"～鲁"读bì外，都读mì）
泌（一）mì（语）　分～
　　（二）bì（文）　～阳〔地名〕
娩 miǎn（统读）
缈 miǎo（统读）
皿 mǐn（统读）
闽 mǐn（统读）
茗 míng（统读）
酩 mǐng（统读）
谬 miù（统读）
摸 mō（统读）
模（一）mó
　　～范　～式　～型　～糊　～特儿　～棱两可
　　（二）mú
　　～子　～具　～样
膜 mó（统读）
摩 mó　按～　抚～
嬷 mó（统读）
墨 mò（统读）
糖 mò（统读）
沫 mò（统读）
缪 móu　绸～

N

难（一）nán
　　困～（或变轻声）～兄～弟（难得的兄弟，现多用作贬义）
　　（二）nàn
　　排～解纷　发～　刁～　责～
　　～兄～弟（共患难或同受苦难的人）

蝻 nǎn（统读）
蛲 náo（统读）
讷 nè（统读）
馁 něi（统读）
嫩 nèn（统读）
恁 nèn（统读）
妮 nī（统读）
拈 niān（统读）
鲇 nián（统读）
酿 niàng（统读）
尿（一）niào
　　糖～症
　　（二）suī（只用于口语名词）
　　尿（niào）～　～脬
嗫 niè（统读）
宁（一）níng　安～
　　（二）nìng
　　～可　无～〔姓〕
忸 niǔ（统读）
脓 nóng（统读）
弄（一）nòng　玩～
　　（二）lòng　～堂
暖 nuǎn（统读）
衄 nǜ（统读）
疟（一）nüè（文）　～疾
　　（二）yào（语）　发～子
娜（一）nuó　婀～　袅～
　　（二）nà（人名）

O

殴 ōu（统读）
呕 ǒu（统读）

P

杷 pá（统读）
琶 pá（统读）
牌 pái（统读）
排 pǎi　～子车

迫 pǎi ～击炮
湃 pài （统读）
爿 pán （统读）
胖 pán 心广体～（～为安舒貌）
蹒 pán （统读）
畔 pàn （统读）
乓 pāng （统读）
滂 pāng （统读）
脬 pāo （统读）
胚 pēi （统读）
喷 （一）pēn ～嚏
　　（二）pèn ～香
　　（三）pen 嚏～
澎 péng （统读）
坯 pī （统读）
披 pī （统读）
匹 pǐ （统读）
僻 pì （统读）
譬 pì （统读）
片 （一）piàn
　　　～子　唱～　画～
　　　相～　影～　～儿会
　　（二）piān（口语一部分词）
　　　～子　～儿　唱～儿
　　　画～儿　相～儿　影～儿
剽 piāo （统读）
缥 piāo ～缈（飘渺）
撇 piē ～弃
聘 pìn （统读）
乒 pīng （统读）
颇 pō （统读）
剖 pōu （统读）
仆 （一）pū 前～后继
　　（二）pú ～从
扑 pū （统读）
朴 （一）pǔ 俭～　～素　～质
　　（二）pō ～刀
　　（三）pò ～硝　厚～

璞 pǔ （统读）
瀑 pù ～布
曝 （一）pù 一～十寒
　　（二）bào ～光 （摄影术语）

Q

栖 qī 两～
戚 qī （统读）
漆 qī （统读）
期 qī （统读）
蹊 qī ～跷
蛴 qí
畦 qí （统读）
其 qí （统读）
骑 qí （统读）
企 qǐ （统读）
绮 qǐ （统读）
杞 qǐ （统读）
械 qì （统读）
洽 qià （统读）
签 qiān （统读）
潜 qián （统读）
荨 （一）qián（文） ～麻
　　（二）xún（语） ～麻疹
嵌 qiàn （统读）
欠 qian 打哈～
戕 qiāng （统读）
镪 qiāng ～水
强 （一）qiáng
　　　～渡　～取豪夺　～制　博闻～识
　　（二）qiǎng
　　　勉～　牵～　～词夺理　～迫　～
　　　颜为笑
　　（三）jiàng 倔～
襁 qiǎng （统读）
跄 qiàng （统读）
悄 （一）qiāo ～～儿的
　　（二）qiǎo ～默声儿的

· 247 ·

橇 qiāo （统读）
翘（一）qiào（语）～尾巴
　　（二）qiáo（文）
　　　　～首　～楚　连～
怯 qiè （统读）
挈 qiè （统读）
趄 qie　趔～
侵 qīn （统读）
衾 qīn （统读）
噙 qín （统读）
倾 qīng （统读）
亲 qìng　～家
穹 qióng （统读）
黢 qū （统读）
曲（麯）qū　大～　红～　神～
渠 qú （统读）
瞿 qú （统读）
蠼 qú （统读）
苣 qǔ　～荬菜
龋 qǔ （统读）
趣 qù （统读）
雀 què　～斑　～盲症

R

髯 rán （统读）
攘 rǎng （统读）
桡 ráo （统读）
绕 rào （统读）
任 rén〔姓，地名〕
妊 rèn （统读）
扔 rēng （统读）
容 róng （统读）
糅 róu（统读）
茹 rú （统读）
孺 rú （统读）
蠕 rú （统读）
辱 rǔ （统读）
若 ruò （统读）

S

靸 sǎ （统读）
噻 sāi （统读）
散（一）sǎn
　　懒～　零零～～　～漫
　　（二）sàn　零～
丧 sāng　哭～着脸
扫（一）sǎo　～兴
　　（二）sào　～帚
臊 sào （统读）
色（一）sè（文）
　　（二）shǎi（语）
塞（一）sè（文）动作义。
　　（二）sāi（语）名物义，
　　　　如："活～""瓶～"；动作义，
　　　　如："把洞～住"。
森 sēn （统读）
煞（一）shā　～尾　收～
　　（二）shà　～白
啥 shá （统读）
厦（一）shà（语）
　　（二）xià（文）　～门　噶～
杉（一）shān（文）
　　　　紫～　红～　水～
　　（二）shā（语）
　　　　～篙　～木
衫 shān （统读）
姗 shān （统读）
苫（一）shàn（动作义，如"～布"）
　　（二）shān（名物义，如"草～子"）
墒 shāng （统读）
猞 shē （统读）
舍 shè　宿～
慑 shè （统读）
摄 shè （统读）
射 shè （统读）
谁 shéi，又音shuí
娠 shēn （统读）

什（甚）shén ～么
蜃 shèn （统读）
甚（一）shèn（文） 桑～
　　（二）rèn（语） 桑～儿
胜 shèng （统读）
识 shí 常～　～货　～字
似 shì ～的
室 shì（统读）
螫（一）shì（文）
　　（二）zhē（语）
匙 shi 钥～
殊 shū （统读）
蔬 shū （统读）
疏 shū （统读）
叔 shū （统读）
淑 shū （统读）
菽 shū （统读）
熟（一）shú（文）
　　（二）shóu（语）
署 shǔ （统读）
曙 shǔ （统读）
漱 shù （统读）
戍 shù （统读）
蟀 shuài （统读）
孀 shuāng （统读）
说 shuì 游～
数 shuò ～见不鲜
硕 shuò （统读）
朔 shuò （统读）
艘 sōu （统读）
嗾 sǒu （统读）
速 sù （统读）
塑 sù （统读）
虽 suī （统读）
绥 suí （统读）
髓 suǐ （统读）
遂（一）suì 不～　毛～自荐
　　（二）suí 半身不～

隧 suì （统读）
隼 sǔn （统读）
莎 suō ～草
缩（一）suō 收～
　　（二）sù ～砂密（一种植物）
嗍 suō （统读）
索 suǒ （统读）

T

趿 tā （统读）
鳎 tǎ （统读）
獭 tǎ （统读）
沓（一）tà　重～
　　（二）ta　疲～
　　（三）dá　一～纸
苔（一）tái（文）
　　（二）tāi（语）
探 tàn （统读）
涛 tāo （统读）
悌 tì （统读）
佻 tiāo （统读）
调 tiáo ～皮
帖（一）tiē
　　妥～　伏伏～～　俯首～耳
　　（二）tiě
　　请～　字～儿
　　（三）tiè
　　字～　碑～
听 tīng （统读）
庭 tíng （统读）
骰 tóu （统读）
凸 tū （统读）
突 tū （统读）
颓 tuí （统读）
蜕 tuì （统读）
臀 tún （统读）
唾 tuò （统读）

## W

娲 wā（统读）
挖 wā（统读）
瓦 wà ～刀
喎 wāi（统读）
蜿 wān（统读）
玩 wán（统读）
惋 wǎn（统读）
脘 wǎn（统读）
往 wǎng（统读）
忘 wàng（统读）
微 wēi（统读）
巍 wēi（统读）
薇 wēi（统读）
危 wēi（统读）
韦 wéi（统读）
违 wéi（统读）
唯 wéi（统读）
圩（一）wéi ～子
　（二）xū ～（墟）场
纬 wěi（统读）
委 wěi ～靡
伪 wěi（统读）
萎 wěi（统读）
尾（一）wěi ～巴
　（二）yǐ 马～儿
尉 wèi ～官
文 wén（统读）
闻 wén（统读）
紊 wěn（统读）
喔 wō（统读）
蜗 wō（统读）
硪 wò（统读）
诬 wū（统读）
梧 wú（统读）
牾 wǔ（统读）
乌 wù ～拉（也作"靰鞡"）
　　 ～拉草

杌 wù（统读）
鹜 wù（统读）

## X

夕 xī（统读）
汐 xī（统读）
晰 xī（统读）
析 xī（统读）
皙 xī（统读）
昔 xī（统读）
溪 xī（统读）
悉 xī（统读）
熄 xī（统读）
蜥 xī（统读）
螅 xī（统读）
惜 xī（统读）
锡 xī（统读）
樨 xī（统读）
袭 xí（统读）
檄 xí（统读）
峡 xiá（统读）
暇 xiá（统读）
吓 xià 杀鸡～猴
鲜 xiān 屡见不～　数见不～
锨 xiān（统读）
纤 xiān ～维
涎 xián（统读）
弦 xián（统读）
陷 xiàn（统读）
霰 xiàn（统读）
向 xiàng（统读）
相 xiàng ～机行事
淆 xiáo（统读）
哮 xiào（统读）
些 xiē（统读）
颉 xié ～颃
携 xié（统读）
偕 xié（统读）

挟 xié（统读）
械 xiè（统读）
馨 xīn（统读）
衅 xìn（统读）
行 xíng
　　操～　德～　发～　品～
省 xǐng
　　内～　反～　～亲　不～人事
芎 xiōng（统读）
朽 xiǔ（统读）
宿 xiù　星～　二十八～
煦 xù（统读）
蓿 xu　苜～
癣 xuǎn（统读）
削（一）xuē（文）
　　剥～　～减　瘦～
　　（二）xiāo（语）
　　切～　～铅笔　～球
穴 xué（统读）
学 xué（统读）
雪 xuě（统读）
血（一）xuè（文）
　　用于复音词及成语，如"贫～"
　　"心～""呕心沥～""～泪史"
　　"狗～喷头"等。
　　（二）xiě（语）
　　口语多单用，如"流了点儿～"及几
　　个口语常用词，如："鸡～""～晕"
　　"～块子"等。
谑 xuè（统读）
寻 xún（统读）
驯 xùn（统读）
逊 xùn（统读）
熏 xùn　煤气～着了
徇 xùn（统读）
殉 xùn（统读）
蕈 xùn（统读）

Y

押 yā（统读）
崖 yá（统读）
哑 yǎ　～然失笑
亚 yà（统读）
殷 yān　～红
芫 yán　～荽
筵 yán（统读）
沿 yán（统读）
焰 yàn（统读）
夭 yāo（统读）
肴 yáo（统读）
杳 yǎo（统读）
舀 yǎo（统读）
钥（一）yào（语）　～匙
　　（二）yuè（文）　锁～
曜 yào（统读）
耀 yào（统读）
椰 yē（统读）
噎 yē（统读）
叶 yè　～公好龙
曳 yè
　　弃甲～兵　摇～　～光弹
屹 yì（统读）
轶 yì（统读）
谊 yì（统读）
懿 yì（统读）
诣 yì（统读）
艾 yì　自怨自～
荫 yìn（统读）
　　（"树～""林～道"应作"树阴"
　　"林阴道"）
应（一）yīng
　　～届　～名儿　～许　提出的条件
他都～了　是我～下来的任务
　　（二）yìng
　　～承　～付　～声　～时　～
验　～邀　～用　～运　～征

里～外合
萦 yíng（统读）
映 yìng（统读）
佣 yōng ～工
庸 yōng（统读）
臃 yōng（统读）
壅 yōng（统读）
拥 yōng（统读）
踊 yǒng（统读）
咏 yǒng（统读）
泳 yǒng（统读）
莠 yǒu（统读）
愚 yú（统读）
娱 yú（统读）
愉 yú（统读）
伛 yǔ（统读）
屿 yǔ（统读）
吁 yù 呼～
跃 yuè（统读）
晕（一）yūn
　　～倒　头～
　　（二）yùn
　　月～　血～　～车
酝 yùn（统读）

## Z

匝 zā（统读）
杂 zá（统读）
载（一）zǎi
　　登～　记～
　　（二）zài
　　搭～　怨声～道　重～　装～　
　　歌～舞
簪 zān（统读）
咱 zán（统读）
暂 zàn（统读）
凿 záo（统读）
择（一）zé 选～

（二）zhái ～不开 ～菜 ～席
贼 zéi（统读）
憎 zēng（统读）
甑 zèng（统读）
喳 zhā 喳喳～～
轧（除"～钢""～辊"念zhá外，其他都念yà）（gá为方言，不审）
摘 zhāi（统读）
粘 zhān ～贴
涨 zhǎng ～落 高～
着（一）zháo
　　～慌　～急　～家　～凉　～
　　忙　～迷　～水　～雨
　　（二）zhuó
　　～落　～手　～眼　～意　～重
　　不～边际
　　（三）zhāo 失～
沼 zhǎo（统读）
召 zhào（统读）
遮 zhē（统读）
蛰 zhé（统读）
辙 zhé（统读）
贞 zhēn（统读）
侦 zhēn（统读）
帧 zhēn（统读）
胗 zhēn（统读）
枕 zhěn（统读）
诊 zhěn（统读）
振 zhèn（统读）
知 zhī（统读）
织 zhī（统读）
脂 zhī（统读）
植 zhí（统读）
殖（一）zhí 繁～ 生～ ～民
　　（二）shi 骨～
指 zhǐ（统读）
掷 zhì（统读）
质 zhì（统读）

蛭 zhì （统读）

秩 zhì （统读）

栉 zhì （统读）

炙 zhì （统读）

中 zhōng

　　人～（人口上唇当中处）

种 zhòng

　　点～（义同"点播"。动宾结构念diǎnzhǒng，义为点播种子）

诌 zhōu （统读）

骤 zhòu （统读）

轴 zhòu　大～子戏　压～子

碡 zhou　碌～

烛 zhú （统读）

逐 zhú （统读）

属 zhǔ　～望

筑 zhù （统读）

著 zhù　土～

转 zhuǎn　运～

撞 zhuàng （统读）

幢（一）zhuàng

　　一～楼房

（二）chuáng

　　经～（佛教所设刻有经咒的石柱）

拙 zhuō （统读）

茁 zhuó （统读）

灼 zhuó （统读）

卓 zhuó （统读）

综 zōng　～合

纵 zòng （统读）

粽 zòng （统读）

镞 zú （统读）

组 zǔ （统读）

钻（一）zuān

　　～探　～孔

（二）zuàn

　　～床　～杆　～具

佐 zuǒ （统读）

唑 zuò （统读）

柞（一）zuò　～蚕　～绸

（二）zhà　～水（在陕西）

做 zuò （统读）

作（除"～坊"读zuō外，其余都读zuò）

# 参考文献

[1] 刘照雄.普通话水平测试大纲[M].长春：吉林人民出版社，1994.

[2] 宋欣桥.普通话水平测试员实用手册(增订本)[M].北京：商务印书馆，2004.

[3] 戴梅芳.普通话水平测试研究[M].北京：语文出版社，1997.

[4] 刘镰力.汉语水平测试研究[M].北京：北京语言文化大学出版社，1997.

[5] 于根元.二十世纪的中国语言应用研究[M].太原：书海出版社，1996.

[6] 国家语言文字工作委员会普通话培训测试中心.普通话水平测试实施纲要[M].北京：商务印书馆，2004.

[7] 傅爱兰，张铭远，阮明华，等.普通话能力训练与测试教程[M].广州：广东教育出版社，2008.

[8] 胡灵荪，陈碧加，张国华.普通话教程[M].上海：华东师范大学出版社，1991.

[9] 邢公畹.语言学概论[M].北京：语文出版社，1990.

[10] 黄伯荣，廖序东.现代汉语[M].北京：高等教育出版社，2002.

[11] 刘兴策.普通话知识与训练[M].武汉：中国地质大学出版社，1990.

[12] 纪洪志，郑光生.普通话口语训练手册[M].武汉：武汉大学出版社，1989.